AF317564

VIE ILLUSTRÉE

DE

SAINT NORBERT

PAR

LE R. P. GODEFROID

ABBÉ DE SAINT-MICHEL DE FRIGOLET

PARIS

IMPRIMERIE GUSTAVE PICQUOIN

53, RUE DE LILLE

1900

VIE ILLUSTRÉE

DE

SAINT NORBERT

FIDE ET PATIENTIA
SANCTVS NORBERTVS
Candidi Præmonstratensium Canonicorum Ordinis
Antesignanus et Parens, Antuerpiæ Apostol.
Archiepus Magdeburgensis totiusq; Germaniæ P.

VIE ILLUSTRÉE

DE

SAINT NORBERT

PAR

LE R. P. GODEFROID

ABBÉ DE SAINT-MICHEL DE FRIGOLET

PARIS

IMPRIMERIE GUSTAVE PICQUOIN

53, RUE DE LILLE

1900

EVÉCHÉ

DE

BAYEUX

Bayeux, le 10 octobre 1899.

Mon Révérend Père,

Vous avez pu réaliser le vœu de mon vénéré prédécesseur, et, de votre savante **Histoire de saint Norbert**, extraire un récit plus succinct, plus accessible au grand nombre, destiné à propager partout la connaissance de la vie et des œuvres de l'illustre fondateur de votre Ordre.

Je vous félicite d'avoir mené à bonne fin ce travail, et de tout cœur je prie Dieu de lui donner le succès. Puisse-t-il faire mieux apprécier les bienfaits dont l'Eglise et le monde sont redevables à saint Norbert et à ceux qui, depuis tant de siècles, à son exemple et sous ses lois, se sont montrés, comme vous, mon Révérend Père, tout ensemble des religieux modèles et des Apôtres zélés !

Agréez, mon Révérend Père, l'assurance de mes sentiments très affectueusement dévoués en Notre Seigneur.

† LOUIS-ADOLPHE,

Evêque de Bayeux et Lisieux.

ARCHEVÊCHÉ

D'AIX. ARLES

ET EMBRUN

Aix, le 26 mars 1900

Très cher et Très Révérend Père Abbé

Je vous donne de très grand cœur mon approbation, pour la nouvelle édition de **l'Histoire de saint Norbert.**

Je vous ai déjà dit que je l'avais lue avec vive édification et profit pour mon bien spirituel.

Je souhaite ardemment qu'elle se répande dans tous les rangs de la société: faire connaître les Prémontrés, c'est les faire aimer et le bien qu'ils ont fait et font encore. Votre Ordre a toujours été le serviteur de Dieu et des hommes.

Votre beau travail est une apologie très opportune de nos **Ordres religieux** *si cruellement menacés en ce moment.*

C'est l'heure plus que jamais de mettre en pratique la consigne de ceux qui ne dorment pas : **Custos qui de nocte ?**

Toutes cordiales bénédictions en Notre Seigneur.

            † *XAVIER,* Archevêque d'Aix.

PRÉFACE

Les longs préambules paraissent toujours fastidieux au lecteur avide de voir par lui-même ; et c'est chose à peu près admise que les préfaces sont faites pour n'être pas lues. A ceux qui ouvriront ce livre, nous ne voulons dire qu'un mot très court, pour leur exposer la genèse de la nouvelle Vie de notre glorieux Patriarche qui se présente à eux.

Il nous fut donné, en 1886, de publier l'Histoire de saint Norbert, d'après les manuscrits et les documents originaux. Le public fit à cet ouvrage un accueil que nous n'aurions osé espérer. Et aujourd'hui l'Histoire de saint Norbert, tirée à 2.000 exemplaires, est complètement épuisée.

Depuis lors, des voix amies nous demandèrent souvent de rédiger une Vie d'aspect moins scientifique, et plus à la portée des lecteurs ordinaires. L'Évêque de Bayeux, Monseigneur Hugonin, de si regrettée mémoire, nous en exprima plus d'une fois le vœu. Monseigneur Amette, son très aimé successeur, voulait bien naguère nous renouveler le même désir.

Malgré la déférence que nous devions à de si hautes sollicitations, nous hésitâmes longtemps, empêchés que nous étions par les devoirs de notre charge et par de multiples ministères. Enfin, la divine Providence nous ayant permis de mener ce travail à bonne fin, nous sommes heureux d'offrir aujourd'hui au public cette histoire populaire du Fondateur de l'Ordre de Prémontré.

Avec quelques corrections et améliorations en plus, le

fonds historique est le même que dans l'Histoire qui parut en 1886. Nous avons même conservé les titres des chapitres. Mais nous nous sommes fait un devoir de supprimer tout appareil scientifique; et, en ce qui concerne l'indication des ouvrages imprimés ou des manuscrits, nous renvoyons, une fois pour toutes, à l'Histoire de saint Norbert, où les sources historiques se trouvent amplement indiquées.

Qu'il nous suffise de rappeler, au seuil de notre récit, le jugement d'un Bollandiste du XVIIIe siècle : « Je ne sais vraiment pas si l'on trouverait, à travers l'histoire un homme illustre, roi, empereur ou saint, dont les actions aient été racontées par plus d'écrivains contemporains et dignes de foi que celles de saint Norbert, fondateur de l'Ordre de Prémontré, et archevêque de Magdebourg. »

Pour nous, nous nous plaisons à déclarer que nous n'avons pas écrit une ligne, pas un mot qui ne s'appuie sur quelque document authentique de l'époque où vécut notre héros.

Mais ce qui donnera à cette nouvelle Vie sa valeur et son cachet spécial, c'est que nous avons la bonne fortune de pouvoir offrir à nos lecteurs une reproduction des planches vraiment artistiques du célèbre graveur anversois, Théodore Galle. Sur la demande du Père Van der Sterre, alors Prieur et plus tard Abbé de Saint-Michel d'Anvers, Théodore Galle grava, en 1622, une série de 34 planches représentant les principales scènes de la Vie de saint Norbert. Ces gravures se distinguent par une rare finesse d'expression et une délicatesse extrême dans les moindres détails. Nos lecteurs en peuvent juger par le fac-simile du frontispice que nous plaçons sous leurs yeux.

Ce sont ces planches que nous avons insérées, avec

VITA
S. NORBERTI
CANONICORVM
PRÆMONSTRATENSIVM
PATRIARCHÆ
IN VERBVM APOSTOLI
ARCHIEPISC. MAGDEBVRG
ET TOTIVS GERMANIÆ
PRIMATIS

quelques autres, dans notre texte. Et c'est ainsi que cette histoire populaire devient en même temps la Vie illustrée de saint Norbert.

Nous remercions le Dieu très bon qui veut bien nous permettre, au soir de notre vie, d'élever ce très modeste monument à la gloire du Saint que, depuis 40 ans, nous aimons à appeler notre Père. Qu'il daigne lui sourire, du haut de sa gloire. Et puisse-t-il renvoyer à notre âme, au seuil de l'Éternité, un écho de l'invitation que reçut la sienne, le 6 juin 1134 : » Viens, ma sœur, l'heure du repos a sonné pour toi !.. C'est la seule récompense que je puisse et que je veuille ambitionner.

Abbaye de Mondaye, 29 Septembre 1899.

P. S. — Depuis que nous écrivions ces lignes, un événement est survenu qui a subitement transplanté notre humble existence des rives de la Manche aux bords de la Méditerranée. La Providence a placé sur nos faibles épaules le gouvernement de l'importante abbaye de St-Michel de Frigolet, au diocèse d'Aix ; et c'est dans ce monastère que nous donnons la dernière main à l'Histoire illustrée de notre saint Fondateur.

Abbaye de Saint-Michel, le 15 janvier 1900.

VIE DE SAINT NORBERT.

CHAPITRE PREMIER

Naissance et premières années de Norbert.

Le voyageur qui descend le Rhin, de Wesel à Nimègue, aperçoit à sa gauche, à l'extrémité de la vaste plaine, deux flèches élégantes surmontant une église aux vastes proportions; c'est l'antique collégiale de Xanten. Xanten est aujourd'hui une charmante petite ville de 4.000 habitants, presque tous catholiques. Bâtie au pied de la montagne du Fürstenberg, elle a gardé, à travers les âges, je ne sais quel air de vénérable antiquité. C'est qu'en effet les origines de Xanten se perdent dans la nuit des temps; l'amour-propre local les faisait même remonter jusqu'à la ville de Troie, et l'on retrouve un écho de cette fable dans les divers manuscrits de la *Vie* de notre Saint, lesquels déclarent qu'anciennement Xanten s'appelait « Troie, ou la seconde Troie, » ou encore « la Troie des Francs ». Ce qui est plus vraisemblable, c'est qu'elle s'élève entre les ruines de l'antique *Colonie Ulpienne*, et celles de *Vetera Castra*, aujourd'hui Birten. A la fin du III⁰ siècle de l'ère chrétienne, elle avait eu l'honneur d'être le théâtre du martyre d'un groupe nombreux de soldats de l'illustre légion Thébaine. Le nom de *Vetera Castra* disparut dès lors peu à peu, pour faire place à celui de Santen, Zanten et Xanten, la *Ville des Saints*; et l'on y conserva avec un noble orgueil les restes précieux des généreux légionnaires.

Plus tard, elle fut la patrie de Siegfried, le héros de la fameuse épopée des *Niebelungen*. Une autre gloire plus éclatante et plus solide lui était réservée. La *Ville des Saints* devait être le berceau de saint Norbert, le fondateur des Chanoines réguliers de Prémontré. Si les plus anciens biographes du Saint ne marquent pas explicitement son lieu natal, nous avons le témoignage irrécusable d'une tradition ininterrompue en faveur de Xanten. A elle revient sans conteste l'honneur d'avoir vu se lever en son sein l'astre brillant qui plus tard illuminera la société chrétienne tout entière.

Dans la seconde moitié du XIe siècle, vivait au manoir seigneurial de Xanten, la princière et puissante famille des comtes de Gennep, qui pouvait aller de pair avec les plus illustres maisons de la Germanie. Elle tirait son nom d'une riche châtellenie, située au confluent de la Meuse et de la Niers, à sept lieues environ de Xanten. Gennep était sur la lisière d'une forêt que les deux premiers biographes appellent *Ketel*; d'où vient le nom moderne de Kessel. Le bourg de Gennep conserve aujourd'hui encore quelques souvenirs du Saint. Le chemin qui va de la petite ville aux derniers restes du château se nomme *le Chemin de saint Norbert*; il est le second patron de l'église paroissiale; et une tradition locale affirme, quoique sans fondement solide, qu'il faut placer son berceau à Gennep.

Les deux châtelains de Xanten se nommaient Héribert et Hadwige. Héribert, comte de Gennep, et Hadwige son épouse eurent deux fils; du moins l'histoire a recueilli le nom de ces deux-là. Selon quelques auteurs, Héribert fut l'aîné, et devint la souche des comtes de Gennep, que l'on retrouve dans les siècles suivants; le second fut Norbert. Un monument contemporain nomme aussi Erbert de Gennep, qui fut tué dans une guerre, vers 1115; et quelques historiens font de lui un troisième fils d'Héribert et d'Hadwige.

Bien que l'on ne sache rien de certain sur la généalogie de la famille de Gennep, les historiens ne manquent point de faire observer que, par son père, Norbert descendait de Conrad le Salique et des autres empereurs de cette race; et, par sa mère, de l'illustre maison des ducs de Lorraine, qui possèdera un jour le sceptre impérial. Ils disent à l'envi que notre Saint comptait parmi ses aïeux et ses proches des noms de Saints et de héros : saint Léger, sainte Odile, patronne de l'Alsace, Godefroid de Bouillon qui allait bientôt devenir le roi de Jérusalem, et d'autres encore. Il y avait du sang français dans les veines du jeune seigneur de Gennep.

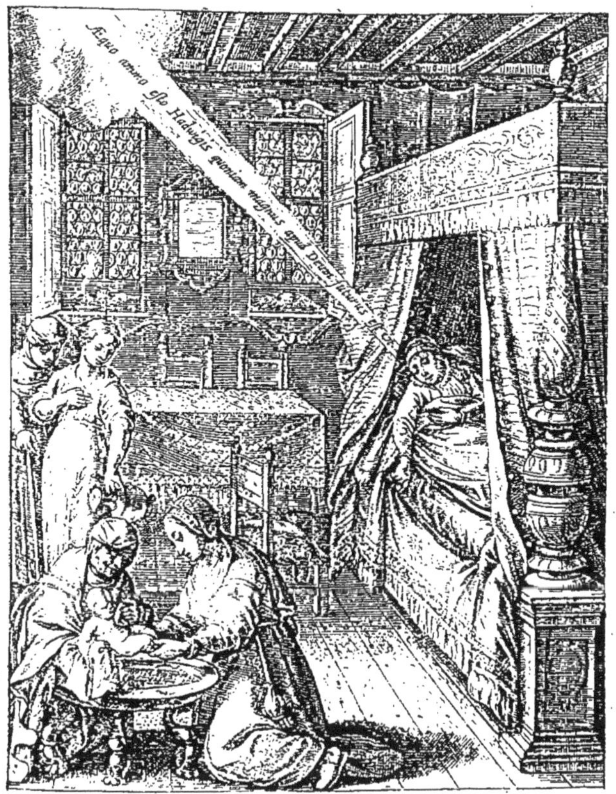

Norbert naît à Xanten, au duché de Clèves. Un oracle du ciel révèle à sa mère Hadwige la sainteté future de son enfant.

Ajoutons, pour être complet, que la maison seigneuriale de Gennep eut comme blason : *d'argent à un sautoir de gueules, cantonné de quatre forces de sable, la pointe en bas*. La petite ville de Gennep a continué jusqu'à nos jours, paraît-il, de porter les mêmes armoiries.

La chronologie est le flambeau de l'histoire; cependant aucun historien du XIIᵉ siècle ne songea à donner la date exacte de la naissance de Norbert; et nous sommes, sur ce point, réduits à de simples conjectures. Toutefois ces conjectures, grâce à des rapprochements historiques, atteignent un haut degré de vraisemblance.

Ami scrupuleux de la vérité historique nous n'osons désigner aucune date précise; mais nous sommes en droit d'affirmer que saint Norbert naquit entre 1080 et 1085, plus près toutefois de la première date.

Quand saint Norbert arriva au monde, déjà un heureux présage projetait sur son avenir comme un rayon de gloire. Pendant les douleurs d'une pénible grossesse, Hadwige, sa mère, entendit en songe une voix mystérieuse qui lui disait de l'enfant qu'elle avait demandé au Ciel : « Prends courage, « Hadwige : celui que tu portes dans ton sein sera un jour « archevêque. Il sera grand devant Dieu et devant les « hommes. » Une biographie contemporaine mentionne expressément ce songe merveilleux qu'elle appelle « une révélation prophétique ».

Aussi Héribert et Hadwige donnèrent-ils au nouveau-né un nom de bon augure : ils l'appelèrent Norbert. Un historien indique le sens étymologique de ce nom qui signifiait : *Prince du Nord*. Nous verrons si la vie de l'enfant de Xanten répondra au nom qui lui fut donné à sa naissance, et si l'on pourra lui appliquer le mot des anciens : « *nomen, omen :* un nom est un présage. »

Aucun biographe, aucune chronique ne nous révèle, même par un simple mot, ce que fut l'éducation du fils prédestiné des seigneurs de Gennep. Sa mère fut sans doute son premier maître. Nous avons une preuve morale de la foi d'Hadwige dans celle qui brilla en saint Norbert aussitôt après sa conversion. Un retour à Dieu tout à la fois si soudain et si durable suppose une première éducation assise sur des principes solidement chrétiens.

Cependant Norbert grandissait, et l'heure sonna bientôt où il lui fallut quitter la maison paternelle pour se rendre aux Écoles.

L'Allemagne comptait par centaines les grands centres d'instruction publique. L'éclat dont avaient autrefois brillé les écoles d'Aix-la-Chapelle, de Saint-Gall, de Reichenaw, de Fulda, était, il est vrai, fort affaibli ; mais, en revanche, d'autres s'étaient établies. Cologne, Trèves, Mayence n'en pouvaient être dépourvues. Une grande activité intellectuelle régnait alors en Europe, et surtout en France. Tours, Paris, Reims, Laon et vingt autres villes y possédaient des écoles florissantes. Des écolâtres fameux, notamment Anselme de Laon, attiraient à leurs leçons de nombreux disciples accourus d'Angleterre, d'Allemagne et d'Italie.

Vers laquelle de ces écoles fut dirigé le jeune comte de Gennep ? Il nous est difficile de le deviner. Une grande incertitude règne jusqu'ici sur l'école de Germanie ou de Lorraine dans laquelle étudia Norbert ; et il est nécessaire d'attendre de nouvelles données historiques, pour pouvoir la déterminer d'une façon absolue. En attendant, conclut Illana, « faute de documents plus explicites, nous sommes réduits à dire que Norbert fut envoyé par ses parents pour suivre les cours dans quelque école publique ou dans quelque monastère de l'Ordre bénédictin, et qu'il n'en sortit pas sans avoir acquis toute l'érudition nécessaire aux hautes situations que pouvaient lui valoir son talent et sa fortune. »

Quoi qu'il en soit du lieu de ses études, Norbert parcourut avec éclat les diverses stations du *trivium* et du *quadrivium*, et il en sortit riche de nombreuses et brillantes connaissances.

Tous ses historiens sont unanimes à vanter sa science. Il était, disent ses deux premiers biographes, supérieur à ses contemporains par ses connaissances littéraires et le charme puissant de sa parole. Le chroniqueur de la Grâce-Dieu dit, à son tour, qu'il était d'une merveilleuse éloquence, d'une science admirable, et surtout d'une rare intelligence à comprendre et à expliquer les divines Écritures.

Pourquoi faut-il ajouter que si les maîtres, aux soins desquels son éducation fut confiée, perfectionnèrent ses talents, ils ne réussirent pas à lui inspirer un goût solide et durable pour la vertu? Il cultiva les sciences en philosophe voluptueux, qui sait malheureusement les allier avec ses passions. Et nous allons le voir, pendant des années, chercher le bonheur là où l'on ne trouve que l'illusion, le vide et le remords.

Ce n'étaient pas toutefois des années perdues que celles de ces études sérieuses et approfondies. Norbert avait pu n'y chercher et n'y voir que l'honnête passé-temps de sa jeunesse. Tout autres étaient les vues du Très-Haut; par tous ces travaux littéraires, Dieu préparait et formait un apôtre.

CHAPITRE II

Le jeune homme.

L'heure des Croisades avait sonné, lorsque Norbert atteignit ses vingt ans. Le cri de : *Dieu le veut !* était sur toutes les lèvres ; et déjà la grande nouvelle de la prise de Jérusalem par les Croisés venait de retentir dans l'Europe chrétienne (5 juillet 1099). Au manoir du sire de Gennep, l'on dut suivre avec un intérêt particulier les détails de la sainte expédition ; car Godefroy de Bouillon, duc de Lorraine, et maintenant roi de Jérusalem, était, nous le savons, uni par les liens du sang à la noble Dame Hadwige.

C'étaient là, ce semble, autant de voix qui appelaient le jeune seigneur de Xanten dans les armées. Néanmoins il est certain que les vues de la famille de Gennep se portèrent du côté du sanctuaire. C'était dès lors une coutume assez générale que les cadets de familles nobles, même sans vocation intérieure, fussent promus à des prébendes de collégiales. Héribert et Hadwige n'avaient pas d'ailleurs oublié le prophétique présage qui avait éclairé d'un rayon du ciel la naissance de leur fils. « Il fut donc résolu qu'il serait clerc, parce que, dit l'une des histoires primitives du Saint, ses parents espéraient, d'après une révélation reçue en songe, qu'un jour dans l'Eglise il serait un grand personnage. » Y eut-il, dans leur détermination, une visée ambitieuse ? On serait porté à le croire, en voyant le mobile qui les inspire. Des parents résistent difficilement à pareille tentation, quand il s'agit de leurs enfants ; et, chez les meilleurs, les avantages mondains ont trop souvent le pas sur les intérêts éternels de l'âme.

Norbert fut donc engagé dans les Ordres sacrés, mais vraisemblablement par des vues humaines ; et il reçut, à une date inconnue, le sous-diaconat, des mains de l'Archevêque de Cologne, son Ordinaire. A peine sous-diacre, le fils du seigneur de Gennep fut élevé aux honneurs ecclésiastiques. Sa ville natale possédait une célèbre collégiale de chanoines séculiers, fondée en 1028, sur le tombeau des martyrs thébains. Or, ce n'était pas chose rare de voir des chanoines qui n'avaient pas encore été promus au sacerdoce. Norbert fut donc pourvu d'un canonicat à Xanten ; et la riche prébende de la collégiale vint s'ajouter aux revenus opimes de son patrimoine. Ce que l'on visait trop fréquemment, hélas ! c'était moins l'honneur de chanter les louanges de Dieu que l'opulent bénéfice attaché à la dignité.

Cependant les goûts mondains se développaient rapidement dans l'âme du jeune chanoine. La riche prébende de Xanten ne lui suffisait plus, et bientôt la cour de l'archevêque de Cologne s'ouvrit à ses désirs ambitieux. C'était une brillante cour que celle du prince-évêque Frédéric de Carinthie. Frère du margrave Engelbert de Frioul, et d'Hartwic, évêque de Ratisbonne ; élevé lui-même au siège de Cologne depuis l'année 1099 ou 1100, il fut l'un des prélats les plus distingués de son siècle. Prince aux grandes et belles manières, Frédéric aimait à s'entourer de nombreux courtisans. Hélas ! remarque un panégyriste de notre Saint, l'Eglise et le monde donnaient successivement leurs spectacles au palais de l'archevêque. Norbert y fut le bienvenu, et y parut avec avantage. De bonne heure, il s'y fit remarquer par sa courtoisie et sa distinction : il était vraiment l'homme du monde accompli.

Norbert, avons-nous dit, était, par son père, cousin du roi de Germanie, Henri V, qui, le 25 décembre 1105, avait succédé au trop fameux Henri IV que venaient de déposer l'autorité du Pape et l'indignation de la conscience publique. La cour royale tentait le chanoine oublieux de ses devoirs de résidence et de prière ; et il sut trouver le moyen de s'y ménager une entrée. Selon la remarque fort juste de Camus, « la cour est l'élément de ceux qui n'estans pas contens de leur condition, en veulent chercher de plus avantageuses ».

Lorsque le seigneur de Gennep y parut, il fut accuellli avec la même faveur qu'au palais archiépiscopal de Cologne. Sa haute naissance et sa fortune ne furent pas les seuls motifs qui le firent aimer du prince et des seigneurs. On

Séduit par les charmes du monde, Norbert dissipe la première fleur de sa jeunesse au palais de l'archevêque de Cologne et à la cour de l'Empereur Henri V.

reconnut vite en lui une honnêteté à toute épreuve, une science vaste et sûre d'elle-même, une rare prudence et une habileté consommée pour les affaires publiques. Bref, Henri V n'hésita pas à le désigner, malgré sa jeunesse, comme chapelain de son palais, et l'un des membres du conseil de l'Etat. Cette haute situation lui assurait une grande influence à la cour et dans tout l'Empire.

C'est qu'en effet le chanoine de Xanten était, au gré du monde, un courtisan parfait. Norbert était jeune, beau, intelligent, instruit, gracieux, sympathique : que fallait-il de plus pour ravir les faveurs du monarque et de la cour entière? Tous les écrits du temps font de lui le portrait le plus flatteur. La nature, disent-ils à l'envi, lui avait prodigué, avec les agréments physiques, toutes les qualités de l'esprit et du cœur. Traits expressifs et distingués, taille svelte, hauteur un peu au-dessus de la moyenne, regard vif, pénétrant et bon, tempérament délicat, nature franche et ouverte, tel apparut Norbert à la cour royale de Germanie, et tel nous le laisse deviner, aujourd'hui encore, son image conservée à l'abbaye de Prémontré, avec le titre bien douteux, quant à la chevelure et au costume, de *Vrai portrait de saint Norbert*.

Mais, soit à la cour de Frédéric, soit à celle du roi Henri, il paraît certain que notre chanoine en était venu à être de mœurs tout à fait légères. Il marchait, les yeux fermés ; la religion l'importunait ; la foi de son baptême et de sa mère, au lieu d'être le flambeau qui éclaire l'âme, n'était plus en lui qu'une lueur vacillante. Le cœur étant malade, il était naturel que l'esprit le devînt à son tour. Les sublimes réalités de l'Évangile, les dogmes du ciel et de l'enfer ne lui semblaient plus que des chimères et des amusements d'enfants. Norbert courait, tête baissée, vers l'abîme. Parmi les séductions d'un monde perfide, ce beau génie, ce grand cœur allait peut-être échapper pour toujours aux espérances que l'Église avait le droit de fonder sur lui.

Sa nouvelle dignité de chapelain du palais royal n'était en définitive qu'une chaîne de plus pour son âme déjà captive, puisqu'elle l'associait nécessairement à la politique du roi teuton. Henri V s'était montré d'abord respectueux envers l'Église et la Papauté ; mais déjà il manifestait ouvertement l'intention de reprendre, au moins dans une certaine mesure, les tristes traditions de son père. Cette perspective n'arrêta point Norbert ; et il se réjouit d'un honneur qui lui donnait entrée dans les conseils de Sa Majesté. Tout allait au gré de ses désirs ambitieux. A la diète de Ratisbonne, qui se tint le jour de l'Épiphanie de l'année 1110, Norbert parla au nom du roi, et il le fit avec tant d'éloquence et d'entrain qu'il fut désigné par le suffrage des grands du royaume pour accompagner le monarque dans son expédition d'Italie.

Henri fut reçu par les Romains avec des démonstrations enthousiastes, raconte Hérimann de Tournai. On alla processionnellement au-devant de lui ; et il entra dans la basilique de Saint-Pierre, où l'attendait le Pape, assis sur son trône. Henri se prosterne, selon l'usage, aux pieds du Pontife, et se relève pour recevoir de lui le baiser de paix. Norbert, son chapelain, était près de lui ; et il semble bien, par le récit d'Hérimann, qu'il prit jusqu'à ce moment une part active à toute cette négociation.

Malheureusement les démonstrations pacifiques du roi de Germanie n'étaient point sincères. Soudain le monarque hypocrite appelle, en langue tudesque, ses soldats armés. Il fait saisir violemment le Pape qu'il venait d'embrasser, et le traîne avec tous les cardinaux dans le camp allemand, où il est mis sous bonne garde. Ce guet-apens indigne d'un prince chrétien eut lieu le 12 février 1111.

Le Pape fut gardé à vue ; son âme était brisée ; toutefois la Providence lui ménageait une consolation inespérée. « Un clerc de l'armée teutonique, lequel était même investi du titre de chapelain du roi, vint, dit le chroniqueur Hérimann, se jeter aux pieds du Pontife prisonnier : c'était Norbert. » Il avait été le spectateur, il avait pu paraître le complice de cet outrage à la dignité du Vicaire de Jésus-Christ. Le jeune courtisan venait demander pardon de la part prise par lui à une semblable expédition. Son âme honnête ne pouvait voir, sans protester, la félonie du roi parjure. Profondément touché, le Pape le bénit, et lui donna l'absolution d'une faute que réparait noblement cette chevaleresque démarche.

Cependant le plan machiavélique de Henri allait réussir, du moins pour quelque temps. Cédant à la violence, Pascal II lui accorda ce qu'il voulait, en lui concédant le privilège de concourir directement aux élections des évêques d'Allemagne, et de leur conférer, avant leur consécration, l'investiture par la crosse et l'anneau ; c'était ce qu'avait réclamé le fougueux Henri IV : les dignitaires ecclésiastiques allaient devenir de simples fonctionnaires de l'État.

De retour en Germanie, Henri n'en prétendit pas moins user de son privilège honteusement extorqué ; et Norbert, qui était resté attaché à sa personne, fut sans doute un des premiers en faveur de qui il voulut l'exercer. Le pieux et savant Odon, évêque de Cambrai, mourut le 19 juin 1113, exilé au monastère d'Anchin, pour n'avoir pas voulu recevoir des mains de l'empereur l'investiture laïque. Le siège épiscopal de Cambrai avait de quoi tenter un ambitieux, vu son importance et la richesse de ses revenus ; il resta néanmoins vacant dix-huit mois entiers. Dans cet intervalle, Henri l'offrit plusieurs fois à Norbert, alors âgé de trente ans et plus ; Norbert refusa toujours.

S'il n'a pas encore le courage d'être un clerc exemplaire, il a du moins une nature droite et souverainement honnête. Il refusera l'évêché de Cambrai, surtout par dignité et par conscience. Pour rien au monde, il ne consentira à recevoir la crosse et l'anneau des mains d'un laïque excommunié, bien que ce laïque se nomme l'empereur romain, et qu'il soit son cousin et son protecteur (1113-1115).

On ne le vit point cependant renoncer de sitôt à l'intimité d'un prince persécuteur, que venaient de frapper coup sur coup les excommunications de plusieurs conciles, et qui s'en vengeait, en chassant de leurs sièges évêques et abbés unis au Pontife de Rome. Bien que son âme naturellement honnête eût été ébranlée à la vue de la politique hypocrite de son maître, il devait rester quelque temps encore le triste jouet de ses attaches mondaines et de l'entraînement au plaisir, sans souci des promesses de son sous-diaconat et des menaces de l'Éternité. Tant il est difficile de se déprendre de l'amour des vanités, quand on y a une fois plongé son cœur !

Toutefois le fils prodigue portait au fond de son âme le précieux germe d'une conscience chrétienne ; sa pieuse mère l'y avait déposé dès ses premières années, et c'est de là que devait sortir le salut. « Entraîné par le tourbillon des affaires du siècle, dit un chroniqueur de l'époque, il s'efforçait de plaire au siècle, et il suivait gaiement les voies de la jeunesse; c'était la chair qui commandait à l'esprit asservi. Mais la divine miséricorde, qui connaît la fragilité humaine, supportait patiemment la vie molle et voluptueuse de Norbert, elle savait que bientôt elle aurait fait de lui un vase d'élection. »

Norbert était un mort, mais un mort qui allait revenir à la vie : il nous faut dire maintenant « comment la grâce de Dieu le visita ».

Norbert se rendant au bourg de Freden, est surpris
par un orage. Renversé de son cheval, il reconnaît dans
cet incident providentiel un avertissement de Dieu, et
commence à se convertir.

CHAPITRE TROISIÈME

Conversion (1115).

Norbert avait-il enfin compris que sa place n'était pas à la cour d'un prince excommunié? Toujours est-il qu'au commencement de l'année 1115, il n'y était plus. A eette date, nous le trouvons dans les environs de la ville de Cologne.

Il arriva qu'un jour, Norbert, accompagné seulement d'un page, se rendait au bourg de Vreden, situé sur les rives de la Berkel, en Westphalie, à quelques lieues de Xanten. L'histoire ne dit pas quel était, dans la pensée du chanoine courtisan, le mobile de cette excursion; de fait, Dieu seul le savait bien. Un auteur du xviie siècle observe ingénieusement qu'en allemand *Fried* ou *Frieden* signifie la paix; c'était précisément à ce terme que courait Norbert, sans nullement s'en douter.

L'on était au commencement du printemps; la journée était magnifique; l'or et la soie du brillant cavalier étincelaient aux rayons d'un soleil splendide, pendant que lui et son page chevauchaient au milieu d'une vaste et verdoyante prairie.

Tout à coup un orage monte à l'horizon, envahit en un moment le ciel obscurci, et enveloppe tour à tour les deux voyageurs de ténèbres et d'éclairs. Cette tempête se produit d'autant plus malencontreusement qu'ils sont éloignés de toute habitation où ils puissent trouver un abri. Norbert se trouble; son jeune serviteur n'est pas plus brave. Mais voici que soudain la foudre éclate avec un bruit effrayant, et entr'ouvre le sol devant Norbert, « à la profondeur de la taille d'un homme, » disent les récits du temps. Une insupportable odeur de soufre se répand dans l'atmosphère. Précipité du cheval qu'il montait, Norbert, gisant à terre, croit entendre la voix de quelqu'un qui lui reproche son passé. Revenu de sa première frayeur, il se sent touché par la voix intime de sa conscience, et rumine au fond de son âme le verset du Psalmiste : « Cesse le mal, et fais le bien. » Il se relève transformé, rebrousse chemin et rentre à Xanten.

« Peu de temps après qu'eurent commencé les égarements de Norbert, dit la chronique de la Grâce-Dieu, pressé par les reproches intérieurs de sa conscience, saisi de la crainte de Dieu, il se mit tout à coup à fouler aux pieds la vaine gloire du monde et à dompter les efforts de la chair. » Ne diriez-vous pas que le chroniqueur a voulu par ces mots résumer à grands traits la merveilleuse scène de Vreden? Le continuateur prémontré de la chronique de Sigebert de Gembloux, et la chronique du frère Baudoin de Ninove écriront à leur tour que Norbert fut subitement changé en un autre homme, et embrasé d'une ferveur divine. Evidemment il y a là un miracle moral de premier ordre. Si Dieu crée des mondes, si Jésus Christ ressuscite des morts, la toute-puissance agit là comme en se jouant. Le néant ne résiste point, la mort obéit sans peine. S'agit-il de transformer une âme? Dieu a en face de lui un néant actif et armé qui ne se rend que devant une force supérieure. Le miracle d'une conversion soudaine et durable, comme celle que nous venons d'admirer, est plus étonnant que celui d'une création ou d'une résurrection.

Norbert revint donc à sa maison de Xanten. Qui l'eût vu regagner la ville des saints, aurait pu dire : C'est Norbert le courtisan qui passe. Mais non; le gentilhomme n'était plus le même; le coup de foudre venait de réveiller la foi qui, depuis des années, sommeillait dans son âme. L'on voit encore à Xanten, tout près de l'église collégiale, la cellule qu'il habita depuis sa conversion jusqu'à son départ pour la France. Nous l'avons naguère visitée : c'est une chambre voûtée, étroite et basse. Elle faisait alors partie du cloître des chanoines; aujourd'hui elle est la propriété d'un marchand protestant. C'est là que Norbert se retirait pour prier, méditer et châtier son corps. Modeste cellule qui, trois années durant, va devenir le sanctuaire de la pénitence et de l'expiation! De nombreux pèlerins vont, chaque année, la vénérer ; elle est restée, après sept siècles et plus, le souvenir le plus authentique de saint Norbert à Xanten.

Rentré dans sa ville natale, le seigneur de Gennep changea absolument son train de vie. Seul, en face de lui-même et aux pieds de Dieu, il apprit à regarder plus haut que la terre, et à combattre l'éternel ennemi de notre salut. Il ne changea pas dès lors son habit séculier ; mais, sous ses vêtements de soie, il commença à porter un rude cilice. Ayant beaucoup offensé Dieu, il sentait le besoin de payer quelque chose de sa dette à la justice divine. Il est, dans la vie spirituelle un exercice plus crucifiant que celui de la mortification corporelle destinée à mâter le corps ; c'est la mortification intérieure qui règle, dompte et réprime les mouvements de la volonté. Norbert le comprenait déjà ; et il s'exerça généreusement à ce travail intime où l'âme se réforme elle-même, pour se dépouiller de ses vieilles habitudes et devenir, comme dit notre mystique écrivain, « une simple et douce colombe aux yeux de Dieu ».

Tous les historiens de saint Norbert se sont plu à faire de sa conversion comme le pendant de celle de saint Paul. Dans leur pensée, la route de Vreden fut pour Norbert le chemin de Damas. Il y a positivement un parallélisme frappant, entre ces deux grandes victoires de la grâce. Il se révèle surtout dans la conduite de l'Esprit divin vis-à-vis des deux illustres convertis, après qu'ils eurent dit : *Seigneur, que vous plaît-il que je fasse ?* La voix d'en haut avait renvoyé le premier à la direction d'Ananie ; de même elle adressa le second à l'école d'un religieux connu par son savoir et sa piété. C'est la marche accoutumée de la Providence de conduire les hommes par les hommes ; et Paul, le lettré, dut lui-même se faire le disciple d'un prêtre obscur et sans notoriété.

A cinq lieues environ de Cologne, de l'autre côté du Rhin, s'élevait la célèbre abbaye de Siegburg, fondée vers l'an 1066 par saint Annon. Depuis l'année 1105, elle avait à sa tête un homme d'un rare mérite ; et, sous sa direction, on y voyait fleurir la piété, la régularité et l'amour des sciences sacrées et profanes. Le nom de l'abbé Conon était connu de toute la Germanie ; et, grâce à lui, Siegburg était devenu comme un foyer de vie religieuse.

S'il est vrai qu'il faut un Saint pour en former un autre,

avouons que Norbert, en s'adressant à Conon, venait à bonne école. Il fit un assez long séjour à Siegburg, étudiant à loisir et apprenant par cœur les divines Écritures, montrant à son médecin spirituel les plaies de son âme, pleurant ces bonnes et délicieuses larmes du repentir, les meilleures de toutes, s'exerçant à l'oraison mentale, priant le Dieu qui déjà avait tant fait pour lui, d'achever son œuvre, recueillant avec respect les leçons et les exemples du maître consommé que lui avait préparé la Providence. Le noble pénitent sentait dès lors, nous l'avons dit, bouillonner dans son âme de vifs désirs de la pauvreté évangélique. Parfois aussi c'étaient des épreuves et des luttes intérieures. Plus d'une fois, Norbert sentit, comme Augustin, les passions et les habitudes sensuelles, ses anciennes amies, qui venaient secouer sa robe de chair, et lui disaient tout bas : « Tu nous as donc abandonnées, abandonnées sans retour ? » Ce serait méconnaître la nature du cœur humain, et aussi l'économie habituelle de l'action divine dans les âmes que de supposer le converti de Vreden, devenu subitement impeccable, impassible et confirmé en grâce. Soldat encore inexpérimenté, que faisait-il dans ses hésitations et ses incertitudes ? Il recourait aux lumières de Conon ; et le calme se faisait à la parole du Directeur. Les semaines, les journées, les heures même semblaient trop longues à l'ardeur du néophyte. Il eût voulu s'élancer au milieu du monde aveuglé, et prêcher à tous, du moins par ses actes, la vanité des jouissances terrestres et le charme d'aimer Dieu, et Dieu seul. Mais Conon le retenait, en lui rappelant que, dans les éternels desseins de Dieu, et d'après la conduite de Jésus-Christ lui-même, il y a pour chacun une heure qu'il faut savoir attendre et saisir, quand elle vient à sonner.

Si l'heure de la vocation religieuse n'avait pas encore sonné pour Norbert, le jour solennel de son ordination ne devait plus tarder longtemps. Grâce aux leçons d'un maître aussi consommé que l'était Conon, Norbert avait marché rapidement dans la voie de la crainte et de l'amour de Dieu. On était, dit la biographie de Pertz, aux Quatre-temps de l'année 1115, vraisemblablement aux Quatre-temps de Noël. C'est une des époques liturgiques, où l'Église a coutume, depuis les temps apostoliques, de conférer solennellement

Abandonnant les vanités du monde, il se retire quelque temps à l'abbaye de Siegburg, où, sous la direction du saint Abbé Conon, il étudie sa vocation et s'exerce à la vie intérieure.

les Ordres à ses clercs. Préparé par les exercices de sa retraite prolongée de Siegburg, tout pénétré d'une pieuse joie, le sous-diacre de Xanten vint se présenter au seigneur Frédéric, archevêque de Cologne, demandant à prendre part à l'ordination générale de son diocèse.

« Vous me surprenez, répondit Frédéric ; tant de fois vous
« avez refusé les Ordres Majeurs, qui vous étaient offerts par
« des hommes de savoir et de vertu ! Mais puisque vous les
« demandez vous-même aujourd'hui, comment pourrais-je
« vous fermer les portes du sanctuaire ? — Ce n'est pas tout,
« ajoute Norbert. Je désire devenir diacre et prêtre en un
« même jour. — Vous m'étonnez encore davantage, reprit
« l'archevêque tout interdit : quelle peut donc être la cause
« d'une détermination si subite et si inattendue ? — C'est ma
« résolution arrêtée ; la cause, je ne puis vous la révéler dès
« maintenant ; plus tard vous la connaîtrez. »

Cette réponse énigmatique ne pouvait satisfaire la conscience de Frédéric ; l'archevêque insista ; c'était son droit et son devoir, mais il répugnait à la modestie de Norbert de dévoiler si tôt ce qui s'était passé entre Dieu et lui, depuis l'orage de Vreden. Il finit par céder, et il comprit qu'à son archevêque il pouvait et devait ouvrir tous les secrets de son âme. Tombant aux pieds de Frédéric, il lui demande pardon de ses fautes avec des soupirs et des larmes, et déclare que son parti en est pris, et qu'il a conçu l'inébranlable dessein d'une sincère conversion. Malgré ces protestations qui le touchaient, l'archevêque hésita longtemps ; les saints canons, la coutume ecclésiastique et la raison s'opposaient dès lors formellement à cette démarche précipitée.

Mais n'était-ce pas une sorte d'impulsion divine qui faisait agir Norbert en tout ceci ? « Alors, dit un historien du Saint, les dispenses n'étaient pas réservées aux souverains Pontifes. Les évêques, exécuteurs de la sévérité des canons, pouvaient, par leur autorité, relâcher de leur rigueur. Frédéric n'hésita point, dans cette occasion, d'user de son pouvoir. » Après mûre délibération, il le dispensa de l'interstice canonique.

Nous voici dans la vaste cathédrale de Cologne, bâtie en 873, et dédiée au Prince des Apôtres ; l'heure de l'imposante cérémonie est arrivée. Le Pontife est à l'autel, et chacun des ordinands, revêtu des ornements sacrés, est à son rang dans la basilique. La foule est immense : la religion était vive en ces âges de foi ; mais ici la curiosité se mêlait à la piété. On savait que Norbert de Gennep serait là. Il y vint en effet avec ses habits tout éclatants d'or et de soie ; « il était connu de tous, dit son biographe, on le croyait du moins ; en réalité, il était inconnu de tous. » Le peuple ne songeait qu'au riche et brillant homme du monde ; il ne savait pas encore la révolution salutaire qui s'était opérée dans ses pensées et dans sa vie. Tous les regards se fixèrent sur lui : on se demandait ce qui allait arriver. Le sacriste vient lui offrir les vêtements liturgiques, pour qu'il les prenne comme les autres ordinands ; Norbert fait signe aussitôt à un des serviteurs qui l'entourent d'approcher. Celui-ci obéit, présente à son maître une grossière tunique de peaux d'agneau, qui avait été préparée tout exprès ; et le pénitent de Jésus-Christ s'en revêt publiquement. Ce fut un vrai coup de théâtre ; et il faut convenir qu'il réparait merveilleusement le scandale d'une vie trop longtemps mondaine et luxueuse. Ces actions surprenantes, qui sortent de l'habituelle vulgarité de nos mœurs modernes, n'étaient pas rares au moyen âge. Les natures fortes de ce temps-là allaient parfois aux excès du mal ; mais quand elles venaient à se tourner vers le bien, elles ne savaient plus calculer ni regarder en arrière. Désormais la rupture était complète et irrévocable entre Norbert et le monde.

Sur son étrange tunique de peaux d'agneau qu'il devait porter trois années, il mit les ornements sacrés, et reçut successivement le diaconat et le sacerdoce. Norbert était prêtre : ses vœux étaient accomplis ; mais il avait conçu, à la double école de Conon et de l'Esprit-Saint, une trop haute idée de sa nouvelle dignité pour s'ingérer sans préparation dans les redoutables fonctions du ministère sacerdotal. Toujours revêtu de son habit de pénitence, il sortit incontinent de Cologne, et retourna au monastère de Siegburg, dont le renom de piété était, nous l'avons dit, si considérable dans toute la contrée. Pendant quarante jours d'une retraite profonde, il s'y exerça, sous la direction du vertueux abbé Conon, aux devoirs et aux sublimes fonctions du sacerdoce, spécialement à la célébration de l'adorable Sacrifice. O retraite bénie ! C'est là sans nul doute qu'il commença à se pénétrer

Il est admis à l'ordination par l'archevêque de
Cologne ; et avant de recevoir l'onction sacerdotale, il
se dépouille de ses habits mondains, et se revêt d'une
simple tunique de peau.

de ce religieux respect pour l'adorable Sacrement et l'auguste Sacrifice eucharistique, et aussi de ce zèle brûlant pour le service de l'Église et pour le salut des âmes, respect et zèle qui seront désormais l'âme de sa vie.

Sa sainte quarantaine étant achevée, le nouveau prêtre, le pénitent public retourna dans sa ville natale de Xanten, et prit son rang parmi les chanoines de l'église collégiale. Le lendemain de son arrivée, le Doyen et les membres du chapitre lui offrirent, comme c'était l'usage assez général dès lors pour les prêtres récemment ordonnés, de vouloir bien célébrer solennellement la grand'messe capitulaire. Norbert accepta avec modestie ; et quand l'heure fut venue, il commença le saint Sacrifice. O jour à jamais mémorable dans les annales de la religion ! s'écrie ici un des panégyristes de Norbert. Un saint enthousiasme le saisit ; il suspend ses fonctions augustes. Apôtre imprévu, il monte dans la chaire de vérité. Après l'Évangile, le pieux célébrant adressa à la foule de fortes et touchantes paroles. C'est la première fois que Norbert fait entendre sa voix, au sein d'une assemblée religieuse. Cette date est à noter dans l'histoire du Saint ; et une chronique contemporaine a pris soin de la consigner. « En 1115, Norbert commença à prêcher », disent les Annales de Saint-Paul de Verdun.

Le biographe de saint Norbert a cru devoir conserver à la postérité le résumé du premier sermon de celui qui devait être un des plus illustres prédicateurs de son siècle. La vie future est *le tout* de l'homme ; la vie présente n'est rien : tel fut le sujet qu'il développa avec feu, devant un auditoire ravi d'entendre sa parole noble et convaincue. On sentait dans l'orateur comme le souffle d'une inspiration céleste, et aussi comme le cri de guerre d'une âme désabusée du monde. Ce qu'il rappelait, c'était l'éternelle vérité de la *fin de l'homme*. Ces hauts enseignements sont de tous les lieux et de tous les âges, et ne pourront jamais devenir des lieux communs. La religion n'a pas d'autre mission sur la terre que de répéter à tous : *Vanité des vanités ; tout est vanité, hormis aimer Dieu et le servir, lui seul.*

Le jour suivant, il revint à la charge. Ne nous étonnons pas de cette insistance ; elle nous révèle le plan de conduite qu'il s'est tracé, depuis le jour trois fois béni de sa transformation morale. Si les mœurs du peuple sont corrompues, c'est que *le sel de la terre s'est affadi.* Le clergé, oubliant trop sa noble vocation, s'est retourné vers la terre. Comment les massés n'imiteraient-elles pas sés exemples? Dès lors la résolution de notre Saint est prise, et il ne s'en départira plus : réformer le clergé pour réformer le peuple. Missionnaire, fondateur d'Ordre, archevêque, il n'aura pas d'autre plan. Étant donc à la salle capitulaire, Norbert ne craignit pas de désigner chaque coupable par son nom, et de marquer en détail les fautes plus ou moins publiques de ses confrères. Pendant plusieurs semaines, il continua ses salutaires remontrances : peine inutile, la majorité des chanoines, voulant en finir, excita et soudoya un clerc de basse extraction, sans nom comme sans honneur, « quelque portier ou sonneur de cloches, comme il est probable; car l'histoire dit qu'il estoit députe aux plus humbles ministères ». N'osant lui répondre en face, on lança contre lui un homme méprisable et méprisé. Chargé du soin de leur vengeance commune, il insulte Norbert, il éclate contre lui en injures; et, mettant le comble à son insolence, il lui crache en pleine figure. Cet affront ne troubla point la sérénité de notre Saint; il se contint, garda le silence et essuya son visage. Il se souvenait de ses propres péchés, dit un historien; et il aima mieux devant Dieu donner un libre cours à ses larmes, que de se permettre une vengeance qui n'eût pas été chrétienne. Au souvenir de ses fautes un autre dut venir se joindre alors dans l'âme du nouveau prêtre, celui du Fils de Dieu en croix, priant pour ses bourreaux.

CHAPITRE QUATRIÈME

Le Pénitent (1116-1118)

Il est remarquable que les Saints ont beaucoup fait en très peu de temps; mais la fécondité de leur vie publique a toujours tenu à l'intensité de leur préparation et à la profondeur de leur vie cachée. Il en fut ainsi pour Norbert; nous arrivons à cette époque de son existence terrestre que l'on peut appeler la période de formation religieuse. L'or a besoin de passer par le creuset pour se débarrasser des scories qui le déshonorent; les trois années d'essais apostoliques et d'apparente inaction qui vont suivre, seront le creuset du futur fondateur. Quand le Sauveur du monde vint sur la terre, il ne prêcha point à la multitude des nations qui couvrent le globe; il prêcha assez peu à la foule des Juifs. Il choisit douze pauvres, presque tous pêcheurs, et il crut avoir assez fait pour le salut du monde, en s'appliquant, pendant trois années, à faire d'eux des apôtres, *des pêcheurs d'hommes*, les prêtres-modèles de la loi nouvelle.

Un écrivain allemand dit que le prédicateur importun de Xanten fut chassé de l'église par les chanoines ses collègues. Nous n'oserions affirmer qu'ils en soient venus à ce degré de violence; toujours est-il, qu'à partir de ce moment les biographes de Norbert ne nous le montrent plus fréquentant habituellement les offices de la collégiale. Il avait eu le tort de dire la vérité sans ménagement; contre celui qu'on appelait un novateur, un parti remuant se forma dès lors, soit à Xanten, soit dans la contrée; et ses ennemis ne tarderont pas à se faire ses accusateurs publics. Lui ne se préoccupait guère de ces intrigues; et, puisque le monde semblait lui reprocher la nouveauté de sa conversion, il recommença à se plonger le plus souvent possible dans la retraite, espérant bien, avec la grâce de Dieu, y devenir un soldat expérimenté, au service de la sainte Église. La vertu persévérante triomphe souvent là où avait échoué la parole la plus éloquente. Norbert comprit que ses exemples seraient plus efficaces que ses prédications. On le voyait donc marcher nu-pieds, n'ayant pour vêtement qu'un rude cilice en forme de tunique, et un manteau de pénitent. Il observait continuellement l'abstinence et le jeûne du Carême, selon la rigueur des premiers siècles de l'Eglise; et y ajoutait de ne manger presque point de poisson, et de ne boire du vin que très rarement. Sauf les dimanches, il ne mangeait que le soir. Bref, c'était un autre saint Jean-Baptiste par son austérité; et sa vie pénitente était une vivante prédication.

L'abbaye de Siegburg le revit plus d'une fois en ses cloîtres; il en aimait les moines si fervents à chanter les louanges divines et si appliqués à l'étude des saintes Lettres. Conon surtout l'y attirait, malgré la distance assez considérable qui sépare Xanten de Siegburg; les exemples plus encore que les enseignements de l'abbé l'animaient dans ses pieuses résolutions. Près de Conon, ses jeûnes et ses rigoureuses abstinences n'avaient plus que des charmes; et les prières et les longues veilles de la nuit lui devenaient une occupation pleine de délices.

Dans le duché de Limbourg, au-dessus d'Aix-la-Chapelle, à peu près à égale distance de Juliers et de Maëstricht, se trouve la charmante petite ville de Rolduc. Tout près de ses murs, le pieux chanoine Albert de Tournay avait fondé, en 1104, un monastère de clercs réguliers avec la Règle de saint Augustin, et non loin de celui-ci, un couvent de religieuses suivant la même Règle. En 1116 et 1117, il vivait encore, mais il était occupé à établir une autre abbaye du même institut à Clairfontaine, au diocèse de Laon. C'était l'abbé Richer qui gouvernait alors le jeune et fervent monastère de Rolduc, lequel s'appelait dans la contrée *Claustrum Rodense*, ou Kloster-Rath. Si savant et religieux prélat qu'il fût, Richer n'avait pas encore reçu la bénédiction abbatiale; l'évêque de Liège, Albert, passait pour simoniaque, et Richer regardait comme un devoir de ne pas communiquer avec lui. Il abrogea l'usage de la viande, permis jusqu'alors dans son monastère, et n'autorisa que la graisse nécessaire pour assai-

Pendant que Norbert célèbre la Messe dans une crypte, une grosse araignée tombe dans le calice du Précieux-Sang. Plein de foi, il avale l'araignée avec le Sang de Notre-Seigneur.

sonner les légumes. Tels étaient le monastère et l'homme que Norbert aimait à visiter, bien qu'il y ait de 12 à 15 lieues de Xanten à Rolduc.

Il y avait au-dessous de l'église abbatiale une crypte qui subsiste encore aujourd'hui. On y admire la pureté des formes avec une heureuse alliance de richesse et de sobriété ; et on la regarde à juste titre comme le plus remarquable monument de ce genre dans les provinces Rhénanes. L'autel de l'abside central est demeuré tel qu'il était au xiie siècle. Souvent Norbert venait y célébrer les saints mystères. Or, un jour qu'il était à l'autel, il arriva qu'une araignée énorme tomba dans le calice déjà consacré. Le Saint frémit à la vue de cet accident. Avaler le poison — cet insecte repoussant était alors réputé venimeux ; — c'était s'exposer à une mort inévitable. Retirer respectueusement l'araignée, et faire ce que permettaient, alors comme aujourd'hui, les rubriques du Missel, n'était-ce pas exposer le Sang de Jésus-Christ à quelque irrévérence, au moins matérielle ? Le saint prêtre n'hésita pas longtemps : soutenu par sa religion, il avala l'insecte avec le Précieux-Sang. L'action sainte achevée, il vint se mettre à genoux devant l'autel, et fit généreusement à Dieu le sacrifice de sa vie : heureux d'être la victime, après avoir été le sacrificateur. Soudain, le venin commençant à agir sur le cerveau de Norbert, il éternue, et l'insecte tout vivant lui revient par le nez.

En ces temps-là vivait, non loin de Xanten, un prêtre ermite nommé Ludolphe. La vie érémitique était encore assez commune au xiie et au xiiie siècle ; l'histoire de saint Norbert et celle de l'Ordre dont il fut le fondateur nous en offriront plus d'un exemple. Le solitaire dont il s'agit était un homme d'une merveilleuse sainteté et surtout d'une effrayante austérité. C'était un caractère fortement trempé que l'ermite Ludolphe ; il ne connaissait qu'une reine : la vérité, et il la proclamait sans crainte et sans ménagement. S'il eût vécu de nos jours, l'austère ermite n'eût assurément point pris rang parmi ceux qui affectent d'être des esprits libéraux et tolérants pour l'erreur. Ludolphe avait l'âme d'un réformateur, et il en était besoin dans les jours mauvais que traversait alors la société catholique. Son nom était devenu fameux dans tout le pays, surtout par les menaces et les vexations qu'il avait à endurer de la part de clercs et de prêtres pervers, dont il reprenait hardiment les vices. Norbert, lui aussi en butte à la malveillance, venait très souvent près de lui. Les deux hommes de Dieu se consolaient et se fortifiaient mutuellement ; et notre Saint puisait dans ses entretiens avec le pieux solitaire une nouvelle énergie pour les fortes résolutions qu'il avait conçues. Cette grande âme, remarque le dernier historien de l'Église catholique, préparait ainsi dans la douleur et l'oraison l'une des plus belles institutions du siècle. Il s'initiait peu à peu aux trois vies érémitique, canoniale et monastique qu'il devait, quelques années après, unir ensemble avec un merveilleux accord, dans son Institut. « La Providence taillait Norbert comme une pierre de fondement destinée à un édifice nouveau. »

Aussi ce n'est pas merveille si, comme le remarque la *Vie* primitive, Norbert faisait dans la vertu des progrès quotidiens : les défauts inhérents à notre nature déchue ne se déracinent pas en un jour. Ce n'est qu'à force de fatigues et de labeurs que l'on arrive au but. Les Saints ne s'improvisent pas ; et, pour eux, comme pour le commun des mortels, *le royaume des Cieux souffre violence*. Ils avancent progressivement ; mais la marche leur coûte, que dis-je ? Plus ils s'efforcent de monter aux sommets de la perfection évangélique, plus la nature résiste et plus aussi se multiplient leurs mérites.

On l'a vu par tout ce qui précède : évidemment les goûts de Norbert se tournaient du côté de la vie religieuse. Ni lui, ni personne ici-bas ne savait encore au juste ce que lui réservait l'avenir ; mais, dès lors, on pouvait pressentir qu'il ne mourrait pas chanoine séculier de la collégiale de Xanten. Cette tendance vers la vie monastique se traduisit à cette époque (1116-1118), par une circonstance sur laquelle la *Vie* du Saint nous donne de précieux détails. Entre chacune de ses pieuses excursions à Siegburg, à Rolduc et à l'ermitage du prêtre Ludolphe, il résidait habituellement à Xanten. De là, il aimait à se retirer au faubourg de la ville, où était une église de sa dépendance, sur la montagne de Vorstberg, laquelle s'appela depuis et s'appelle encore le Fürstenberg. Là, pendant l'espace de deux ans environ, il vécut en véritable solitaire. Ses seules occupations y étaient la prière, la lecture des saints Livres et la méditation des vérités chrétiennes. Il domptait son corps par des jeûnes sévères et des veilles prolongées; sa plus précieuse consolation était d'offrir chaque jour au saint autel la Victime généreuse qui nourrit les âmes fortes. Ce dernier trait nous révèle d'un mot le foyer du progrès spirituel de Norbert : l'autel et l'adorable Eucharistie.

Cependant, nous l'avons déjà observé, le genre de vie extraordinaire du nouveau converti déplaisait à beaucoup. On avait peine à lui pardonner de se montrer meilleur que le commun. Sa pénitence ressemblait à une censure publique des vices qui l'entouraient. Aussi on le décriait et on l'accusait tout à la fois. Au premier rang de ses détracteurs, se faisaient remarquer les chanoines de Xanten, ses collègues; mais ils n'étaient pas les seuls à le poursuivre de leurs invectives. Nous retrouvons l'écho des récriminations générales sous la plume de Rupert, le célèbre abbé de Deutz, près de Cologne. En 1117, il n'était encore que simple religieux, et habitait le monastère de Siegburg; car son premier maître, Bérenger, abbé de Saint-Laurent de Liège, l'avait confié à la charité de Conon. C'est là sans doute qu'il fit la connaissance de Norbert, mais il n'éprouva pour son genre de vie qu'une sympathie médiocre.

Il ne craint pas de le nommer quelque part « un pauvre écolier sans savoir ». Il est fâcheux pour le jugement de l'abbé de Deutz que tous les contemporains aient eu de Norbert une opinion absolument différente : aux témoignages déjà rapportés sur la science de notre Saint, nous en aurons bien d'autres à ajouter, dans le cours de cette histoire. Si Norbert était relativement jeune, si sa conversion ne datait que d'hier, que prouve contre lui cette double récrimination? S'il fallait en tenir compte, n'irait-elle pas à méconnaître l'efficacité toute-puissante de l'action divine dans les âmes. Dieu sait, quand il le veut, transformer en quelques instants une âme qui ne résiste pas. Aussi bien Norbert a-t-il parfaitement compris qu'il devait apprendre avant d'enseigner les autres; et nous venons précisément de le voir à l'école de trois maîtres d'un mérite éminent, Conon, Richer et Ludolphe.

Il est vrai, toutes les fois que la Providence lui en offrit l'occasion, il prêcha, pendant ces trois années, de 1116 à

1118, les vérités évangéliques. L'abbé Rupert le lui reprochait avec amertume, comme nous venons de le voir. Le continuateur de la chronique de Gembloux dit également qu'à peine prêtre il se voua au ministère apostolique, avec tout l'élan de son caractère et l'enthousiasme de sa foi. D'après les Annales de Trèves, il aurait commencé, dès lors, à évangéliser les populations de la Belgique. Les Annales de Clèves fournissent même ici un détail intéressant sur le zèle du nouveau missionnaire. De l'autre côté du Rhin, dans la Westphalie, se trouvait encore à Lunen un reste du vieux paganisme saxon ; c'était une idole dédiée à l'astre de la nuit, et vénérée par les habitants du pays. Dans les années qui suivirent sa conversion, Norbert brisa l'idole, et sur l'emplacement qu'elle avait occupé, s'éleva bientôt un temple en l'honneur de la Mère de Dieu.

Cependant le parti formé contre Norbert grossissait de jour en jour, et les accusations dirigées contre lui commençaient à prendre corps. L'orage ne tarda pas à éclater. Le cardinal évêque de Préneste, l'un des plus généreux défenseurs du Siège apostolique, remplissait depuis plusieurs années les fonctions de légat en Germanie. En 1114, il avait voulu se retirer chez les Chartreux, pour y servir Dieu dans le silence de la retraite ; mais on l'avait contraint de reprendre son évêché. En ce moment-ci, 1118, il était occupé à défendre la cause du nouveau pape Gélase II, contre Henri V et son antipape Maurice Burdin. Il célébra, à cet effet, deux conciles en Allemagne, ceux de Cologne et de Fritzlar (1118).

Le 26 juillet 1118, un important concile national était donc réuni à Fritzlar, ville du landgraviat de Hesse, sous la présidence de Conon. Il s'y trouva, dit un des historiens de Norbert, avec les archevêques, évêques et abbés, un nombreux clergé et beaucoup de laïques. Etaient présents Albert de Mayence et Frédéric de Cologne, les évêques d'Utrecht, de Munster, d'Osnabruck, de Mersebourg, de Spire et d'autres. Toutes les églises de Germanie y avaient envoyé leurs députés.

Cette réunion ne semblait pas avoir d'autre but que de discuter et de condamner de nouveau la conduite de l'empereur Henri V envers l'Eglise ; mais l'envie sut lui en créer un autre. Les chanoines de Xanten y accoururent, demandant

Cité par ses ennemis devant le légat du Pape, Norbert
se défend victorieusement au concile de Fritzlar.

que l'on procédât contre le fanatisme de Norbert. Les archevêques, évêques et abbés jugèrent qu'il fallait le faire comparaître devant eux. C'étaient bien les chefs de la hiérarchie, qui le citaient à leur tribunal. Le gentilhomme converti vint donc à Fritzlar en accusé. Il se présenta au concile dans l'appareil de la pénitence, et les traits amaigris par le jeûne et les austérités. A sa vue, toutes les haines se ravivèrent ; les griefs de ses adversaires étaient singuliers. On lui reprochait d'usurper les fonctions de la prédication et d'y attaquer avec violence les prélats et tout le clergé. Qui l'avait chargé de cette mission? Etait-il leur supérieur hiérarchique? Pourquoi affecter des allures monastiques, puisqu'il ne faisait partie d'aucune famille religieuse, et qu'il n'avait pas renoncé à ses riches domaines? Pourquoi enfin avoir abandonné l'habit traditionnel du chapitre, pour porter un habit de peaux de brebis ou de chèvre, costume si étranger à sa condition et à sa dignité ?

Contre toutes ces récriminations à travers lesquelles perçait un sentiment peu honorable, l'apologie de Norbert ne fut ni longue ni difficile. Il se défendit comme se défendent les saints en pareille occasion, avec une extrême humilité, mais sans faiblesse. Ses deux principaux historiens nous ont textuellement conservé son discours. « L'on me fait un grief « de mes prédications; n'est-il pas écrit : *Quiconque aura* « *converti un pécheur de ses égarements, sauvera son âme de* « *la mort et couvrira la multitude de ses péchés?* Le pouvoir « de prêcher? Nous le tenons de notre sacerdoce; car le « Pontife nous a dit : *Recevez le pouvoir d'annoncer la* « *parole de Dieu.* Que si l'on me demande de quelle religion « je suis profès ; ma religion, la voici : *la religion pure et* « *immaculée devant Dieu notre Père, c'est de visiter les* « *pupilles et les veuves dans leur abandon, et de se préserver* « *des souillures du siècle.* S'agit-il de mes vêtements? Saint « Pierre, le premier Pasteur de l'Eglise, m'enseigne que « *Dieu ne se complaît pas dans les habits précieux.* Saint Jean- « Baptiste se couvrait de poils de chameaux; l'illustre vierge « Cécile portait un cilice sur son corps. Et, ce qui est beau- « coup plus encore, le Créateur de l'homme, au commen- « cement du monde, fit et donna au chef de la famille

« humaine, non point un habit de pourpre mais une tunique
« de peaux. »

Il y avait dans ce langage quelque chose de nerveux, qui
dut étreindre les ennemis de notre héroïque pénitent. Les
réponses étaient précises et péremptoires; on ne voit pas
cependant qu'elles aient amené de décision pratique en faveur
de l'innocence accusée. Y eut-il, dans cette abstention de
jugement, quelque raison politique, comme semble le croire
le P. Hugo? Nous ne savons, mais il est évident que les
observations de Norbert portaient loin. A le voir et à l'entendre, on pouvait pressentir le grand réformateur du clergé;
et bon nombre de prélats, assis parmi les juges, purent
reconnaître dans la défense du Saint une secrète condamnation de leur propre conduite.

Norbert, en quittant Fritzlar, se rendit à Xanten. Après
avoir consulté Dieu dans la prière, il y prit une détermination inattendue. Il y avait trois ans qu'il était prêtre (1115-
1118); ni ses exemples, ni ses discours n'exerçaient une
notable influence sur ses compatriotes. Pour lui, comme
pour le divin Maître, se vérifiait le proverbe : *Nul n'est prophète en son pays.* Il venait, il est vrai, de remporter une victoire morale à Fritzlar, où sa prédication avait été implici-
tement reconnue par le Nonce Apostolique; mais il sentait
qu'il ne ferait jamais aucun bien dans ces contrées. Il résolut
donc de dire adieu à son ingrate patrie, et de porter ailleurs
la parole évangélique. Plein de cette idée, il alla trouver son
archevêque, et lui exposa le projet qu'il avait conçu avec
les motifs qui le lui avaient inspiré. La malveillance était
déchaînée contre lui; il n'était plus pour les siens qu'une
occasion de ruine spirituelle; ne valait-il pas mieux secouer
sur cette terre stérile la poussière de ses pieds? Frédéric, qui
avait pu apprécier les hautes qualités de Norbert, et qui le
regardait comme son ami, essaya, mais en vain, de le dissuader. Le généreux serviteur de Jésus-Christ se démit de
son canonicat, et résigna entre les mains de l'archevêque tous
les bénéfices et riches revenus ecclésiastiques qu'il tenait de
sa main. La ville de Xanten le vit aussi vendre ses maisons
et tous les biens meubles ou immeubles qu'il possédait en
patrimoine ou par droit héréditaire. Il rassembla les pauvres
de la contrée, et passa plusieurs jours à leur en distribuer le

*Décidé à embrasser la vie apostolique dans toute sa
perfection, Norbert distribue tous ses biens aux pauvres,
ne voulant plus d'autre héritage que le Seigneur lui-même.*

prix avec tout l'ameublement de sa maison seigneuriale.

C'est à cette date que nous devons placer le règlement définitif d'une fondation religieuse qu'il voulut, avant son départ, laisser à ses concitoyens, comme un monument de son affection et de sa piété. Nous avons vu que Norbert, devenu prêtre, aimait à se retirer sur une colline que le narrateur appelle Vorstberg. D'autres écrivent Varusberg, c'est-à-dire montagne de Varus; et la colline, selon eux, devrait cette dénomination au séjour qu'y fit le général si fameux dans l'histoire par sa défaite et celle des légions romaines. Elle finit par prendre le nom du Fürstenberg, ou montagne du prince qui lui est resté. Quoi qu'il en soit, l'historien de saint Norbert atteste qu'il donna et confirma, par un acte authentique, l'église de Vortsberg au monastère de Siegburg, et qu'il y plaça des moines destinés à chanter jour et nuit les louanges de Dieu.

Le dépouillement de Norbert fut complet; le riche seigneur de Gennep ne se réserva rien, sinon la modique somme de dix marcs d'argent, un peu plus de quinze francs de notre monnaie, avec une mule et une chapelle, c'est-à-dire les ornements et les vases sacrés nécessaires à la célébration de la messe. Tout était prêt pour le départ. La grande âme de Norbert ne savait pas garder le souvenir d'une injure : il eut la délicate attention de laisser un pieux souvenir à ses confrères, les chanoines de Xanten : c'était un calice précieux que l'on conservait encore en 1695, à la vicairie de Saint-Pierre, et que l'on montrait comme lui ayant servi et comme ayant été donné par lui.

De tout le nombreux personnel qui était à son service, il ne garda que deux serviteurs fidèles. Un de ses historiens pense que, comme avait fait autrefois Ruth pour Noémi, ils ne voulurent pas se séparer de leur maître. Ce qui le ferait croire, c'est qu'un des biographes leur donne désormais le nom significatif de *frères*. Peut-être, remarque Illana, étaient-ce le page qui avait été témoin de sa conversion dans la plaine de Vreden, et le serviteur intime qui, le jour de son ordination, lui avait présenté les vêtements de sa pénitence. Quoi qu'il en soit, « ces deux bonnes âmes, pour employer les expressions de Camus (c'est dommage que leurs noms très dignes de l'histoire et de la mémoire des hommes se soient évanouys de la plume des écrivains) luy protestèrent une nouvelle fidélité ».

Sans autre cortège, Norbert, après avoir salué une dernière fois les membres de sa famille, commença, vers la fin de l'année 1118, le pèlerinage dont il avait formé le dessein.

Sans doute il ne savait pas vers quel terme le dirigeait la main de Dieu. Comme Abraham, il avait entendu une voix qui lui disait : *Sors de ton pays, et va vers la région que je te montrerai;* et il partait gaiement, au nom du Seigneur, sans autre perspective que l'inconnu. Dans l'exécution de ses vouloirs les plus importants, et surtout dans le grand œuvre de la formation des Saints, la divine Providence n'a point coutume de marcher par soubresauts; et pour elle, les chemins détournés sont encore des voies directes. Comme dit un des historiens de notre Saint, « par des moyens ordinaires et communs Dieu arrive à tirer sans violence des causes secondes les résultats les plus admirables. » On le verra bientôt en ce qui concerne le fondateur de l'ordre de Prémontré.

CHAPITRE CINQUIÈME

Le missionnaire (1119).

Quand il quitta Xanten, dans les derniers mois de l'année 1118, Norbert avait déposé sa tunique de peau de brebis, pour en prendre une de laine, avec un manteau de même étoffe; et il marchait pieds nus, sans doute pour se faire oublier à lui-même qu'il coulait du sang royal dans ses veines. Tel à peu près était apparu, vingt-cinq ans auparavant (1093), Pierre l'Ermite, prêchant la croisade : il portait une robe de laine sur la peau, un long capuchon avec un surtout de couleur rousse, et il marchait nu-pieds. Les deux compagnons de Norbert suivaient avec la mule qui portait les bagages de la petite caravane. C'est dans ce modeste équipage qu'on arriva au bourg d'Huy, situé sur la Meuse, entre Liège et Namur. Si modeste qu'il fût, Norbert se le reprocha néanmoins. « La croix de mon Sauveur est toute nue, se dit-il; je la suivrai, sans autre appareil que celui de la pauvreté. » Et il donne aux pauvres de l'endroit la mule et l'argent qu'il avait gardés, ne se réservant cette fois que les ornements nécessaires à la célébration de la sainte messe. Digne précurseur de saint François d'Assise, Norbert venait d'épouser définitivement et pour toujours la pauvreté de Jésus-Christ.

Cependant une nouvelle révolution venait de s'opérer dans le gouvernement de l'Église. Le pape Pascal II était mort au commencement de cette année 1118; et le cardinal Jean de Gaëte, du titre de Sainte-Marie *in Cosmedin*, avait été aussitôt élu pour lui succéder, sous le nom de Gélase II (24 janvier 1118). Mais l'empereur teutonique ne l'entendait pas de la sorte. A la nouvelle de l'élection pontificale, Henri V accourt en Italie, parvient à entrer de nuit dans la cité Léo-

nine, et fait élire un antipape, Maurice Burdin, qui se revêt
audacieusement des insignes de la papauté et prend le nom
de Grégoire VIII. Deux fois Gélase est contraint de fuir de
Rome; et il se résout à l'abandonner tout à fait pour aller
demander l'hospitalité à la France, si bien appelée par Baro-
nius, *le port de la barque de Pierre pendant l'orage*. Il vint
aborder en Provence, et fixa pour quelque temps sa résidence à Saint-Gilles, petite ville de Languedoc. Un diplôme
accordé à l'église de Tolède nous apprend qu'il y était le
7 novembre 1118. L'accueil enthousiaste que l'on y fit au
successeur de saint Pierre le dédommagea amplement des
indignes traitements des Impériaux. Les évêques, les abbés,
les princes, le roi de France lui-même comblèrent d'honneurs et de largesses le Pontife exilé.

Le bruit de ces graves événements ne pouvait tarder à se
répandre dans l'Europe chrétienne. En venant aux oreilles
de Norbert, éveilla-t-il en lui la résolution soudaine d'aller
trouver le Pape, et porter au vicaire de Jésus-Christ les
consolations de sa fidélité? L'on ne saurait guère en douter,
puisqu'il se mit aussitôt en marche pour le sud de la France.
Sans toit, sans abri, sans autre ressource que la vigueur
d'une âme déjà accoutumée au sacrifice, il s'avance nu-pieds
à travers les neiges et la glace d'un hiver exceptionnellement
rigoureux. Il parcourt ainsi la Champagne, la Bourgogne,
le Lyonnais, le Velay, le Vivarais. Avant la fin de novembre
1118, les pèlerins, partis de Xanten, six ou sept semaines
auparavant, étaient agenouillés devant les reliques de saint
Gilles. Ils prièrent dans la vaste crypte de la basilique abbatiale, qui avait été construite au XIe siècle. Ils purent admirer
les travaux grandioses de la nouvelle église, commencée en
1116. « Le portail de l'église de Saint-Gilles, que l'on voit
encore, est sans contredit un des plus beaux exemples du
style roman à plein cintre. » L'abbé du monastère était alors
Hugues I (1106-1139). Grande était, en ces temps-là, la
notoriété de ce pèlerinage, à tel point, que, au dire du continuateur prémontré de la chronique de Gembloux, cette partie
de la France s'appelait alors « la province de Saint-Gilles ».
De toutes parts, les pèlerins affluaient au tombeau vénéré
de l'illustre solitaire de la vallée Flavienne; mais, en 1118

*Norbert se rend pieds-nus près du Pape Gélase II
dans le Languedoc, et reçoit de lui les plus amples
pouvoirs de missionnaire apostolique.*

la présence du chef de l'Église universelle y avait attiré un concours plus considérable encore.

L'histoire ne dit pas si la foule des pèlerins de Saint-Gilles remarqua l'étranger accablé de fatigue, miné de privations, qui était venu de si loin pleurer ses fautes et demander au seigneur Apostolique ses lumières et sa direction. Aussi bien Norbert voulait rester inconnu et oublié des multitudes. Après avoir satisfait sa piété, il sollicita et obtint une audience du Pape. A genoux aux pieds du Pontife persécuté, il lui raconta son histoire ; comment, oublieux de son éducation chrétienne, il s'était adonné au plaisir, et comment la grâce de Dieu l'avait touché. Il lui demanda humblement pardon de ses égarements, et aussi de la faute canonique qu'il se reprochait d'avoir commise en recevant le même jour deux Ordres majeurs.

Les esprits supérieurs savent discerner les âmes ; Gélase avait tout de suite reconnu qu'il avait devant lui un homme de Dieu : « J'ai dessein, lui dit-il, de vous attacher à ma per-« sonne. — Non, répond le Saint ; ne m'imposez point, de « grâce, un honneur dont je ne suis pas digne, ni des fonc-« tions que je me sais impuissant à remplir. » Et alors il rappelle la vie dissipée et licencieuse qu'il avait menée à la cour des rois et des évêques ; il fait remarquer sa jeunesse et son inexpérience des affaires. « Que Votre Sainteté, conti-nuait l'humble pénitent, me donne l'ordre d'embrasser la vie canoniale, ou la vie monastique, ou la vie érémitique ; qu'Elle m'impose, si Elle le veut, l'un des grands pèleri-nages de la Chrétienté, je suis prêt à tout. »

Il y avait, dans cette noble obstination, trop de désintéres-sement pour que le saint Pontife pût insister. Il le laissa donc libre de quitter la cour pontificale ; mais, voulant uti-liser son zèle et le garantir contre les tracasseries dont il avait été victime, il lui enjoignit de se consacrer sans relâche à la prédication de la parole de Dieu, et s'empressa de lui accorder les pouvoirs les plus étendus pour exercer le saint ministère, non plus seulement dans le diocèse de Cologne, mais partout où le porterait son dévouement à Dieu et à l'Église. En conséquence, il lui délivra les Lettres authen-tiques qui l'instituaient missionnaire apostolique. Le texte en a été perdu ; toutefois l'historien du Saint, en les résumant, dit un mot qui nous révèle quel sera le caractère des prédications du nouveau missionnaire. Celui qui s'était appelé le seigneur de Gennep désirait s'adresser aux petits et aux simples; ainsi que l'avait fait le divin Maître, il ira droit aux plus nombreux et aux plus oubliés. Il sera de préférence l'apôtre des illettrés et le prédicateur des paysans.

Voulant obéir sans retard aux ordres du Pontife Romain, il quitta Saint-Gilles, malgré les rigueurs de l'hiver; et, pieds nus, comme il était venu, il reprit le chemin du Nord. Son historien nous retrace en quelques mots la physionomie générale de ce voyage vraiment héroïque. « Si brûlante était la charité dont il était embrasé pour Dieu, que rien, ni l'excès du froid, ni le défaut de nourriture, ni la fatigue ne pouvaient l'arrêter. La neige qui tombait en abondance, lui venait parfois jusqu'au-dessus des genoux, sans que, pour cela, il consentît à faire halte, même un seul jour. »

Nos trois voyageurs s'avançaient ainsi à grandes journées; comme ils passaient par la ville d'Orléans, un sous-diacre, touché de tant de vertu, voulut s'attacher à la personne de notre Saint, et lui promit de partager les fatigues de sa pénitence et de son apostolat. Ce jeune homme, dont l'histoire ne dit pas le nom, fut le premier disciple de Norbert.

Enfin, le 22 mars 1119, samedi des Rameaux, — Pâques tombait cette année le 30 mars, — le saint missionnaire arrivait avec ses trois compagnons, dans les murs de Valenciennes, charmante ville du Hainaut, assise sur les bords de l'Escaut. Dans l'intervalle de trois à quatre mois, il avait deux fois traversé toute la France, par des routes difficiles et parfois à peine tracées, au cœur d'un hiver horriblement rigoureux. Nous l'avons dit, Norbert entendait inaugurer sans retard les hautes fonctions dont l'avait investi la confiance du pape Gélase; et il fallait, pour cela, regagner les contrées dont il connaissait la langue.

Cependant le silence pesait au cœur de l'apôtre. Le dimanche des Rameaux, 23 mars, il demande à monter en chaire dans une des églises de la ville, et il commence à entretenir la foule de l'ineffable mystère de la Rédemption des hommes. Ne sachant à peu près rien de la langue du pays, il parlait allemand; et les habitants de Valenciennes ne pouvaient comprendre que la langue romane, ou langue d'oïl, qui était, nous l'avons dit, celle de toutes les provinces situées au nord de la Loire. L'on voit encore à la bibliothèque publique de Valenciennes deux manuscrits du plus haut prix : *la prose de sainte Eulalie* et un fragment d'*homélie sur le prophète Jonas*; ce sont, avec les serments de Strasbourg, les deux plus anciennes compositions en langue romane, qui soient connues jusqu'à ce jour. Norbert prêchait avec feu, plein de confiance dans le pouvoir de celui qui avait accordé aux apôtres le don des langues pour la conversion des peuples, et qui sait rendre éloquentes les lèvres des plus petits enfants. Et le peuple ravi comprenait le langage ému de l'étranger. Par une grâce spéciale de Dieu, dit le biographe de Brandebourg, sa parole fut accueillie du peuple avec enthousiasme. Quelques manuscrits de la *Vie* de Hugues, entre autres deux de ceux qui sont conservés à la Bibliothèque de Soissons, vont plus loin, et attribuent le succès de sa prédication dans Valenciennes à un prodige qui rappelle celui de la première Pentecôte chrétienne à Jérusalem; quoiqu'il parlât allemand, il fut compris de toute l'assemblée. Il ne nous répugne nullement de croire à la réalité d'un miracle affirmé par des contemporains, et en particulier par le vénérable Hugues chapelain de Burchard, dont nous allons parler bientôt. Si l'on étudie attentivement les lois que le Tout-Puissant s'est posées pour le gouvernement des hommes, on s'aperçoit vite que le pouvoir mystérieux du miracle n'est accordé à aucun mortel sans certaines dispositions morales : en 1119, Norbert s'était donné assez généreusement à Dieu, pour que Dieu pût, s'il le voulait, lui conférer ce privilège exceptionnel.

On vint en foule consulter Norbert. Toute la ville, sensible au bonheur de posséder un homme de Dieu et affligée par la seule pensée de son départ, prenait déjà des mesures pour le retenir. Norbert avait beau dire tout haut son intention formelle de retourner immédiatement au pays de Cologne, qui était le sien et où il pourrait enfin inaugurer son ministère apostolique; tous insistaient pour le garder quelque temps au moins au milieu d'eux. La Providence intervint; la maladie de ses trois compagnons le contraignit tout à coup d'accepter le séjour qu'il avait d'abord refusé.

Épuisés sans doute par les fatigues d'un si long et si rude

voyage, ils furent atteints tous les trois à la fois d'une maladie qui présenta, dès le premier jour, des caractères inquiétants. Norbert, le fils de la noble dame Hadwige, se fit le garde-malade de ceux qu'il se plaisait à nommer ses frères. Il fallait voir son empressement près d'eux, et les délicates attentions dont il les entourait.

Un manuscrit de l'abbaye de Vicoigne signalait ces détails touchants : « il nettoyait de ses mains les ulcères que les neiges leur avaient causés ; il leur préparait leur repas, et leur servait les mets qu'il avait mendiés ou qu'il recevait de la charité des fidèles. »

Malheureusement son affection fut impuissante à préserver de la mort ces chères existences. Les trois malades moururent après quinze jours de souffrances, pendant l'octave de Pâques. Norbert tint à leur rendre jusqu'au bout les derniers devoirs. Les deux laïques furent enterrés avec honneur dans l'église Saint-Pierre-du-Marché ; et le sous-diacre, qui avait revêtu, avant de mourir, l'habit monastique, afin d'expirer en véritable religieux, fut inhumé dans l'église principale de la ville, dédiée, comme aujourd'hui, à Notre-Dame du Saint-Cordon.

Or, pendant que le Saint gardait ses compagnons malades, le 26 mars, jour du mercredi saint, le seigneur Burchard, évêque de Cambrai, avait fait son entrée dans la ville de Valenciennes, Burchard gouvernait avec honneur le vaste diocèse de Cambrai, depuis environ trois années. Norbert qui l'avait particulièrement connu à la cour de l'empereur de Germanie, ayant appris son arrivée, désira le voir et s'entretenir avec lui. A l'instant même où il se présentait à la porte de la maison dans laquelle Burchard était descendu, notre Saint rencontre l'un des clercs ou chapelains de l'évêque, et le prie de lui ménager une entrevue avec le prélat. Le chapelain, ne sachant qui était ce visiteur, annonça à son maître un clerc ayant les allures d'un pèlerin.

Norbert entre et salue, en langue teutonique, le seigneur évêque. Après quelques paroles échangées, celui-ci a vite reconnu son ami d'autrefois. Il ne se lasse pas de contempler cet habillement sévère, ces pieds nus meurtris par la gelée : « C'est vous, s'écrie-t-il, c'est donc vous, seigneur Norbert ! » Et des larmes d'émotion coulent de ses yeux. Il se jette au

À Valenciennes, Burchard de Cambrai reconnaît
Norbert. Le B. Hugues s'attache au Serviteur de Dieu.

cou de l'illustre pèlerin : « O Norbert! qui eût jamais pensé
« que l'on pût vous retrouver dans cet appareil de la péni-
« tence? » Et il rappelait les immenses richesses du brillant
seigneur de Gennep, devenu aujourd'hui pauvre volontaire,
ses splendides équipages, ses habits somptueux.

Quelques moments s'écoulèrent ainsi dans les épanche-
ments de l'amitié. Cependant le jeune ecclésiastique qui avait
été l'introducteur de Norbert, avait assisté à cette scène touchante. Il n'avait point compris la langue allemande que parlaient les deux amis; mais les larmes de son évêque lui révé-
laient son émotion. Il s'approche respectueusement : « Qu'y
« a-t-il donc, seigneur? Et quel est cet étranger ? — Si vous
« saviez ce qu'il a été, vous partageriez ma surprise et mon
« admiration. Celui que vous voyez vécut pendant plusieurs
« années avec moi à la cour royale. Il était le favori de l'em-
» pereur Henri V, et l'un de ses plus élégants et de ses plus
« joyeux courtisans. Que dis-je? c'est à lui que je dois mon
« élévation à l'épiscopat; car lorsque l'empereur me donna
« l'évêché de Cambrai, Norbert venait de le refuser... Et
« aujourd'hui le voyez-vous, pieds nus, dépouillé de tout,
« cherchant Dieu dans le dénûment et le sacrifice? »

Ces paroles émues de l'évêque, la vue de l'illustre pénitent, tout va au cœur du jeune chapelain, qui ne peut retenir
ses larmes. « Il jugea que sous cette robe extraordinaire, il
y avait un homme caché qui n'estait pas du commun. »
Soudain il sent se réveiller en lui le désir de la vie religieuse, que depuis longtemps il nourrissait au fond de son
cœur. Lui aussi, il voudrait dire un éternel adieu aux honneurs et aux mille frivolités du monde, pour se consacrer
sans réserve au service du Très-Haut. Il ne s'en expliqua
pourtant pas alors; la Providence allait se charger bientôt
de mener à bonne fin l'œuvre de cette vocation encore hési-
tante.

Lorsque les fêtes de Pâques furent passées, et que les trois
compagnons de Norbert se furent endormis dans la paix du
Seigneur, le Saint, épuisé, tomba lui-même gravement
malade, et il lui fallut bien consentir à séjourner plus longtemps à Valenciennes. Burchard, de son côté, retarda son
propre départ, pour attendre le dénouement de la maladie
de son ami. Chaque jour, le prélat le visitait ou par lui-même

ou par quelqu'un des clercs de sa suite. Son amitié devait se prolonger bien au-delà de cette rencontre; jusqu'à sa mort, qui arriva au commencement de l'année 1131, l'évêque de Cambrai en donnera des preuves éclatantes; et c'est lui qui introduira les disciples de Norbert à Anvers, à Vicoigne, à Saint-Feuillant et à Bonne-Espérance.

Hugues, — c'était le nom du jeune chapelain qui avait été témoin de l'entrevüe, — était des plus assidus à visiter Norbert, en vue de se pénétrer de son esprit et de ses maximes. Plus il le voyait, plus il l'admirait et l'aimait; « car, dit avec élégance Camus, la douleur et la souffrance sont la vraye pierre de touche qui fait discerner le faux ou franc alloi de la vertu. » Dès les premiers jours de la convalescence, Hugues lui ouvrit son cœur, et lui demanda la faveur d'être associé à son apostolat. « Seigneur Dieu, s'écria Norbert, « vous m'êtes témoin que, aujourdhui même, je vous avais « demandé de me donner un compagnon, le voici; merci, « mon Dieu. »

Toutefois Hugues voulut d'abord retourner à Fosse, sa ville natale, pour y revoir les siens et mettre ordre à ses affaires. Cette déclaration altéra un peu la joie du Saint, qui avait pensé que la résolution du jeune chapelain était définitive; mais reprenant aussitôt sa confiance en Dieu, il se contenta de répondre : « C'est bien, mon frère; si votre « vocation vient du ciel, rien ne la brisera. » — « Ne craignez « pas, ô Père, repartit Hugues; vous m'avez attaché à vous « par des liens qu'aucune force ne saurait rompre. »

On était au mois de juin de l'année 1119, lorsque Hugues vint se mettre à la disposition de Norbert. Dans l'intervalle, celui-ci dut descendre jusqu'à Cambrai, soit pour visiter l'évêque son ami, soit aussi pour inaugurer son ministère d'apôtre. C'est du moins ce que semble indiquer une note des *Annales de Cambrai :* « En 1119, vers les Rogations, le seigneur Norbert vint pour la première fois en cette ville. » Dans la pensée du chroniqueur, on sent que le passage de l'homme de Dieu était un événement d'importance, et que la prédication de Valenciennes faisait déjà rayonner autour de son front l'auréole du saint et du thaumaturge.

A l'arrivée de Hugues, le Saint était rentré à Valenciennes où il attendait son disciple. Avait-il pour le moment renoncé à son premier dessein, qui était de regagner le diocèse de Cologne ? Toujours est-il que les quelques semaines de santé qu'il avait passées à Valenciennes avaient été utilement employées. L'ignorance à peu près complète de la langue romane ou française l'avait empêché jusqu'alors de prêcher la parole de Dieu. Sans doute il s'exerça avec zèle à l'étude et à la connaissance pratique de cette langue ; car nous allons bientôt l'entendre annoncer l'Evangile à des populations qui n'en connaissaient presque pas d'autre.

Le retour de Hugues réjouit le cœur et enflamma le zèle apostolique de l'homme de Dieu. Convaincu que telle était la volonté spéciale du Très-Haut sur lui, il se mit à parcourir les villages, les bourgs et les villes, prêchant partout la bonne nouvelle du salut, pressant les usuriers, si nombreux alors, de restituer le bien mal acquis, réconciliant les ennemis et faisant refleurir la paix évangélique, là où il trouvait la haine et la guerre. Vrais pauvres du Christ, les deux missionnaires ne voulaient rien recevoir de personne à l'occasion de leur ministère, si ce n'est parfois les offrandes qui leur étaient apportées à l'autel pour le saint sacrifice de la messe. Encore ne les gardaient-ils pas longtemps ; ils les distribuaient aussitôt aux pauvres et aux lépreux, fort nombreux dans cette période du moyen âge, où les précautions hygiéniques étaient encore très imparfaites. Pour leur propre subsistance, ils comptaient sur la Providence du Très-Haut, et il leur semblait indigne d'eux, remarque un historien, après avoir tout méprisé pour Jésus-Christ, de s'éprendre de l'appât de vulgaires rétributions. Etrangers et pèlerins sur la terre, ils tournaient toutes leurs aspirations vers le ciel.

Un désintéressement si héroïque était de nature à frapper les esprits et à toucher les cœurs ; les populations croyantes du Hainaut et du Brabant ne résistèrent pas longtemps à cette prédication d'une éloquence si persuasive. Ce fut un enthousiasme général. La renommée devançait leurs pas. Elle publiait qu'un apôtre venu de régions lointaines était apparu dans ces contrées. Les bergers du pays oubliaient un instant leurs troupeaux pour courir annoncer aux populations voisines le passage des serviteurs de Dieu. Alors on sonnait les cloches, et l'on venait en foule à l'église paroissiale entendre la messe, et recueillir les enseignements des deux apôtres. L'infatigable missionnaire ne se contentait pas d'adresser une instruction à cette foule si remplie de bonne volonté ; il lui faisait une sorte de catéchisme sur les points de la morale chrétienne qu'il estimait les plus opportuns. Les historiens n'ont pas manqué de nous indiquer le sujet de ces entretiens familiers : la fréquentation de la confession ; la nécessité de la pénitence, la restitution, l'espérance du salut éternel, les obligations des personnes engagées dans le mariage et les devoirs des riches.

Sur le soir, leur ministère étant achevé, nos missionnaires entraient dans la demeure de quelque pieux habitant de la localité, pour s'y reposer un peu. Les échevins des villes, les gouverneurs des provinces, les seigneurs des bourgs les invitaient et les pressaient de demeurer près d'eux. A la lettre, l'on se disputait l'honneur de leur donner l'hospitalité ; et ceux qui ne pouvaient l'avoir, s'en consolaient en hébergeant l'âne qui portait leurs effets ou en emmenant de force le petit serviteur qui gardait et soignait la monture. Norbert avait tout d'abord voulu voyager à pied ; nous voyons ici apparaître pour la première fois le secours d'un modeste équipage. Ce détail n'est pas indigne de la majesté de l'histoire. Le chroniqueur de la Grâce-Dieu dit en termes formels : « Parfois aussi, quand la fatigue d'un travail excessif empêchait Norbert de marcher, il avait coutume de se servir d'un petit âne, pour ne pas interrompre son ministère apostolique. »

L'enthousiasme des foules, sur les pas de Norbert, s'explique aisément. Comment ne pas admirer un genre de vie si nouveau, si étrange, et, pour tout dire, si angélique? L'homme de Dieu pouvait sans orgueil se flatter d'observer le conseil de l'Évangile ; il s'avançait à la conquête des âmes, sans bourse, sans chaussures, sans provisions d'aucune sorte. Sa chapelle pour célébrer le saint sacrifice de la messe, un Psautier ou Bréviaire, et je ne sais plus quels autres livres de piété : voilà tout son bagage. Le saint homme ne permettait pas qu'on lui dressât de table pour ses repas. Ses genoux lui en servaient, et la terre était son siège. A ses aliments il n'admettait d'autre condiment que quelques grains de sel; pour toute boisson, de l'eau. Tel était son régime invariable, à moins qu'invité à la table des archevêques,

Accompagné du B. Hugues, Norbert parcourt les villes et les bourgades, prêchant et convertisant les populations accourues à sa voix.

évêques et abbés, il ne dût se conformer au genre de vie de ses hôtes.

Au xiiᵉ siècle, l'Eglise avait fort à faire pour adoucir l'humeur guerrière des peuples germains et francs, barbares d'hier à peine assouplis au joug civilisateur de l'Evangile. L'une des grandes plaies de cette époque, c'étaient les guerres particulières de seigneur à seigneur, qui ensanglantaient toute une contrée, les querelles de bourgeois à bourgeois qui dégénéraient en rixes sanglantes et meurtrières. La mission de l'Eglise était d'adoucir peu à peu ces caractères aux allures farouches; et jamais, on le sait, elle ne faillit à ce devoir. Le grossier baron féodal était une cire rebelle; rien de plus brutal, ni de plus barbare. La plupart de ces hommes n'ont à la bouche que cette parole sauvage : « Je m'en vais te séparer la tête du buste. » Voilà les hommes dont la religion du Christ avait entrepris de faire l'éducation. Elle va les trouver dans leur grossière fierté et leur propose un idéal : « défendre l'Eglise » et « s'aimer entre eux ». Bientôt elle les conduit près de l'autel et, au moment de l'Evangile, ils tirent leurs épées du fourreau, et la tiennent nue entre leurs mains, jusqu'à la fin de la lecture sacrée. Cette fière attitude voulait dire : s'il faut défendre l'Evangile, nous sommes là !

Selon la noble expression d'Illana, Dieu tient toujours ses héros prêts pour porter remède aux grands besoins de l'humanité. Saint Norbert prit, au xiiᵉ siècle, une part des plus actives à ce travail civilisateur; ses contemporains l'avaient surnommé l'ange ou le messager de la paix. Rien n'est beau comme le zèle, la prudence et le tact de l'homme de Dieu dans la réconciliation des ennemis. C'était en lui, si l'on peut dire, le don spécial de la bonté divine. Le premier trophée de sa charité et de son éloquence fut un chevalier du pays wallon. Un jour, dans le comté de Namur, il traversait, entouré d'une foule nombreuse de clercs et de laïques, la petite ville fortifiée de Fosse, patrie de son disciple. On se presse autour de Norbert et de Hugues qui était connu de tous; on leur raconte comment plus de soixante personnes avaient péri par le fer, et comment les meurtres se continuaient tous les jours de part et d'autre, sans que l'autorité des prêtres ou des magistrats, ni les prières des gens de bien pussent désarmer les furieux. Tout à coup paraît un jeune homme dont le frère avait été tué la semaine même, et qui courait venger cette mort sanglante. Il vient à passer devant le saint missionnaire, Norbert l'arrête, lui saute au cou, l'embrasse avec tendresse : « Mon ami, lui dit-il, je suis un « étranger, je ne fais que passer dans cette contrée. Depuis « mon arrivée ici, je n'ai encore rien demandé à personne : « je n'ai rien reçu de qui que ce soit. Je vous vois jeune, « brillant et d'un abord aimable ; il me serait doux de recevoir « de vous la première faveur que j'aie sollicitée en ce pays ; « Dieu saura vous en récompenser. »

...A ces mots, le cœur du jeune homme est attendri, et, les larmes aux yeux : « Parlez, mon Père, dit-il ; que pourrais-je vous refuser ? ». — « Eh bien ! je vous demande la grâce du meurtrier de votre frère. » Sublime mission de la religion parmi les hommes ! Merveilleux ascendant de la sainteté sur les cœurs les plus durs ! « Le lion se change en agneau. » Le cavalier brise aussitôt ses armes, sacrifie sa vengeance au désir de Norbert, et devient, à Fosse et aux environs, son fervent auxiliaire dans l'œuvre de pacification que l'apôtre avait entreprise.

Ce n'était point assez en effet que d'avoir calmé un furieux ; il fallait faire mettre bas les armes à plusieurs autres qui devaient se rencontrer à Moustier, sur la Sambre, à deux lieues de Namur, pour vider la querelle, le samedi suivant. Norbert s'y trouva dès le matin. Une grande foule était là, venue des contrées d'alentour, soit pour voir l'homme de Dieu, dont la renommée disait tant de merveilles, soit pour encourager la réconciliation des ennemis, dont la querelle troublait tout le pays. Selon sa coutume, notre Saint, seul devant Dieu, se préparait par la prière et l'oraison à célébrer l'auguste Sacrifice, et à prêcher la parole de Dieu. Il était déjà près de neuf heures, et le Saint priait toujours. La foule commençait à s'impatienter ; des murmures d'ennui parcouraient cette multitude curieuse. On conjura Hugues d'aller prévenir l'homme de Dieu que, s'il ne se rendait pas aux vœux du peuple, tous se retireraient immédiatement. Hugues s'acquitte avec un certain embarras du message qui lui a été confié : « Taisez-« vous, mon fils ; ce n'est pas notre fait de servir Dieu selon « la volonté des hommes, mais bien selon la volonté de Dieu. »

Partout où il se montre, saint Norbert rétablit le règne de la charité. Ange de la paix, il réconcilie les ennemis sur les Reliques des Saints.

Quelques instants après, sa prière étant achevée, Norbert se lève, entre à l'église, se revêt des ornements sacrés, et célèbre la messe votive de la bienheureuse Vierge Marie. Depuis le concile de Clermont, sous Urbain II, la piété catholique s'était habituée à consacrer le samedi à la Mère de Dieu. Puis il en commence une seconde à l'intention des défunts, dont la mort avait allumé cette haine qu'il voulait éteindre. « Il n'était ni nouveau, ni extraordinaire, dit à cette occasion un des historiens de saint Norbert, de célébrer deux messes dans le même jour. Léon III en disait jusqu'à sept, saint Udalric, évêque d'Augsbourg, en disait régulièrement trois ; saint Elphège, archevêque de Cantorbéry, en célébrait deux ; saint Anselme, qui lui succéda dans sa dignité, imita sa dévotion ; saint Aybert, moine reclus, que Burchard, évêque de Cambrai, ordonna prêtre, avait coutume d'en dire chaque jour une pour les vivants, et une autre pour les défunts. Ainsi il est inutile de recourir à la prétendue permission de Gélase pour autoriser les deux messes que saint Norbert dit à Moustier. La pratique des Églises justifiait sa conduite, et le succès, qui suivit sa dévotion, fit assez voir qu'elle était agréable à Dieu. »

En effet, dès qu'il eut achevé sa seconde messe, il monta en chaire. Mais il était près de trois heures de l'après-midi : un grand nombre étaient sortis pour prendre leur repas, et il ne restait dans l'église que fort peu d'auditeurs. Le Saint ne fut pas déconcerté en voyant le vide qui s'était fait. Comme plus tard saint François de Sales, Norbert prêchait aussi facilement pour un petit auditoire que pour une nombreuse assemblée, aussi volontiers pour des pauvres que pour des riches ; il ne voyait que des âmes à instruire et à échauffer de l'amour divin. Il se met donc à parler ; son zèle apostolique l'enflamme. Sa voix retentit avec tant d'éclat jusque dans les maisons les plus éloignées, que chacun accourt oubliant la nourriture matérielle pour venir se rassasier, à un meilleur banquet. L'église se trouva bientôt comble.

« Frères bien-aimés, disait Norbert, quand Notre-Seigneur « Jésus-Christ envoya ses disciples pour prêcher, il leur « ordonna de dire, partout où ils arriveraient : *la paix soit* « *dans cette maison ;* promettant que si les enfants de la paix y

« habitaient, la paix de Dieu se reposerait sur eux. Nous qui
« sommes, non pour nos mérites, mais par une faveur toute
« gratuite de Dieu, les héritiers du ministère des Apôtres,
« nous vous apportons cette même paix. Vous ne la refuserez
« pas, mes frères ; et c'est elle qui vous fera atteindre l'éter-
« nelle paix des cieux. Vous savez quel motif nous a conduit
« parmi vous. Je n'y viens point en mon propre nom ; je ne
« suis qu'un pèlerin et un étranger ; c'est Dieu qui vous
« demande, par mes lèvres, l'oubli des injures mutuelles et
« le pardon fraternel. Si vous êtes chrétiens, vous n'avez
« qu'à vous rendre, d'un cœur pur et docile, aux ordres de
« votre Dieu. » La voix du prédicateur fut couverte par les
acclamations de l'assemblée. « Que le Seigneur commande
par votre bouche, et nous obéirons. La cause de la paix était
gagnée. Les deux partis sortent et se réunissent sous le
porche de l'église. On apporte les reliques de saint Fréde-
gand, patron de cette localité ; et les ennemis jurent, sur les
restes sacrés du Saint, une réconciliation éternelle.

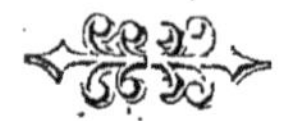

CHAPITRE SIXIÈME

Barthélemy de Vir (1119).

Or, pendant qu'il exerçait avec tant de dévouement les pouvoirs qu'il avait reçus du Souverain Pontife Gélase II, celui-ci venait de mourir en Bourgogne, à l'abbaye de Cluny (29 janvier 1119). Ses efforts généreux pour la pacification de l'Église et la réforme des abus semblaient promettre un règne utile et fécond; mais la mort était venue briser ces espérances. Le biographe de notre Saint dépose sur sa tombe un éloge spécial, où l'on entend le cri du cœur : le Pape Gélase avait été le premier protecteur de Norbert. Cependant il n'y avait pas de temps à perdre : l'antipape Maurice Burdin occupait toujours la ville de Rome, grâce à l'appui de l'empereur Henri. Dès le 2 février, les cardinaux, qui s'étaient réunis pour les obsèques de Gélase, lui élurent un successeur. Leur choix tomba sur Guy, oncle paternel de la reine de France et archevêque de Vienne en Dauphiné, qui prit le nom de Calixte II. Son élection fut bientôt reconnue par l'Europe catholique. A Rome même, sous les yeux de l'antipape, l'évêque de Porto, vicaire du Pape légitime, ne craignit pas de monter au Capitole et de demander au peuple romain la ratification de l'élection par les acclamations ordinaires. Ces acclamations furent unanimes; et l'écho put en parvenir jusqu'à la basilique de Saint-Pierre où trônait Burdin.

Le premier soin du nouveau Pontife fut de réunir à Reims le grand concile qu'y avait déjà convoqué son prédécesseur. Au mois d'octobre 1119, toutes les voies aboutissant à la ville de saint Rémy étaient encombrées de voyageurs : on y vit arriver comme devant un tribunal suprême, le roi de France, Louis Le Gros, pour demander justice contre le roi

d'Angleterre qui avait envahi la Normandie ; et la comtesse
de Poitiers, réclamant protection contre son époux adultère,
le duc d'Aquitaine. Quatre cent vingt-six archevêques, évêques ou abbés vinrent prendre rang dans ces assises solennelles de l'Église latine. C'était la vingt et unième fois, depuis
le VIe siècle, qu'un concile s'ouvrait dans la ville de Reims.

Sans doute on ne remarqua guère, parmi tous ces personnages éminents, l'arrivée d'un pèlerin sans mandat officiel,
sans cortège et sans autre éclat extérieur que celui de la singularité de sa vie. C'était Norbert qui avait interrompu ses
missions pour accourir à Reims et y solliciter, lui aussi, la
protection du Seigneur Apostolique. Mû par cet instinct
catholique, qui est celui de toutes les grandes âmes chrétiennes, Norbert se disait que rien de solide et de durable ne
peut se faire dans l'Église, sans la bénédiction de celui qui
est, selon l'expression consacrée par les siècles, le Vicaire du
Christ sur la terre.

Pendant trois jours il resta à Reims, cherchant l'occasion
d'être introduit près du pape Calixte. A cause de l'affluence
considérable des plus hauts personnages de l'Europe chrétienne, il n'y put réussir, et il se résigna à quitter la ville.
Triste, pensif et désespérant presque d'aboutir à une audience
du Souverain-Pontife, il était déjà arrivé à deux lieues de
Reims, non loin des murs de l'abbaye bénédictine de Saint-
Thierry ou du Mont d'Or. Assis sur le bord de la route, avec
Hugues et un autre clerc qui s'était attaché à sa personne, il
méditait en silence les desseins probables de Dieu sur lui.

Tout à coup nos trois pèlerins voient défiler devant eux
un brillant et nombreux cortège se dirigeant du côté de
Reims ; c'était Barthélemy, évêque de Laon, se rendant au
concile avec ses clercs et ses hommes. Spontanément le prélat s'arrête et vient saluer avec bonté les trois inconnus.
« Qui êtes-vous donc ? » leur dit-il. En quelques mots Norbert lui raconta son histoire, comment, né au pays de Clèves,
dans la Basse-Lorraine, il avait dit adieu à sa famille et
quitté le siècle avec le dessein d'embrasser la vie religieuse.
« Voulant prendre conseil du Pape et m'appuyer en tout sur
« l'autorité du Siège Apostolique, je suis venu à Reims ;
« mais rebuté de toutes parts, j'ai dû quitter la ville inhospi-
« talière. Je n'ambitionne que le droit d'évangéliser le peuple ;
« et je compte sur le secours du Tout-Puissant. »

Emu de compassion, et saisi d'une involontaire admiration, Barthélemy comprit qu'il venait de rencontrer un homme de Dieu, un véritable trésor caché sous des dehors si pauvres; et il l'exhorta à rentrer à Reims, lui promettant de le présenter lui-même au pape. Il fit descendre ses hommes de cheval; et Norbert, ainsi que ses deux fidèles compagnons, retourna à Reims avec le cortège de l'évêque de Laon. Chemin faisant, Barthélemy se fit donner de plus amples détails sur la vie et les œuvres de celui qu'il venait de rencontrer d'une façon si imprévue. Pendant le trajet, Hugues eut le temps d'instruire le prélat de la naissance et de l'éducation du seigneur de Gennep; et de lui dire ses rapports avec l'empereur d'Allemagne, sa merveilleuse conversion et les prodiges que sa parole avait opérés depuis six mois dans le Hainaut, le Brabant et le pays de Liège.

A n'en pas douter, la Providence avait ménagé cette rencontre; car Barthélemy était lui-même l'un des personnages les plus illustres de l'Eglise de France. Comme Norbert, il était né vers l'année 1080. Son père se nommait Falcon de Jur ou de Vir; et sa mère, Adèle de Roucy. De bonne heure, il fut confié aux soins de son oncle, Manassès II, archevêque de Reims, qui lui donna d'abord des maîtres dans son propre palais, puis l'envoya vraisemblablement aux leçons de la fameuse Ecole de Reims. N'étant encore que sous-diacre, il fut pourvu d'un canonicat à la métropole de Reims. « Caractère modeste et doux, âme ferme et persévérante, simple au milieu de l'opulence, il portait jusque dans ses traits un peu ascétiques le reflet de cet amour pour l'ordre et la paix qui ne se trouvait guère alors que dans le cloître. Esprit éclairé et prudent, il devait, sans rompre en visière avec eux, se dégager des préjugés de son temps. »

Dans les premiers mois de l'année 1113, Barthélemy fut, à l'unanimité du Chapitre, élu évêque de Laon. Il eût repoussé d'oisifs honneurs; il céda à la prière d'une église désolée qui n'avait à lui offrir que des ruines, des cendres, une population décimée et la défaveur du roi de France.

Tel était l'homme qui, le 16 ou le 19 octopre 1119, entrait à Reims avec Norbert et ses deux disciples.

Le concile s'ouvrit le 20 dans l'église de Notre-Dame. Le principal objet de ses délibérations était cette interminable querelle des investitures, qui suscitait des troubles incessants en Allemagne, en Lorraine et en Italie. Le pape se rendit à Mouzon, sur la Meuse, pour y rencontrer l'empereur, et lui fit des propositions très modérées; mais, dès le premier jour, la mauvaise foi d'Henri V enleva tout espoir de conciliation.

Barthélemy était le cousin du Pape Calixte; il ne pouvait manquer d'être bien accueilli du Pontife. L'évêque de Laon, après avoir offert ses hommages au chef de l'Eglise, lui représenta respectueusement que le Père de tous les chrétiens se devait à tous ses enfants, et que les pauvres, aussi bien que les puissants, avaient droit à son audience; il lui reprocha avec douceur l'exclusion d'un homme tel que Norbert. Aussitôt le Pape donne l'ordre d'introduire le Saint et ses compagnons, qui paraissent devant lui, pieds nus et avec les habits de leur pénitence. L'heureux apôtre entretint Calixte de ses missions et du dessein qu'il nourrissait d'embrasser la vie religieuse la plus parfaite; puis, pour fermer la bouche aux esprits malveillants que toute entreprise généreuse est sûre de rencontrer sur son chemin, il le pria de renouveler les lettres qui l'instituaient missionnaire apostolique. Calixte, ravi de favoriser les généreux efforts de l'auxiliaire imprévu que lui envoyait la Providence, encouragea le zèle de Norbert et lui octroya les lettres qu'il sollicitait. Calixte eût désiré jouir plus longtemps de la conversation de Norbert; l'embarras inséparable des affaires importantes lui fit différer ce plaisir au temps de son séjour à Laon, où il promit à Barthélemy de se rendre après le Concile. En attendant il enjoignit au digne prélat de prendre soin du saint missionnaire.

Le concile étant achevé, Barthélemy de Vir retourna à Laon, heureux et fier d'y ramener l'homme de Dieu. Outre sa sympathie personnelle pour Norbert, Barthélemy avait une autre raison de le garder dans son diocèse; une branche de la famille de l'homme de Dieu habitait la ville et le pays de Laon. En apprenant l'état de santé de leur parent, ils avaient été touchés de compassion, et l'avaient secrètement recommandé à la charité de l'évêque. L'on ne saurait être surpris de la présence dans le Laonnais des parents de

Le Pape Calixte II reçoit Norbert avec bonté, au concile
de Reims, lui renouvelle ses pouvoirs, et le recommande
chaudement à Barthélemy, Évêque de Laon.

Norbert; nous savons déjà que, par la famille de sa mère Hadwige, il était d'origine française.

Parmi les grandes écoles qui florissaient sur tous les points de la France, celle de Laon, fort ancienne et déjà célèbre, jetait alors, nous l'avons dit, le plus vif éclat. Elle avait acquis sous Anselme une renommée que l'on comparait à celle d'Alexandrie sous Origène. Ceux qui avaient été ou qui étaient encore les disciples d'Anselme et de son frère Raoul, portaient des noms illustres, ou qui allaient le devenir. C'étaient Guillaume de Champeaux, Hugues Métel, Gilbert de la Porée, Philippe Harving, Albéric, écolâtre de Reims, Lotulfe de Novare, Anselme de Custella, Walter ou Gautier de Saint-Maurice, Adam, plus tard abbé de St-Josse-au-Bois, et enfin, le plus célèbre de tous, Abélard. Lorsque Anselme mourut, en 1117, Raoul continua son enseignement philosophique et théologique, avec un moindre génie, mais avec une vertu presque égale.

Si près de ce foyer de lumière, vers lequel on accourait de tous les points de l'Europe chrétienne, Norbert pensa qu'il ferait bien d'en profiter pour lui-même. Raoul en était arrivé à l'interprétation du psaume 118e *Beati. Immaculati*, qu'il expliquait d'après les règles exégétiques d'Anselme. L'Eglise fait réciter ce psaume tous les jours à ses prêtres, dans les petites heures de l'Office divin, pour leur rappeler que leur vie tout entière ne doit être que l'accomplissement de la volonté divine. L'homme de Dieu voulait, à l'école d'un maître, se pénétrer de plus en plus du sens profond de ce chant inspiré; et il ne lui en coûtait pas d'aller, lui, missionnaire autorisé déjà par plusieurs faits surnaturels, se faire l'humble auditeur d'un maître encore jeune. Il était persuadé que le prêtre, qui a l'ambition d'être à la hauteur de sa sainte mission, doit se considérer comme un étudiant toute sa vie.

L'homme de Dieu profita aussi de son séjour à Laon pour s'y aboucher avec quelques-uns de ses parents, riches ainsi qu'il l'avait été autrefois lui-même. Il voulut dans ses entretiens avec eux, tout en s'efforçant de leur être utile, se faire simple écolier, comme le fera plus tard un autre grand homme, saint Ignace de Loyola. Grâce à ses récents voyages à travers la France, il avait appris quelque peu la langue du pays; mais il ne s'était pas encore familiarisé avec elle; et,

de jour en jour, il sentait le besoin de la connaître plus à
fond. Il étudia donc, plusieurs semaines durant, la grammaire
de la langue d'oil, et ne dédaigna pas, lui apôtre et thaumaturge, de s'asseoir, humble disciple, à côté de quelque maître,
dont l'histoire ne sait même pas le nom.

Cependant le pontife Calixte, fidèle à sa promesse, était
venu à Laon, au mois de novembre. Barthélemy l'y reçut avec
de grands honneurs, et le fit jouir des restaurations matérielles
et morales qu'il avait entreprises pour réparer les désastres
de 1112. Norbert était l'hôte du palais épiscopal; il put, à
loisir, s'entretenir avec le Pontife suprême, et recevoir ses
conseils. Celui-ci s'efforça de le faire renoncer aux hasards
et à l'inutilité, au moins relative, d'une vie errante. Norbert
se sentait de plus en plus attiré vers la vie religieuse; mais il
comprenait toute l'impuissance d'un effort isolé, et l'idée
d'une association monastique à la fois contemplative et active
commençait dès lors à s'imposer à son esprit. Et ce n'est pas
sans raison qu'un chroniqueur fait remonter à ces conférences de Laon, et aux relations de Norbert avec le pape
Calixte II, l'institution de l'ordre de Prémontré.

Barthélemy crut avoir trouvé tout à la fois le moyen de
l'attacher au diocèse de Laon, et de satisfaire ses goûts pour
la vie régulière. Il y avait, dans le faubourg de la ville épiscopale, une petite collégiale érigée en l'honneur de saint
Martin de Tours. Le chapitre en était fort relâché, et il n'y
restait plus que quelques chanoines réguliers de nom, de
fait très séculiers. A l'instigation de l'évêque, ils élisent
Norbert pour leur abbé. Et ils conjurent le Souverain-Pontife et l'évêque de leur accorder un si saint supérieur. Norbert
refuse énergiquement l'honneur ou le fardeau, comme on
voudra le nommer. « Si j'ai quitté l'opulence à Cologne,
« disait-il, était-ce donc pour venir jusqu'à Laon chercher
« une moindre fortune? Aussi bien, le séjour des villes me
« répugne; il me faut le calme et la paix des déserts. » Barthélemy ayant eu recours à l'autorité de Calixte II, qui était
encore à Laon, l'homme de Dieu fit au Pape une réponse
pleine d'une noble et respectueuse indépendance; un auteur du temps nous l'a conservée: « Ne vous souvient-il
« plus, ô Père digne de tout respect, de la tâche que j'ai à
« remplir? Deux fois déjà le seigneur apostolique ne m'a-t-il

« pas imposé le devoir de prêcher la parole de Dieu? Néan-
« moins, Très Saint-Père, je ne veux pour rien au monde
« paraître disposer de moi-même : je consens donc à la propo-
« sition qui m'est faite; mais j'ai le devoir de sauvegarder
« l'exécution de mon solennel engagement; je ne saurais le
« violer sans un grave dommage pour mon âme. Mon enga-
« gement, vous le connaissez : ne jamais rechercher le bien
« d'autrui; ne point réclamer devant les tribunaux ou les
« justices séculières ce que l'on pourrait m'enlever; ne lancer
« d'anathème contre personne pour des injures reçues ou
« des dommages à moi causés. Bref, j'ai promis à Dieu de
« vivre purement de la vie évangélique et apostolique, autant
« que le peut l'humaine faiblesse. Je ne rejette point le fardeau
« que l'on m'impose, pourvu toutefois que les chanoines de
« la collégiale ne se refusent pas à suivre ces principes et à
« garder ces maximes. »

Norbert entra aussitôt en fonctions. Il s'efforça de rétablir
la vie canonique parmi ses clercs; chaque jour, il leur montrait, et par sa parole et par ses exemples, comment ils
devaient imiter Jésus-Christ et mépriser le monde; comment
ils devaient pratiquer la pauvreté volontaire; comment ils
devaient supporter les outrages, les affronts, la faim, la soif,
la nudité et tout ce qui crucifie la nature; comment enfin ils
devaient obéir aux prescriptions des saints Pères.

Nous savons quelle était la douceur de Norbert et le don
qu'il avait reçu du ciel pour pacifier les esprits. Mais « il n'est
pas toujours au pouvoir du médecin de guérir ». Son zèle
échoua devant l'opiniâtreté de ces clercs endurcis. Rien n'est
plus difficile que de réformer les monastères où s'est introduit l'amour du bien-être ; et, selon le mot de Pierre-le-Véné-
rable, quand il s'agit d'association religieuse, il est plus aisé
d'en fonder une nouvelle que d'en relever une ancienne qui
s'est relâchée. Saint Benoît avait échoué dans une entreprise
tout à fait analogue.

« Nous ne voulons pas d'un tel maître, s'écrièrent les
« chanoines; on nous enlève nos biens et on ne veut pas
« nous les restituer. Nous plaidons sans résultat; nous por-
« tons des sentences que l'on méprise. Nous ne saurions plus
« longtemps vivre de la sorte. Que l'on nous laisse vivre à
« notre gré : si Dieu veut que l'on mortifie le corps, il n'a

« nulle part commandé de l'accabler. » Le Saint secoua la
poussière de ses pieds, quitta la collégiale, et retourna à la
demeure de l'évêque : il n'était pas resté à Saint-Martin plus
de trois mois. « Ainsi, conclut tristement un historien, échoue
habituellement le zèle de quiconque veut relever les observances dans une communauté tombée. Il faut que ce soit une
œuvre bien difficile, puisque Norbert, avec son âme énergique et intrépide, désespéra d'y réussir. »

CHAPITRE SEPTIÈME

Prémontré (1120).

Cependant Barthélemy appréciait de plus en plus le trésor que lui avait confié le Pape. « Plus nous écoutions ses discours, dira-t-il plus tard, et plus il entrait avant dans notre intimité : plus aussi nous étions sous le charme de sa parole et de ses exemples quotidiens. L'hiver touchant à sa fin, le saint homme voulait nous quitter : alors quantité de personnes de notre ville et de nobles de notre évêché vinrent nous conjurer de le fixer dans notre diocèse pour qu'il y pût servir Dieu. Ces prières étaient superflues ; car nous le désirions plus que personne. La grâce de Dieu vint à notre aide ; et nous finîmes par obtenir de Norbert ce qui faisait l'objet de tous nos vœux. »

Restait à choisir l'emplacement du monastère qui abriterait Norbert. On était presque à la fin de l'hiver, c'est-à-dire vers la mi-janvier (1120).

Il y avait alors sur les confins du Laonnais et du Soissonnais, une forêt immense que les écrivains du temps nomment *Voas*, vaste surface forestière, qui s'étendait entre l'Ailette, l'Oise et la Serre, et dont les bois de Coucy, de Prémontré et de Saint-Gobain ne sont que des restes. Barthélemy conduisit son ami vers ces solitudes boisées et sauvages. Arrivés à quatre lieues environ, au sud-ouest de Laon, ils s'arrêtèrent. A l'entrée d'une vallée étroite et profonde, fermée de tous côtés par une sorte de muraille de hautes futaies, les moines de l'abbaye de Saint-Vincent de Laon avaient élevé une petite chapelle en l'honneur de saint Jean-Baptiste. Elle était à demi-ruinée ; les moines ayant tiré peu de profit de cette terre ingrate, avaient abandonné tout projet d'établissement. De temps à autre, dit Hermann, un moine de Saint-Vincent y venait célébrer les saints mystères pour les bûcherons et les charbonniers de la forêt ; mais à cause du défaut de vivres, la chapelle était à peu près abandonnée, et le terrain adjacent presque inculte.

Barthélemy et Norbert y entrèrent pour prier. Leur prière fut longue. Déjà la nuit venait. L'évêque avertit son ami qu'il était temps de quitter ce désert pour retourner au manoir épiscopal d'Anisy, situé à une lieue de là. Le serviteur de Dieu conjura Barthélemy de le laisser passer la nuit dans son oraison. Le prélat remonta à cheval et regagna en toute hâte Anizy, d'où il lui envoya aussitôt les vivres nécessaires.

Le lendemain, dès la pointe du jour, l'évêque de Laon était de retour à la chapelle de saint Jean-Baptiste. « Etes-vous « enfin fixé, dit-il à Norbert, sur le lieu de l'établissement « religieux que vous projetez ? — Seigneur et Père, reprit « l'homme de Dieu, bénissons le Très-Haut. J'ai trouvé le « lieu selon mon cœur, celui qu'il a plu au Seigneur de me « préparer de toute éternité. Ici sera mon repos et mon « séjour. Ici, par la grâce de Dieu, beaucoup seront sauvés ; « toutefois ce n'est pas près de cette chapelle que sera l'em- « placement du monastère, mais de l'autre côté de la mon- « tagne. Cette nuit, en effet, j'ai vu, dans mon extase, « comme une multitude d'hommes vêtus de blanc, qui por- « taient des croix d'argent, des chandeliers et des encensoirs, « et qui faisaient processionnellement, en chantant, le tour « de toute la vallée. — Rendons grâces à Dieu », s'écria Barthélemy.

Quel était donc le lieu enchanteur qui excitait à ce point l'enthousiasme de Norbert ? Il y avait, nous disent tous les récits contemporains, au fond de la forêt de Coucy, une vallée, que la nature semblait avoir faite pour servir de récep- tacle aux eaux qui tombaient des montagnes voisines, et qui en rendaient le séjour aussi malsain que les abords en étaient difficiles. Cette retraite affreuse, au milieu d'un marais flot- tant, ensevelie dans des bois épais, couverte de rochers et de montagnes qui laissaient à peine venir jusqu'à elle la lumière du soleil ; ce lieu véritablement inhabitable, au dire de Bar- thélemy lui-même ; ce désert, auquel plus de sept siècles de culture et de vie n'ont pu enlever son aspect sauvage, voilà le site qui mettait Norbert au comble du bonheur; voilà où il voulait vivre et où il espérait bien mourir.

La vallée solitaire choisie par Norbert pour servir d'emplacement à son monastère s'appelait dès lors, et depuis longtemps déjà, *Pratum monstratum*, *Præmonstratum* ou *Præmonstratus*, *Pré montré*. Les premiers biographes du Saint sont tous d'accord sur ce point. Quelques-uns, entre autres les chroniqueurs de la Grâce-Dieu et de Magdebourg, affirment, il est vrai, que c'est saint Norbert lui-même qui appela ce lieu Prémontré, en souvenir de sa vision; mais leur autorité ne saurait infirmer celle de l'évêque Barthélemy, du moine Hermann et des principaux historiens du Saint. Cette dénomination venait-elle de ce que quelques parcelles de la forêt nouvellement défrichées en cet endroit étaient devenues un découvert, un *pré montré* ? Plusieurs historiens modernes de saint Norbert inclinent à le croire ; et cette étymologie n'a rien que de très naturel. Convient-il, au contraire, d'en chercher l'origine dans l'anecdote que rapportent, sans beaucoup y croire, la plupart des historiens ? Un lion, dont le repaire était dans la forêt de Voas, ravageait le pays. Enguerrand Ier de Coucy résolut de le découvrir et d'en délivrer la contrée. Il s'adressa à un ermite qu'il pria de le conduire vers le lieu où se retirait le terrible animal. L'ayant aperçu, et se trouvant presque sur lui, il s'écria : « *De par saint Jean, tu me l'as de près montré !* » De là, dit-on, le nom du lieu. Hugo, dans son histoire de saint Norbert, regarde avec raison cette anecdote comme une fable. Du moins, dit un mémoire manuscrit des premières années du xixe siècle, le récit de cette chasse périlleuse n'en est pas une, puisque des découvertes nouvellement faites à Coucy par M. Carlier, maire du lieu, prouvent qu'Enguerrand, pour en perpétuer la mémoire, avait établi dans ses domaines l'ordre du Lion.

L'évêque de Belley après avoir distingué « quatre opinions touchant le nom de Prémontré » conclut ainsi : « Je me rendray pourtant plutost à la quatriesme raison qui embrasse toutes les autres sans les détruire, qui est que ce lieu fut ainsi vulgairement appelé ; comme nous voions que plusieurs monastères, qui sont chefs d'ordre, ont pris leurs noms des endroits où ils ont été fondez. » De là est venu aussi l'usage universel d'appeler Prémontrés les disciples du saint Fon-

dateur. L'on trouve dans quelques rares monuments historiques, et notamment dans la *Vie* de saint Othon de Bamberg,
la dénomination de Norbertins. En Italie, ils furent connus
sous le nom de Frères blancs. En Angleterre, le peuple les
appela, jusqu'à leur suppression sous Henri VIII, *white
canons*, chanoines blancs. Mais l'usage a prévalu ; et, de
même que les disciples de saint Bruno s'appellent Chartreux,
les fils de saint Norbert continuent de porter le nom de
clercs ou chanoines réguliers de Prémontré, *Præmonstra-
tenses.*

Quoi que l'on puisse penser de l'étymologie du nom de
Prémontré, ce vocable prêtait naturellement à un jeu de
mots ; les écrivains et les historiens n'ont pas manqué d'en
user. Qui oserait leur en faire un crime ? Cet ordre, disent-
ils à l'envi, est vraiment *Prémontré*, puisque le lieu de sa
fondation, la Règle qu'il devait suivre, l'habit même qu'il
devait porter, tout avait été d'avance divinement montré et
révélé à Norbert.

Nous venons de le voir pour le lieu prédestiné. En ce qui
concerne l'habit, le lecteur attentif l'aura certainement aussi
remarqué. Dans la vision de la chapelle de Saint-Jean, Norbert avait contemplé des religieux vêtus de blanc, qui chantaient solennellement les louanges de Dieu. Ces religieux
désignaient les disciples qui viendraient se ranger à Prémontré sous la direction du fondateur. Les historiens postérieurs, s'appuyant sur une très ancienne tradition de
l'Ordre, rapportent à cet endroit de la *Vie* du Saint, une
apparition surnaturelle de la Vierge Marie. La Mère de Dieu
se montra à Norbert, lumineuse et environnée d'anges ; et,
déployant à ses yeux l'habit monastique, qu'il devrait porter
désormais, elle lui dit : « Mon fils Norbert, prenez ce blanc
vêtement. »

La tradition, revêtue de certaines conditions, est une source
de certitude que ne peut mépriser un historien sérieux.
Point de peuple, point de contrée, point de famille qui n'ait
ses souvenirs séculaires que le respect protège habituellement contre toute altération essentielle. Un jour ou l'autre,
la fiction légendaire pourra s'y mêler ; mais il se trouvera
presque toujours des signes particuliers qui feront distinguer
l'or de l'alliage.

La T. S. Vierge apparaît à Norbert, lui désigne le lieu où il doit élever un monastère, et lui donne l'habit blanc que devront porter ses religieux.

Nous avons laissé Norbert et Barthélemy dans l'humble sanctuaire de Saint-Jean-Baptiste, bénissant Dieu de ce que leurs vœux étaient exaucés. L'évêque se réjouissait de pouvoir conserver définitivement à son diocèse le Saint qui lui avait été confié par le Pape ; et Norbert, d'avoir enfin trouvé la solitude de son choix. Barthélemy ne perdit point de temps ; après avoir pris les mesures nécessaires pour assurer la subsistance de son ami, il rentra dans sa ville épiscopale. Il manda aussitôt Adalbéron, abbé du célèbre monastère de Saint-Vincent de Laon. Le territoire et la chapelle de Prémontré avaient autrefois appartenu à la mense de l'évêque ; mais Élinand, un des prédécesseurs de Barthélemy (1052-1098), les avait donnés à l'abbaye de Saint-Vincent. Des moines avaient cultivé longtemps ce lieu, et, malgré leurs travaux, n'avaient pu en tirer qu'un profit insignifiant. Barthélemy pria donc Adalbéron et ses moines de le lui céder de nouveau, pour que lui, évêque, en disposât à son gré. L'abbé et ses religieux souscrivirent de grand cœur à la demande du prélat. Ce n'était du reste qu'un échange ; car, en retour, Barthélemy leur concédait l'autel de Berry-au-Bac, sauf le droit du synode diocésain, et un demi-boisseau de froment sur le moulin de Brancourt. Quant au territoire de Prémontré, l'évêque le donna libre de toute redevance et à perpétuité au frère Norbert et à ses disciples présents et futurs. Tous les détails qui précèdent sont extraits du premier diplôme de l'évêque fondateur en faveur de Prémontré. Cette transaction ne dut cependant être alors que verbale ; car la première charte de Barthélemy ne fut donnée et signée que l'année suivante.

Pendant ce temps, Norbert était resté à Prémontré et s'y était mis en possession de sa chère solitude. Il avait promis à l'évêque de s'y fixer définitivement, s'il plaisait à Dieu de lui donner des disciples. Une tradition vénérable, précisant les dates, rapporte que Barthélemy revêtit Norbert de la soutane et du scapulaire de laine blanche, le 25 janvier, fête de la Conversion de saint Paul. Un tel anniversaire devait être particulièrement cher au converti de Vreden. Cette prise de possession marque, dans l'histoire de l'Église, les humbles débuts de l'Ordre de Prémontré. On a conservé la date de ce premier séjour dans deux vers latins dont voici la traduction :

> L'année onze cent vingt vit naître en ce désert,
> L'Ordre aux blanches couleurs fondé par saint Norbert.

Lorsque saint Norbert s'établit à Prémontré, il y avait été devancé par un ermite du nom de Guy. Né à Lincoln, dans la Grande-Bretagne, de race noble, Guy était prêtre ; jeune encore, il vint en France. Après avoir mené une vie dissipée, il sentit le besoin de rentrer en lui-même, prit l'habit monastique et vint se cacher dans le désert de Prémontré. Il n'y séjourna pas longtemps, dit la Chronique ; et, lorsque le vénérable Père Norbert vint pour y habiter, Guy lui céda la place, comme à un hôte devant lequel il devait disparaître, et se dirigea vers la forêt qui entourait Valenciennes, où il vécut seul pendant plus de trois ans. Il devait être un jour le fondateur de l'illustre abbaye norbertine de Vicoigne.

Norbert avait-il dès lors une idée précise de ce que serait la congrégation nouvelle qu'il allait établir dans cette solitude malsaine ? Nous ne le pensons pas. Le saint missionnaire était aux ordres de Dieu ; mais Dieu n'a pas coutume d'agir par secousses ; il se fait une loi de respecter le jeu de la liberté humaine ; et s'il lui plaît parfois d'intervenir directement, ce n'est qu'à de rares intervalles, et quand son heure est venue. En tout cas, la mission providentiellle du fils d'Hadwige se dessine de plus en plus clairement. Lui, né sur le sol de la Germanie, le voilà, sans s'en douter, transplanté dans un pays qui n'est pas le sien ; et c'est là, comme il l'a proclamé avec enthousiasme, *le lieu que Dieu lui a préparé dès l'éternité*. La Providence l'avait appelé en France ; il y avait, nous l'avons dit, du sang français dans ses veines ; et la France paraît d'ailleurs être la terre classique des grands fondateurs d'Ordres monastiques, et la terre promise de la vie religieuse. « Il est extrêmement remarquable en effet a dit un célèbre écrivain, que ce soit la France qui non seulement ait produit le plus d'Ordres religieux, mais que ce soit en France qu'aient été appelés à les réaliser ceux qui recevaient ailleurs des inspirations de ce genre, tels que saint Bruno, saint Norbert, saint Dominique, saint Ignace qui vinrent d'Allemagne ou d'Espagne, fonder en France leurs admirables institutions, comme dans le pays où l'influence de la Vierge Marie leur était le plus favorable. »

CHAPITRE HUITIÈME

Le Fondateur (1121.)

Norbert ne resta pas longtemps dans la solitude de Pré-montré. L'hiver était passé; et déjà le printemps allait rendre les chemins plus praticables. Au bout de quelques jours de retraite, l'homme de Dieu se mit en devoir de recommencer sa vie apostolique et de chercher des disciples. Il vint à Laon; et, après avoir salué l'évêque, il entra dans l'École de maître Raoul, comme autrefois saint Paul à l'Aréopage, dit élégamment un des panégyristes du Saint. Cette fois-ci, en effet, il venait non plus en disciple, pour écouter les ensei-gnements du célèbre docteur, mais en apôtre, pour offrir aux étudiants une doctrine plus élevée que celle de leur maître. Norbert leur adressa un discours sur le mépris du monde. Il parla avec cette supériorité d'érudition qui charme, étonne, persuade. On peut juger de son éloquence par ses succès. Un seul de ses discours lui attire sept disciples. Sept jeunes étudiants, venus tout récemment de la Lorraine, peut-être compatriotes du Saint, dirent, sans retard, un géné-reux adieu aux espérances d'une brillante carrière, et suivi-rent Norbert à Prémontré, pour s'y établir dans le lieu indiqué par la vision de la chapelle de Saint-Jean-Baptiste. Nos sept novices étaient riches, et ils emportèrent leur argent avec eux.

Ce premier coup de filet dut réjouir le cœur de Norbert. C'étaient les prémices de la blanche milice que le Ciel lui avait montrée; de plus, le petit trésor des jeunes Lorrains ne venait-il pas à propos pour aider aux frais de construction du monastère et de l'église? L'un des premiers compagnons du Saint, le seul qui fût resté près de lui, depuis le concile de Reims, ne jugea pas de même. Norbert avait confié à sa garde la précieuse somme; et voilà que, au milieu de la nuit, il s'enfuit, emportant avec lui le trésor et laissant la petite société dans le plus extrême dénûment.

Il y avait dans ce fâcheux contre-temps de quoi déconcerter la jeune famille religieuse; mais les disciples de Norbert ne se laissèrent pas décourager par cette première épreuve. Le saint fondateur les confia bientôt aux soins de la Providence, et partit seul pour reprendre le ministère d'apôtre auquel il s'était voué, sur l'ordre du Pape. Il se dirigea vers Cambrai, où l'attirait sans doute la connaissance et l'amitié de l'évêque Burchard (1120). Là, pendant qu'il parlait au peuple rassemblé, un jeune homme, de vingt ans à peine, se sentit soudain pénétré d'une inspiration particulière qui lui disait de se faire le disciple de l'apôtre. Il avait cru, dit le biographe de saint Norbert, entendre Jésus-Christ lui-même l'invitant à le suivre. Evermode, c'était son nom, ne résista pas à l'attrait divin; dès ce jour-là, il fut le disciple, et bientôt le disciple particulièrement aimé de Norbert. Son enthousiasme ne sera point un beau feu qui s'éteint aussitôt; arrivé à Prémontré, et revêtu de l'habit régulier, il sera l'exemple de ses frères, pour l'humilité, la mortification et la piété. Tant que vivra le saint fondateur, Evermode restera attaché si étroitement à sa personne qu'il ne le quittera jamais et l'accompagnera dans son voyage à Cologne en 1121, en Westphalie en 1124, à Rome et à Magdebourg en 1126; c'est lui qui, à Magdebourg, recevra son dernier soupir. Après la mort de Norbert, Evermode fut élu évêque de Ratzbourg, et mourut en 1178.

De Cambrai, Norbert reprit le chemin du Hainaut et du Brabant, qu'il avait déjà suivi en 1119, semant sur ses pas la parole du salut et les exemples de sainteté. A Nivelles, petite ville célèbre par la vie et le tombeau de sainte Gertrude, un autre jeune homme, du nom d'Antoine, demanda avec instance à le suivre. C'est cet Antoine qui devint plus tard prévôt d'Ilbenstadt et correspondit avec sainte Hildegarde; il mourut en 1150. Evermode et Antoine avec Hugues, que nous verrons sous peu reparaître dans ce récit, devaient être, dans les desseins de Dieu, comme les trois pierres fondamentales de l'édifice religieux de Norbert. D'autres pourront jeter plus d'éclat ; à ceux-ci l'honneur d'avoir été les disciples de la première heure.

L'historien, qui par instinct est avide de tout savoir, voudrait connaître au moins les noms des autres premiers disciples du Saint. Les biographes n'ont pas pris la peine de nous les dire. Des écrivains plus récents ont essayé, à l'aide de rapprochements historiques, de combler cette lacune. A la suite des trois que nous avons nommés, ils en citent dix autres. Voici d'abord *Gualterus* ou Gautier, qui deviendra abbé de Saint-Martin de Laon, puis évêque du diocèse de Laon ; Milon, modèle vivant de l'humilité, qui, d'abbé de Saint-Josse-au-Bois ou Dommartin, sera évêque de Thérouanne ; Richard, qui sera le premier abbé du célèbre monastère de Floreffe. Gérard, un des Lorrains convertis à la parole de Norbert, après avoir connu les terribles épreuves que nous allons rapporter, sera prieur de Prémontré, puis abbé de Clairfontaine. Adam, né à Metz, était, lui aussi, un des sept étudiants de l'académie de Laon. Il avait une piété filiale envers la Vierge Marie ; chaque jour il récitait son office. Un jour, racontait-on alors, la lumière s'éteignit pendant qu'il remplissait ce pieux exercice ; et voici qu'un ange du Ciel vint l'allumer de nouveau. Après Milon, Adam sera élu abbé de Dommartin. Un second Richard, jeune homme de grande fortune, était aussi à l'école de Raoul de Laon, lorsque la grâce l'appela à Prémontré ; il deviendra premier abbé de Sainte-Marie-au-Bois. Waltmann sera, avec saint Norbert, l'apôtre d'Anvers, et le premier abbé de Saint-Michel dans cette ville. Guarin se faisait dès lors remarquer par sa modestie, son obéissance et son angélique pureté. Il gouvernera successivement l'abbaye de Vicoigne et celle de Saint-Martin de Laon ; et, au milieu des honneurs, il ne voudra d'autre titre que celui de *Guarin, serviteur des pauvres du Christ*. Henri, né dans les environs de Reims, était de noble famille ; il s'attacha de toute son âme à saint Norbert et fut l'un des plus fervents émules de sa sainteté : il mourut abbé de Viviers, plus tard Valsery, au diocèse de Soissons. Luc, qui sera abbé du Mont-Cornillon, à Liège, se distinguait par sa dévotion aux Esprits angéliques et spécialement à l'Ange gardien.

Ces premières conquêtes avaient été pour le serviteur de

Dieu l'affaire de six à sept semaines. Lorsqu'il rentra à Prémontré avec ses nouvelles recrues, on était dans la semaine de la Passion, c'est-à-dire du 4 au 11 avril, Pâques tombant cette année-là le 18 avril. C'est alors, remarque la première *Vie* du Saint, qu'il commença à posséder le territoire de Prémontré que lui avait donné Barthélemy et à l'habiter; jusqu'à ce jour il n'y avait séjourné qu'en passant.

« Les ayant amenés à Prémontré, dit un historien, ils reçurent tous de la main de l'évêque Barthélemy l'habit blanc, tel que Nostre-Dame l'avait désigné à sainct Norbert, et ils commencèrent, aux festes de Pâques de 1120, leurs pieux exercices. »

Sans retard, Norbert établit au sein de sa jeune famille monastique la vie régulière. Autour d'une modeste chapelle, on construisit de pauvres cellules, abri provisoire de la petite société. L'on chantait, dès ces premiers temps, l'office divin du jour et de la nuit. L'on se mortifiait par des jeûnes rigoureux; le pain était grossier; pour boisson, l'eau du ruisseau; la prière, la contemplation, l'étude des saints livres, le travail des mains partageaient les heures des pieux cénobites. On arrachait les arbres, on remuait le sol; c'était merveille de voir ces jeunes gens de qualité se livrer avec gaîté aux labeurs les plus fatigants. C'est qu'en effet l'intention du saint fondateur était de vivre avec ses frères du travail manuel; il ne manquait pas de bois à défricher tout autour des cellules de nos solitaires; mais il fallut bientôt, sur l'avis sage et pratique de l'évêque fondateur, renoncer à cette idée, au moins en ce qu'elle avait d'excessif. Ce qui était possible pour le cistercien contemplatif, ne pouvait l'être pour le prémontré à la vie active et militante.

La plus grande partie de l'année 1120 et les premiers mois de l'année 1121 furent employés par Norbert à instruire et à former les jeunes novices. Matériellement et moralement tout était à faire, et la présence du maître était indispensable. Si la bonne volonté était absolue et générale, l'inexpérience était complète chez les disciples du Saint. Pareil à la mère dévouée, qui bégaie avec ses petits enfants, Norbert se mettait à la portée de chacun des siens. Quels furent les entretiens du Saint avec ses fils, quels furent ses efforts pour les élever peu à peu au sommet de l'idéal évangélique, nul ne le saurait dire. Il est vraisemblable que, malgré la ferveur des frères, il y eut des tâtonnements, des hésitations, chez plusieurs le découragement et le regret du siècle. Il fallait les leçons et surtout les exemples de l'homme de Dieu, pour diriger et soutenir des âmes encore faibles et inexpérimentées. L'évêque de Laon, de son côté, n'oubliait pas ses chers solitaires de Prémontré. Il s'était hâté de régler ce qui était nécessaire pour assurer l'avenir de la fondation ; et, lorsque tout fut terminé, il fut heureux de pouvoir remettre à Norbert, les deux précieuses chartes qui lui garantissaient la libre propriété du territoire de Prémontré.

Le roi Louis-le-Gros, se trouvant à Laon, en 1121, confirma, à la prière de Barthélemy, par un diplôme, la fondation de Prémontré.

Tant de faveurs, arrivant coup sur coup, redoublèrent l'enthousiasme ascétique de la jeune communauté de Prémontré ; mais bientôt des préoccupations d'un autre genre appelèrent Norbert en dehors de sa chère solitude. L'honneur de Dieu et de sa religion était en cause ; doué d'une activité extraordinaire, le saint fondateur entendait bien rester toujours l'apôtre de la vérité et le champion de l'Eglise. Il quitta donc pour quelques jours Prémontré, et se rendit au concile convoqué à Soissons (1121) par Conon, évêque de Préneste, alors légat du Saint-Siège en France. La principale affaire qui y fut traitée fut la question de l'orthodoxie d'Abélard.

En définitive, Abélard était surtout un génie inquiet et un esprit faux, aventureux, opiniâtre ; et le novateur devait troubler l'Eglise de France pendant plus de vingt ans encore. Othon de Frisingen, Abélard et notre biographe de Brandebourg sont les seuls écrivains de l'époque qui parlent du concile de 1121, réuni à Soissons. Ni saint Bernard, ni saint Norbert n'apparaissent nommément dans leur récit. Il est cependant vraisemblable qu'ils y assistèrent, bien qu'ils n'y aient point occupé le premier rang ; et les Bollandistes ne doutent pas que l'étroite amitié qui devait unir ces deux saints ne se soit surtout nouée et resserrée de plus en plus dans leur lutte commune contre le théologien orgueilleux.

Chacun sait avec quelle persévérante activité saint Bernard, le vaillant athlète de l'Eglise catholique, écrivit et parla contre le docteur rationaliste.

Ce que l'on sait moins, c'est le rôle important qu'y joua saint Norbert. Abélard, lui, ne l'ignorait pas ; et l'on peut se demander si l'image du fondateur de Prémontré le poursuivait et l'importunait moins que celle du saint Abbé de Clairvaux. Bientôt on entendit le trop fameux professeur se plaindre du jugement doctrinal porté contre lui au synode de Soissons, et il recommença à dogmatiser comme ci-devant. En même temps, de sa plume habile, mais trempée dans le fiel du ressentiment, il décochait contre ses deux grands adversaires des traits qui demeurent pour eux une gloire véritable. Dans l'*Histoire de ses malheurs*, il se plaint amèrement « de ces nouveaux apôtres qui s'élevaient contre lui, et auxquels le monde accordait tant de confiance. L'un, dit-il, se glorifiait d'avoir fait refleurir la vie des chanoines réguliers, et l'autre, l'état monastique ; ils couraient le monde en prêchant ; et, en me calomniant autant qu'ils le pouvaient, ils me firent grandement mépriser des clercs et des laïques ». Évidemment Bernard et Norbert troublent le sommeil du professeur ; il y reviendra encore dans son *Sermon sur saint Jean-Baptiste* : « Les voyez-vous sortir de leur désert ? Tout enflés de leur titre de réguliers, ils visent à la gloire humaine, et vont jusqu'à simuler de faux miracles. Que dis-je ? Ils ont la sotte prétention de ressusciter les morts. Tout récemment n'avons-nous pas vu Norbert et son dévoué compère Farci en faire l'essai ? Nous l'avons vu, et nous en avons ri. Longtemps prosternés en prière devant le peuple, et trompés dans leur attente présomptueuse, ils s'en prirent au pauvre peuple de l'insuccès de leur tentative. »

De semblables invectives ne pouvaient atteindre un homme qui ne travaillait que pour le service de Dieu et l'honneur de l'Eglise. Après le Concile, Norbert s'empressa de retourner au milieu de ses disciples.

Depuis son arrivée à Prémontré, au commencement de l'année 1120, que de choses s'y sont déjà accomplies ! et pourtant nous n'avons pas tout dit encore ; car il faut certainement faire remonter l'institution des religieuses Norbertines à cette première année de l'Ordre.

Parmi les femmes qui vinrent se placer sous la direction spirituelle de Norbert, nous devons mettre au premier rang une noble dame de Vermandois, Ricvère, veuve de Raymond de Clastres; Clastres est à deux lieues de Saint-Quentin. Dès l'année 1120, « aussitôt que le seigneur Norbert, cet homme d'une religion admirable, fut venu à Prémontré pour y servir Dieu », par un acte passé devant Simon, évêque de Noyon, Ricvère donna, en alleu, pour la subsistance des frères, une charrue de terre qu'elle possédait à Bolmont, et vint très peu après se renfermer à Prémontré, dans une pauvre cellule. Son entrée en religion fut tout un événement; et nous verrons bientôt son exemple suivi par d'innombrables imitatrices. Après les épreuves nécessaires, elle reçut des mains de Norbert l'habit blanc avec le voile des épouses du Christ, et devint en peu de temps l'ornement et la perle du monastère des religieuses de Prémontré.

CHAPITRE NEUVIÈME

Première profession (1121)

Depuis un an, le désert de Prémontré était devenu un lieu plein de vie. De nombreuses cellules s'élevaient au milieu de la forêt. Une petite chapelle servait à l'office divin ; toutefois Norbert voulait un édifice moins indigne de la majesté divine, et il méditait la construction d'un vaste temple. Or l'Eglise catholique a toujours pensé, et, tout particulièrement à cette époque, on estimait que la première richesse d'un temple chrétien, après le trésor eucharistique, ce sont les restes sacrés des Saints. Norbert conçut la pensée d'aller en demander à sa chère ville de Cologne. Cologne abondait dès lors en reliques, qu'elle regardait comme son plus brillant patrimoine et son plus puissant palladium ; l'ancien chanoine de Xanten avait l'espoir d'en obtenir aisément de la libéralité de l'archevêque, son ami. Chemin faisant, il prêcherait la parole de Dieu, la paix et la charité ; et il pourrait en même temps recueillir des disciples pour peupler son monastère. Plein de ces pensées, Norbert quitta Prémontré, après avoir remis son troupeau à la garde de Dieu, et promettant à ses chers disciples son retour pour les fêtes de Noël, où, avec la grâce du Seigneur, ils prononceraient d'un seul cœur les vœux solennels de religion.

Sur son chemin, Norbert prêchait et réconciliait les ennemis : c'était là son ministère quotidien. Il eut à passer par Nivelles, petite ville de Brabant où il était déjà venu l'année précédente.

Un bourgeois de la ville, les larmes aux yeux, vint se jeter aux pieds de Norbert. Sa fille était cruellement tourmentée par le démon depuis un an. « Elle n'avait que douze ans, âge incapable de feinte », dit avec raison l'évêque de Belley. Il fallait l'enchaîner et l'enfermer dans des cachots. Souvent, après avoir rompu les liens qui l'attachaient, elle enfonçait les portes et déchirait sans pitié tout ce qui lui faisait obstacle. « Voyez-la seulement, disait le père à l'homme de Dieu, et « daignez la toucher de vos mains. » — « Qu'on me l'amène », répondit Norbert, ému de compassion. On introduit l'enfant, et une foule immense entre dans l'église, à sa suite.

Revêtu de l'aube et de l'étole, le pieux missionnaire commence les exorcismes, et lit les saints Évangiles sur la possédée. Le démon méprisa les premiers efforts du ministre de Dieu. Norbert les redoubla, et, par le sang des martyrs, commanda à l'esprit du mal d'abandonner la fille de Dieu qu'il tenait sous sa tyrannie. Vainement : voulant faire parade de science, le démon se mit à interpréter, par la bouche de la jeune fille, *le Cantique des Cantiques*, l'un des livres les plus mystérieux de la Bible, du commencement à la fin, en français ou wallon d'abord, et ensuite en langue teutonique, afin d'être compris de tous ceux qui étaient présents. La pauvre enfant, avant d'être atteinte de possession, ne savait, en fait d'Écriture Sainte, autre chose que le Psautier.

Norbert ne se décourage pas ; de nouveau il ordonne à l'esprit impur de sortir de cette créature de Dieu.

« Étranger venu de France, s'écrie à plusieurs reprises le « démon irrité, quel mal t'ai-je fait pour me tourmenter » ainsi? » Le soir étant venu, Norbert un peu triste de voir que l'enfant n'était pas délivrée, la rendit à son père, en ordonnant de la ramener le lendemain, à l'heure du saint Sacrifice. Le missionnaire rentra dans la maison de ses hôtes, promettant à Dieu de ne prendre aucune nourriture qu'il n'eût guéri cette malheureuse enfant.

Norbert passa toute la nuit en prière.

Le lendemain, dès le matin, il se prépare à célébrer les saints Mystères ; on amène la possédée ; la foule est là, curieuse de voir jusqu'au bout cet étrange duel d'un prêtre avec l'esprit mauvais. Norbert ordonne à Hugues et à un autre frère de la garder près de l'autel. La messe commence ; on arrive à l'Évangile ; plusieurs passages du récit sacré sont lus sur la tête de l'énergumène. « Ce n'est pas la première fois, « disait l'esprit mauvais, que j'entends ces refrains. » Au moment de l'élévation de la Sainte Hostie : « Voyez, s'écria le

« démon, comme il tient son petit Dieu dans ses mains. »
Car, remarquent les biographes de Norbert, les démons sont
obligés de confesser ce que nient les hérétiques. La prière
du saint Prêtre devenait de plus en plus fervente, saisi
d'horreur qu'il était à la vue des blasphèmes de Satan. Tor-
turé par une puissance mystérieuse, le démon s'écrie enfin
d'une voix stridente : « Je brûle, je brûle, laissez-moi, je
« veux sortir. » Cependant les deux frères retenaient fortement l'enfant. Vaincu, l'esprit impur abandonne sa victime,
laissant après lui une odeur fétide et dégoûtante. On reporta
à la maison paternelle l'enfant épuisée de toutes ces secousses.
On lui donna de la nourriture : elle était pleinement guérie,
entièrement lucide et délivrée.

Les populations de Nivelles et des environs ne doutèrent
point de la réalité du miracle opéré par notre Saint ; elles
lui firent une véritable ovation, et l'acclamèrent comme un
vrai successeur des apôtres. Quant à lui, toujours modeste,
il s'arracha à ces transports d'enthousiasme et continua sa
route vers Cologne. Au commencement du mois d'octobre,
le Saint fit son entrée dans cette cité, qui, en 1116, avait été
témoin de sa consécration publique au service de Dieu. Son
arrivée y fut un événement; beaucoup l'avaient vu brillant jeune
homme, quand il fréquentait la cour de l'archevêque. On se
rappelait les circonstances extraordinaires de sa conversion
et de son ordination; et l'on ne se lassait pas d'admirer la
toute-puissance de la grâce de Dieu dans ce courtisan devenu
un apôtre et un thaumaturge. La population courait à ses
sermons; et chacun se croyait privilégié quand il avait pu
faire la confession de ses fautes aux pieds de l'homme de
Dieu. L'enthousiasme était universel; et bon nombre de
clercs et de laïques lui demandèrent à le suivre et à imiter sa
pauvreté.

Après s'être prêté généreusement à la piété publique, Norbert pensa qu'il avait bien le droit de satisfaire sa dévotion
particulière. Il nourrissait dès lors, avons-nous dit, le projet
d'élever une vaste église qui serait le centre de l'établissement
religieux de Prémontré. Il demanda donc à l'archevêque
Frédéric et aux principaux personnages de la cité l'autorisation d'emporter, pour enrichir son église, quelques-unes des
reliques qui formaient le plus bel ornement de la sainte

ville de Cologne. Archevêque, clergé, peuple, tous y consentirent en principe ; et Norbert prescrivit un jeûne à ses disciples, en vue d'attirer la bénédiction du ciel sur ce pieux dessein.

La nuit qui suivit le jeûne de Norbert et de ses disciples, « une des onze mille Vierges » comme on les appelait alors, fit connaître dans une vision et son nom et le lieu où reposaient ses restes. C'était, d'après les historiens de Norbert, sainte Ursule elle-même, la reine de cette virginale armée. Le lendemain, on chercha à l'endroit désigné par l'apparition, et l'on trouva le corps dans son intégrité. Au milieu des chants religieux et des transports de joie, les restes vénérables furent recueillis dans une urne précieuse et donnés à Norbert. Avec ce corps vénéré, on lui remit deux reliquaires contenant des parcelles notables des corps d'autres vierges martyres, et des deux saints Ewald.

Le jour suivant, qui était le 13 octobre, Norbert s'adressa au prévôt et au chapitre du monastère de Saint-Géréon, en vue d'obtenir des reliques de leur église. On savait que les corps de plusieurs martyrs de la légion thébaine, si célèbre au IIIe siècle, et spécialement celui de saint Géréon, leur chef, avaient été enterrés à l'endroit où s'élevait le monastère ; mais on ignorait le lieu précis de leur sépulture. Norbert était connu de tous à Cologne comme étant, selon les expressions de Rudolphe, abbé de Saint-Trond et aussi de Saint-Pantaléon, de Cologne, « un grand serviteur de Dieu et un illustre prédicateur ». Les religieux l'autorisèrent donc sans peine à chercher dans leur église, et à choisir les reliques qui lui seraient agréables. Selon sa coutume, le Saint recommanda, pendant toute la nuit, à la bonté divine, cette affaire qui lui tenait tant au cœur.

En même temps des clercs, des moines et des abbés priaient ou aidaient à pratiquer des fouilles ; « et j'y étais, tout pécheur que je suis, » écrit Rudolphe. Norbert ordonna de creuser au milieu du monastère, du côté du midi, à un endroit où n'apparaissait aucune trace de sépulture. Bientôt on découvrit un corps intact, moins la tête, lequel avait été inhumé là avec un soin extrême. La pierre du sarcophage était extrêmement précieuse ; elle était presque à fleur de terre et recouverte d'une légère plaque de marbre. Quant au

corps, il était enveloppé d'une étoffe verte un peu altérée. Sur la poitrine une grande croix tissée de fils d'or. A la tunique et aux bottes armées d'éperons, il était facile de reconnaître un soldat. La tête avait été tranchée au-dessous de la lèvre supérieure. On avait eu soin de placer sous le corps, entre le corps et le fond du cercueil, des gazons qui avaient été imbibés du sang du martyr.

La nuit s'écoula vite dans ce pieux labeur, chacun regardait, priait, pleurait. Quand vint le matin, en apprenant la bienheureuse nouvelle, la ville entière fut en émoi. « Vive notre seigneur Géréon! » s'écriaient toutes les bouches: car bon nombre pensaient et affirmaient tout haut que le corps retrouvé était celui de saint Géréon lui-même : ce qui augmentait encore le tumulte de la foule; et tous étaient maintenant d'avis de ne point le céder au seigneur Norbert. Pour calmer l'effervescence populaire, il fallut que Thierry, prévôt de Sainte-Marie-des-Degrés, montât en chaire, et promît au peuple que, avant de terminer ce débat, l'on attendrait le jugement de l'archevêque de Cologne. Cependant on recouvrit avec soin le sépulcre, et on le scella, pour que personne n'en pût rien enlever. Du 13 octobre au 24 novembre (1121), une garde d'honneur veilla nuit et jour près du tombeau vénéré.

Le 24 novembre, continue le récit de Rudolphe, en présence de l'archevêque Frédéric, des abbés, des prévôts et des communautés de la ville, sans parler de la multitude innombrable des fidèles, le tombeau fut ouvert de nouveau, et le corps auguste apparut à tous les regards. Des abbés et des prêtres, en aube et en étole, recueillirent avec un soin religieux les vêtements qui s'en allaient en lambeaux, les gouttes de sang coagulé, et les ossements qui presque tous, à l'exception des plus grands, étaient réduits en cendre, et l'on plaça le tout dans deux linges précieux. Une procession fut faite avec le riche fardeau, autour du cloître et du monastère; et l'abbé Rudolphe chanta la messe solennelle des Martyrs de la légion thébaine.

Norbert n'assista point à cette brillante solennité. L'archevêque lui avait d'avance, et sans doute en secret, donné une partie notable des reliques retrouvées le 13 octobre, et principalement les ossements qui n'étaient pas pulvérisés. Vers la fin du mois d'octobre, il quitta Cologne avec son double trésor, je veux dire : les restes des Saints renfermés dans deux châsses, et la nombreuse famille religieuse, une trentaine de frères environ, ecclésiastiques et laïques, qui s'était attachée à lui pendant son séjour dans cette ville. Son retour fut une sorte de triomphe. Nobles et paysans rivalisaient de piété. Partout on le recevait processionnellement et avec les plus grands honneurs.

Lorsque Norbert parut à l'entrée de la ville de Namur, le comte Godefroid et son épouse Ermensende, fille de Conrad I, comte de Luxembourg, vinrent en toute hâte à sa rencontre, et vénérèrent les Reliques qu'il emportait avec lui. Ils avaient appris que l'homme de Dieu devait passer sur leurs domaines, et leur désir le plus ardent était de recevoir sous leur toit un Saint dont on racontait tant de merveilles. Edifiés de ses entretiens et de la piété de ses disciples, les nobles époux lui en demandèrent quelques-uns pour fonder une abbaye dans une de leurs terres; Norbert, voyant la dévotion et l'empressement d'Ermensende, accéda à ses désirs. Elle le conduisit, dans la vallée de la Sambre, à sa villa ou ferme de Floreffe, à deux lieues au sud-ouest de Namur. Il y avait là une chapelle qui deviendrait aisément le centre d'une nouvelle communauté; Norbert consentit à y établir quelques-uns de ses frères.

Le saint homme resta plusieurs jours à Floreffe, afin de satisfaire la piété de ses illustres hôtes et de régler la fondation. Richard, l'un de ses premiers disciples à Prémontré, fut dès lors désigné pour être le chef de la petite colonie religieuse. On se mit aussitôt en devoir de construire le dortoir et les bâtiments réguliers, et l'on jeta les fondements d'une très modeste église que l'on nomma dans la suite *Salve*. Norbert détacha de son trésor un os du bras de saint Géréon, et des reliques de sainte Ursule et de ses compagnes, et en dota l'oratoire du monastère.

On était au commencement de décembre lorsque Norbert quitta Floreffe. Avec les compagnons que la Providence lui avait donnés, il revint en toute hâte à Prémontré. La fête de Noël approchait; et le pieux fondateur tenait, nous l'avons dit, à la célébrer solennellement avec les siens. Il y eut grande joie au monastère, le jour où le bienheureux Père y reparut. Lorsqu'on se compta, il se trouva qu'il y avait dans la vallée bénie du ciel quarante clercs, et un plus grand nombre encore de frères laïques. Au lieu de prendre un repos qui semblait lui être nécessaire, l'infatigable serviteur de Dieu voulut préparer en personne tous ses disciples à la solennité par une sorte de retraite spirituelle. Deux fois, chaque jour, le matin et le soir, il les réunissait et leur adressait des conférences ascétiques. Il les exhortait à s'attacher inviolablement à leur vocation bénie et à la pauvreté volontaire qu'ils avaient librement embrassée. Ce qu'il prêchait aux autres, il le faisait le premier, semblable à l'aigle qui, en déployant ses ailes, excite ses aiglons à voler dans les airs. Il savait, dit un historien, « combien le faire a plus de pouvoir que le dire ».

Le saint était maître absolu de tous les cœurs; il avait à ce point gagné la confiance et l'amitié de ses disciples, que plusieurs ne voulaient d'autre règle et d'autre discipline que la parole du vénérable Patriarche. Lui ne l'entendait pas ainsi. Directeur sage et prudent, il savait que cette première ferveur ne pouvait durer toujours; et il se disait qu'il fallait, pour assurer l'avenir d'une congrégation, bâtir sur le roc des institutions canoniques. Il eut soin de les en prévenir : « Père, répondirent les disciples d'une commune voix, les brebis doivent avec simplicité suivre le pasteur, nous accepterons avec reconnaissance tout ce qu'il vous plaira de nous proposer. » Ce filial abandon ne faisait qu'accroître les perplexités du fondateur. Il connaissait les diverses Règles approuvées par l'Église; mais de religieux personnages, évêques ou abbés, lui avaient donné des conseils tout opposés. L'un lui conseillait la vie érémitique; un autre, la vie des anachorètes; un autre enfin lui voulait persuader de s'unir à l'Ordre des Cisterciens, qui, depuis quelques années, grâce surtout à saint Bernard, son ami, jetait un si vif éclat dans l'Église universelle.

Norbert avait bien ses préférences personnelles. Il désirait continuer à vivre de la vie apostolique qu'il avait menée jusqu'alors dans ses missions; il entrait plus dans ses vues d'aller à la recherche de la brebis égarée dans le monde, que de se cacher au désert avec les quatre-vingt-dix-neuf fidèles. Il avait été chanoine de Xanten; tous ceux de ses compagnons qui étaient clercs avaient de même été, dès leur enfance, engagés dans la vie canoniale. Il semblait donc qu'il y eût dans cette circonstance, une sorte d'indication de la volonté divine. Toutefois, comme la détermination à prendre était de la plus grande importance, Norbert recommanda à ses disciples d'implorer sur ce point par de ferventes prières les lumières du ciel. Le résultat des supplications communes ne se fit pas longtemps attendre. Voici en quels termes le fondateur lui-même le racontait, trois ou quatre ans plus tard, à tous les religieux de Cappenberg réunis au chapitre conventuel :

« Je sais un des frères de notre Congrégation qui recher-
« chait avec soin la règle que nous devrions suivre. Or, voici
« que, non par ses propres mérites, mais grâce aux prières
« de ses confrères, le bienheureux Augustin lui apparut
« visiblement. De la main droite, il lui présenta sa Règle
« d'or, et se fit connaître par ces lumineuses paroles : « Je
« suis Augustin, l'évêque d'Hippone. Voici la Règle que j'ai
« écrite. Si tes confrères, qui désormais sont mes fils, com-
« battent généreusement sous sa bannière, ils pourront se
« présenter sans crainte au redoutable tribunal de la Justice
« divine. »

Les frères de Cappenberg, en transcrivant ce récit pour être ajouté au manuscrit de l'histoire du Saint, disent expressément : « Nous l'avons entendu raconter cette vision. Il est vrai, l'humble Patriarche, à l'exemple de saint Paul, dans sa seconde Épître aux Corinthiens, parlait de lui comme s'il se fût agi d'un autre ; mais nous ne nous y trompâmes point, et personne de nous ne douta que cette révélation lui eût été faite à lui-même. »

Le jour de Noël (1121), la communauté de Prémontré célébra, avec l'Eglise catholique, le joyeux anniversaire de la Nativité du Sauveur. Elle fêtait en même temps la naissance d'un nouvel Institut dans la société chrétienne. Près du berceau de l'Enfant-Dieu, Norbert, et après lui chacun de ses compagnons, prononcèrent les vœux solennels de stabilité et d'obéissance. Nous avons retrouvé, dans un antique *Cérémonial* de l'Ordre, la formule de profession des premiers âges de l'Institut ; ce fut sans doute celle dont se servirent Norbert et ses disciples, en 1121 : « Moi frère... Je

Norbert est en prières, demandant à Dieu quel genre
de vie il doit embrasser. L'Évêque d'Hippone lui apparaît
et lui donne sa Règle d'or.

« m'offre et me donne moi-même à l'église de Sainte-Marie
« Mère de Dieu et de... Je promets la conversion de mes
« mœurs, et la stabilité dans ce lieu, selon l'Evangile du
« Christ et l'institution apostolique, et selon la Règle cano-
« nique du Bienheureux Augustin. Je promets également
« l'obéissance parfaite en Jésus-Christ au seigneur... père
« de cette église, et à ses successeurs élus canoniquement par
« la partie la plus saine de la communauté. »

Aucun récit contemporain ne nous a conservé les détails
de cette touchante cérémonie ; mais l'historien se représente
aisément par la pensée ces hommes généreux consacrant
avec bonheur leur vie à la réalisation de l'idéal évangélique,
en un jour si bien fait pour leur en inspirer l'amour ; « ils
avaient conscience, dit le premier biographe de Norbert, de
s'inscrire pour la cité de la bienheureuse éternité. »

CHAPITRE DIXIÈME

Le monastère (1122).

« L'an du Seigneur 1120, dit la *Chronique de Saint-Bertin*,
l'ordre de Prémontré commença par les soins du seigneur
Norbert, homme de grande pénitence et d'une abstinence
rigoureuse ; ce qu'expriment bien les deux vers suivants :

> En l'an onze cent vingt, parut plein de vigueur,
> L'Ordre de Saint-Norbert, à la blanche couleur.

Allemand de nation, né au pays de Cologne, Norbert fut
confié au seigneur Barthélemy, évêque de Laon, par le pape
Calixte, pour prêcher aux peuples la parole de vie. Après
avoir visité plusieurs endroits propres à un établissement
religieux, il se fixa enfin dans le lieu de Prémontré, qui lui
avait été indiqué par Dieu même. Il commença à y mener
une vie solitaire ; à cette époque, il marchait toujours pieds
nus. Ensuite il y réunit une communauté de nombreux disciples, auxquels il prescrivit principalement l'observation de
la Règle du bienheureux Augustin, avec certains emprunts
faits à la Règle de Saint-Benoît. C'est ainsi que, conformément à la Règle du bienheureux Augustin, les Prémontrés
chantent l'Office divin avec neuf leçons ; ils se revêtent de
soutanes blanches ; ils portent des surplis pendant les Offices
de l'Eglise, mais ailleurs, des chapes blanches et le scapulaire, comme habit régulier. Ils se livrent au ministère apostolique, et prennent des bénéfices à charge d'âmes ; et ils
s'appellent eux-mêmes non pas moines, mais chanoines de
Prémontré. D'un autre côté, selon la Règle du bienheureux
Benoît, ils ne mangent jamais de viande au réfectoire, ni
ailleurs, si ce n'est en cas de maladie. Ils se contentent de
deux mets à leur repas. Ils dorment la nuit avec leurs vêtements et leurs chaussures. Ils n'usent ni de chemises de lin,

ni de peaux, si ce n'est de peaux de brebis. A certaines heures, ils sortent dans les champs pour les travaux manuels. Dans la première ferveur des débuts de leur Ordre, ils avaient coutume de jeûner depuis la fête de l'Exaltation de la sainte Croix jusqu'à Pâques. Depuis, il y a eu relâchement sur ce point ; les religieux observant mal ces jeûnes, il a été statué par les prélats et les maîtres de l'Institut, que ce jeûne serait changé en un autre : ils jeûnent tous les vendredis de l'année. Telle est la vie régulière, que mènent, dans tous les monastères de l'Ordre, les clercs, les convers et les religieuses. »

Ces détails sur l'origine de Prémontré sont doublement précieux pour l'historien, et parce qu'ils révèlent au mieux l'impression produite sur les contemporains par l'œuvre de Norbert, et parce qu'ils nous font voir clairement comment, dès ces premiers commencements, il comprenait le but et le plan de vie de son Institut. Sa pensée était d'unir la vie active à la vie contemplative ; car il voulait moins fonder un Ordre religieux qu'instituer des chanoines d'une vie plus régulière. Indépendamment de leur propre salut, cette sévérité devait servir encore à annoncer l'Evangile ; ils devaient enseigner aux ignorants les dogmes de la foi, prêcher la pénitence, réfuter les hérétiques et remplir les fonctions pastorales, si elles leur étaient imposées. Toutefois, la vie cénobitique et conventuelle était le fondement de leur institution. Norbert se flattait que ses successeurs acquerraient dans la retraite ce recueillement, cette force et ces connaissances préparatoires à l'aide desquelles ils pourraient travailler avec plus de vigueur et de succès à la vigne du Seigneur et puis, de temps à autre, revenir à la solitude du monastère pour en sortir encore armés de forces nouvelles.

Si nous voulons entrer plus avant dans la pensée de Norbert, nous devons nous rappeler les égarements de sa jeunesse, sa conversion et ses premières prédications. Il avait vu de près les deux clergés, le clergé séculier et le clergé régulier. Dans l'un et dans l'autre il avait rencontré de grandes vertus ; mais il y avait remarqué aussi des vices qui tendaient trop à se généraliser, la simonie, la cupidité, le luxe, l'incontinence éhontée. Ses missions l'avaient mis en contact avec diverses provinces de la république chrétienne. Chez le peuple, à côté d'une foi vive, il avait reconnu des superstitions vivaces, des haines, des guerres privées, je ne sais quel mépris de la religion et de ses ministres, et d'autres excès qui, maintes fois, avaient fait gémir son cœur d'apôtre, et il s'était dit que dans le clergé et dans le peuple, il y avait de grandes réformes à opérer. Mais le moyen d'atteindre ce but si désiré? Ne le pourrait-il pas en créant un clergé modèle, désintéressé, pauvre, chaste et mortifié, *tout entier*, comme les apôtres, *à la prière et à la parole de Dieu?* Ses monastères seraient ainsi comme des séminaires d'où sortiraient des prêtres dévoués et de zélés missionnaires. Il est naturel, en effet, que des hommes qui ont appris, au sein de la vie religieuse, les grands principes de charité et de désintéressement, qui sont à l'abri de toute appréhension pour l'avenir, et ne songent point à laisser d'héritage à une famille, soient excellemment propres aux nobles fonctions du sacerdoce et de l'apostolat.

Il importe de remarquer le caractère libre et spontané de toutes les vocations qui vinrent à lui : l'Eglise a toujours ainsi compris le recrutement des familles monastiques. La vocation religieuse, c'est Jésus qui passe près d'une âme et lui dit : « Si vous voulez être parfaite, venez. » Les commandements de Dieu s'adressent à tous; les conseils évangéliques ne sont destinés qu'à ceux qui aspirent à la perfection. Les novices accouraient des pays les plus divers : nobles et roturiers, riches et pauvres, jeunes ou vieux, savants ou illettrés, l'homme de Dieu les accueillait tous avec bonté; et tous venaient se fondre dans l'unité et la fraternité de la vie conventuelle.

Plusieurs arrivèrent à Prémontré, attirés par un enthousiasme et un engouement tout humain : ces sortes de vocations s'en vont d'ordinaire au moindre vent de l'épreuve; on le vit bien pour le novice anglais et pour les postulants venus de Nivelles, qui retournèrent au siècle, parce qu'ils ne comprenaient rien à la vie régulière.

Le monastère se composait de deux éléments distincts. Il y avait les *clerici*, ceux qui étaient prêtres ou qui se préparaient à le devenir. Ces clercs formaient le noyau principal de la famille conventuelle, c'étaient les *Canonici*, ou chanoines réguliers voués par leur vocation à la prière, à l'étude et à l'apostolat. A côté d'eux, Norbert, suivant en cela l'exemple des diverses fractions du grand Ordre Bénédictin, et spécialement des Camaldules et des congrégations de Cluny et de Cîteaux, admit les *Conversi*, ou frères laïques. Ils logeaient dans un quartier spécial du monastère; au chœur et au réfectoire, ils étaient séparés des religieux proprement dits. Leur vêtement n'avait ni la même couleur, ni la même forme que ceux des clercs ou chanoines; leurs chapes n'étaient point blanches, mais grises; en avant et en arrière, leur scapulaire se terminait en pointe. Ils devaient garder la barbe inculte. Bref, leur condition se rapprochait, extérieurement du moins, de celle des serviteurs. Ils se levaient à la même heure que les chanoines; les Statuts les plus anciens leur prescrivent un certain nombre de *Pater* à réciter chaque jour; et ils ajoutent : « Ils ne sont point tenus à d'autre office divin; car, bien qu'ils soient profès et qu'ils vivent des biens du monastère, cependant ils sont reçus pour les travaux du corps et ils doivent manger leur pain à la sueur de leur front; il suffit donc qu'ils récitent les *Pater* prescrits et qu'ils assistent à la Messe et à Complies. »

L'organisation hiérarchique de ce petit royaume était des plus simples. Le fondateur était plus que le supérieur du monastère; il en était l'âme, et tous le vénéraient à l'égal d'un prophète. Son autorité était absolue; ses décisions sans contrôle. Quoique une chronique du temps lui décerné le titre d'abbé, il ne porta jamais ce nom. Aucun diplôme, aucun monument contemporain ne confirme cette appellation; et le moine Hermann affirme qu'il ne voulut jamais être abbé, même dans le monastère de Prémontré; mais Norbert en remplissait dès lors tous les devoirs. Il formait ses disciples à la vie canonique. Précisément parce que les novices affluaient à Prémontré, il sentait le besoin de se montrer sévère dans la correction des défauts, afin, dans cette moisson, de démêler l'ivraie du bon grain. Tout d'abord il s'appliquait à leur inculquer la modestie et l'humilité : « L'Esprit-Saint, leur disait-il, ne descendra en vous qu'autant que vous aurez fait le vide dans votre cœur, pour que Dieu puisse y trouver sa place. » Il rencontrait parfois des esprits rebelles ou pusillanimes; mais le maître comptait sur la grâce de Dieu pour les dompter et les exciter à la ferveur.

SAINT NORBERT,
FONDATEUR DE L'ORDRE DE PRÉMONTRÉ

Il serait impossible, après tant de siècles, de refaire la trame de ses instructions journalières. Toutefois l'hagiographe, qui a pieusement recueilli les détails de son histoire, mentionne trois avis spirituels, lesquels revenaient tous les jours sur ses lèvres, trois désirs de son cœur qu'il aimait à répéter à ses enfants : la propreté et la netteté à l'autel et dans la célébration des divins mystères ; la correction des manquements et des négligences au chapitre et partout ailleurs ; le soin des pauvres et l'hospitalité.

« C'est à l'autel, redisait à satiété le saint Fondateur, que « l'on montre sa foi et son amour pour Dieu. Dans la purifi-« cation de sa conscience, l'on fait voir le soin que l'on prend « de soi-même ; et l'on fait éclater sa charité pour le prochain « dans l'empressement à recevoir les hôtes et les pauvres. « Gardez fidèlement ces trois recommandations ; et je vous « promets, de la part de Dieu, que sa Providence ne vous « manquera jamais dans vos besoins. »

Tous les jours, nous l'avons vu, le matin et le soir, le maître dévoué réunissait ses disciples et leur dévoilait peu à peu les secrets de la théologie mystique et de la perfection chrétienne. On a pu sauver du naufrage des siècles quelques-unes des maximes ascétiques de Norbert, où l'âme du Saint se retrouve tout entière. Fréquemment il insistait sur la sublimité du sacerdoce chrétien et la nécessité de l'abnégation personnelle : « O prêtre, s'écriait-il, tu n'es pas toi-« même, car tu es Dieu. Tu n'es pas à toi, puisque tu es le « serviteur et le ministre du Christ. Tu ne t'appartiens point ; « tu es l'époux de l'Eglise. Tu n'existes pas pour toi ; n'es-tu « pas médiateur entre Dieu et les hommes ? Tu ne viens pas « de toi ; car tu n'es rien. Qu'es-tu donc, ô prêtre ? Tu n'es « rien et tu es tout. Prends garde, ô prêtre, que l'on ne puisse « te dire avec raison ce que l'on disait à tort au Christ souf-« frant : Il a sauvé les autres ; et il ne peut se sauver lui-« même. »

Parfois, dans ces causeries intimes où le cœur s'épanche, saint Norbert se souvenait de sa jeunesse dissipée : « J'ai « été à la cour, disait-il, je n'y fus jamais bien. Dans le « cloître, je me suis toujours trouvé à l'aise. A la cour, dans « le cloître, dans les dignités ecclésiastiques, partout, j'ai « reconnu qu'il n'y a rien de meilleur que de se donner tout

« entier à Dieu. — J'ai fréquenté les cours des princes ; j'ai
« eu des richesses en abondance ; je ne me suis point privé
« des délices de la vie mondaine ; eh bien ! ô frères, croyez-
« moi, l'abondance des biens terrestres est une réelle indi-
« gence ; et je ne me suis jamais trouvé plus heureux que
« quand j'en ai été privé. Les jouissances terrestres ont été
« remplacées par les joies célestes, lesquelles ont une suavité
« plus douce, sont plus constantes et rassasient mieux le
« cœur. » — « Pourquoi craindre le démon, ajoutait le pieux
« Fondateur, armés que nous sommes de Jésus-Christ ?
« Celui qui a Dieu pour soi ne se trouble de rien. »

Au reste il ne gardait pas pour lui toute l'autorité. Il y eut
à Prémontré, dès les premiers jours, un Prieur qui avait le
gouvernement intérieur du monastère. Il semble bien que
Hugues soit resté chargé de cette importante fonction, jusqu'à son élection et sa promotion au titre d'Abbé et de Supérieur Général. Pendant les prédications de Norbert à l'extérieur, l'autorité du Prieur de Prémontré était complète. Sous
lui, Norbert, voulant organiser solidement son œuvre, établit
d'autres dignitaires, dont les biographes du Saint ne disent
pas les noms, mais dont les uns présidaient les exercices des
clercs, et les autres, les travaux des frères lais. Il eut même
soin, pour que l'autorité pût toujours être représentée, d'instituer deux officiers pour chaque fonction.

Lorsque saint Norbert quittait son abbaye pour courir où
l'appelait le salut des âmes, il répétait aux représentants de
son autorité, comme dernier adieu : « Soyez unis ; une com-
« munauté ira toujours bien, si à sa tête, elle a des supé-
« rieurs unis ensemble. »

Les officiers du monastère dirigeaient les nombreux exercices de la journée. Rien de plus occupé en effet, rien de plus
actif que la vie de nos religieux. Le premier de tous leurs
exercices était le chant de l'Office divin, aux différentes
heures de la nuit et du jour. A minuit, la cloche du monastère appelait les frères à Matines. Suivant le degré de la fête,
l'Office était de trois ou de neuf leçons, selon la coutume de
tous les chanoines réguliers et séculiers. La messe solennelle
réunissait tous les jours la communauté entière. Durant le
jour, en dehors des heures consacrées à la prière, les clercs
se livraient aux travaux qui se diversifiaient selon les besoins
du monastère et selon les aptitudes de chacun.

Il est certain que saint Norbert prescrivit à ses religieux le travail manuel. Un instant même, il avait eu la pensée de les faire vivre uniquement de leur travail. Ce que le Saint avait rêvé, c'était une congrégation de solitaires, de travailleurs et de mendiants. Celui qui était tout à la fois son conseiller et son ami, Barthélemy de Vir, ne le permit pas ; mais l'on continua à Prémontré et dans les autres monastères de l'Ordre, de se livrer au travail des mains. Une charte de l'évêque de Laon, donnée en 1125, ne nous permet pas d'en douter : « C'est une partie de la vertu de religion, dit-il, d'aimer la vie sainte des hommes religieux et leurs vertus insignes, et de subvenir avec un pieux dévouement à leurs besoins. Et ce que par suite de la fragilité humaine, l'on ne peut imiter, il convient du moins de le vénérer et de le louer dans les autres. Donc, en ces temps-ci, dans notre diocèse, au fond de la forêt de Voas, à Prémontré, avec l'assentiment et le secours d'hommes religieux, par le zèle du frère Norbert, cet homme illustre, et autant que le regard humain en peut juger, approuvé de Dieu et des hommes, un nouvel Ordre a été établi. Servant le Seigneur avec l'habit clérical, et selon la Règle du bienheureux Augustin, les frères se proposaient de mener la vie érémitique, et de se pourvoir du nécessaire par le travail de leurs mains. Nous donc, désirant recommander notre faiblesse à leur sainteté, et voulant, pendant les orages de la vie présente et après notre mort, être soutenu par le secours de leurs prières, nous avons ajouté, avec grand bonheur, aux autres biens que nous leurs avions déjà concédés, notre nouveau moulin de *Barentel*, construit récemment à nos frais et par nos soins, pour l'usage de ce saint couvent. »

Les constitutions primitives de l'Ordre avaient fixé des heures pour le travail, soit dans le monastère, soit en dehors de l'enclos régulier. A l'époque des moissons, les frères sortaient en silence dans les champs ; ils y prenaient le repas de midi ; y chantaient les Vêpres au milieu de la campagne ; et, quand venait la nuit, ils retournaient au monastère. Seuls, les malades et les officiers du monastère étaient dispensés du travail des champs. Pendant l'absence des frères travailleurs, les *scriptores* et les autres qui étaient restés à l'intérieur récitaient l'office canonial, aux heures déterminées par le règlement.

Le travail matériel, si utile qu'il soit toujours, si nécessaire qu'il fût alors, n'était pourtant que la moindre occupation du chanoine Prémontré. Institué pour former des apôtres, des missionnaires, des réformateurs du clergé et du peuple, l'Ordre de Saint-Norbert devait être un Ordre de travail intellectuel, et surtout d'études scripturaires et théologiques.

« L'étude des Lettres divines est si indispensable, dit à ce propos l'abbé Illana, au religieux Prémontré, que celui qui les ignore volontairement, est un fils bâtard, et doit être rejeté comme illégitime. Aucun de nous ne peut s'exempter de ce labeur nécessaire ; et, à nous tous qui professons l'Institut Prémontré, incombe le devoir de nous rendre capables par l'étude de travailler au salut éternel du prochain. »

Malgré ces multiples occupations qui remplissaient la journée de nos Pères, la vie matérielle était rude à Prémontré. Le fondement de l'ascétisme catholique est de refuser à la partie physique de l'être humain tout ce qui ne lui est pas indispensable. Tant d'autres la flattent et la gorgent! L'ascète chrétien rejette avec dégoût tout ce luxe de jouissances malsaines: « Que de choses, dit-il, avec le sage ancien, dont je puis me passer! » Saint Augustin a donné dans sa Règle admirable le vrai principe de la mortification : « Domptez votre chair par les jeûnes et par l'abstinence du boire et du manger, autant que le permet votre santé. » Dans les premiers débuts de l'Institut, Norbert crut pouvoir demander à ses disciples le jeûne continu, avec un seul repas par jour; et tous s'y soumirent avec joie. Toutefois il fallut bientôt y apporter des adoucissements reconnus nécessaires : les anciens Statuts de l'Ordre, composés par le bienheureux Hugues et approuvés par saint Norbert lui-même, font mention de deux repas par jour, depuis Pâques jusqu'à la fête de l'Exaltation de la sainte Croix. Et encore fallut-il y renoncer plus tard. L'abstinence de viande fut plus longtemps observée. On ne portait que des vêtements de laine, même sur la peau. Il avait le droit, remarque son premier biographe, de demander ces moindres privations à ses disciples, lui qui portait toujours un très rude cilice. Les habits étaient de couleur blanche, sans teinture d'aucune sorte. Les vêtements de lin furent, nous l'avons vu, réservés aux offices et au service divin. Même en voyage, la mortification, gardienne de la chasteté, était de mise; et les disciples du Saint ne durent se servir que d'ânes pour monture, jusqu'à la distance de quatre ou cinq lieues. Cette discipline, remarque le biographe, ne put être longtemps observée.

De si nobles enseignements, des exemples si élevés enflammaient l'âme des religieux de Prémontré pour le désintéressement et la pauvreté évangélique. Ils recherchaient avec une préférence marquée les habits vieillis et percés. On en vit même qui, pour mieux accentuer leur dégoût du luxe mondain, cousaient sur des vêtements neufs quelques morceaux usés : comme Augustin, ils eussent rougi de porter un habit trop éclatant. Les emplois les plus humiliants étaient l'objet de leur ambition ; les aliments mal assaisonnés étaient leurs mets les plus délicieux. Leur soumission était si aveugle que la crainte de la mort n'eût pu retarder d'un instant la promptitude de leur obéissance. Un ordre, un désir, et c'était assez. Point de règlements écrits. Les Statuts primitifs ne furent dressés que sous l'abbé Hugues, en 1128 ou 1129. A quoi bon une réglementation détaillée à des hommes qui comprenaient si bien la grande règle morale exprimée par saint Augustin : « Aimez, et faites ce que vous voudrez » ?

Le silence était inviolable partout et toujours. Même en voyage et au milieu des foules les plus compactes, à peine pouvait-on leur arracher une parole. Fanatisme monacal, s'écrieront nos modernes critiques ! non vraiment : le silence fut toujours le générateur des grandes pensées et la force des âmes supérieures. Si Norbert et ses disciples s'isolaient de la sorte, ce n'était point par misanthropie. On les entendra parler à l'occasion, ces silencieux habitants du désert. Et ne faut-il pas savoir se taire, pour parler bien ?

Nos Pères, habituellement silencieux, retrouvaient soudain la parole pour s'accuser au chapitre des coulpes et ailleurs, et s'humilier à deux genoux des moindres fautes qui échappaient à leur faiblesse. Que si quelqu'un avait offensé un frère par une démarche peu charitable, ou un simple signe, sur-le-champ la faute était réparée, le pardon demandé et accordé.

Pour avoir une idée complète de ce qu'était le monastère de Prémontré, il nous faut sortir du couvent des frères, et passer à celui des sœurs. Les religieuses Norbertines furent l'étonnement général des contemporains du saint Fondateur. Leur clôture était perpétuelle et des plus rigoureuses : celle que le concile de Trente a établi dans toute l'Église n'est pas plus sévère : jamais elles n'apparaissaient aux regards du monde. Elles ne parlaient à personne, étranger ou parent, si ce n'est à une grille, et en présence de deux religieuses du côté de la clôture et de deux convers à l'extérieur. Leur jeûne, au début, fut continuel ; mais au bout de quelque temps, il fut réduit à des époques déterminées. L'abstinence resta perpétuelle. Leur silence était si absolu qu'elles ne l'interrompaient même pas au chœur, puisque, selon les récits du temps, elles récitaient l'Office de la sainte Vierge, les Psaumes et d'autres prières à voix basse, avec beaucoup d'humilité et de dévotion.

Aussitôt qu'elles entraient au monastère, pour éprouver leur amour-propre et leur sensualité, on coupait leur chevelure. Et pour plaire au Christ, leur céleste Époux, elles acceptaient avec joie cette humiliation. Plus d'habits recherchés ; des vêtements de laine blanche ou de peaux de brebis. « Ailleurs, continue le chroniqueur Hermann à qui nous empruntons la plupart de ces détails admirables, on voit des religieuses porter des voiles de soie ; les filles de Prémontré ne mettent sur leur tête qu'un voile noir d'étoffe grossière. »

Chose merveilleuse ! ces austérités surhumaines, plus rigoureuses que celles des religieux, ce silence, cette clôture n'effrayaient point les vocations ; que dis-je ? c'étaient autant d'attraits irrésistibles. L'on vit des femmes du peuple, l'on vit surtout des dames de la plus haute noblesse, des veuves toutes jeunes encore, des vierges à la fleur de l'âge, méprisant les jouissances du monde, courir en foule aux monastères de saint Norbert, en vue d'y mortifier leurs membres délicats. L'élan avait commencé par la maison même de Prémontré. La mère des Chanoinesses Norbertines fut Ricvère ; si elle n'avait pas été « la fille aînée de Norbert », comme beaucoup le pensent, elle devint bientôt l'âme de la communauté nouvelle. Ami des pauvres et des indigents, Norbert avait établi à Prémontré, dès les premiers jours de sa fondation, près de la porte d'entrée qui s'appelle encore aujourd'hui la porte

Saint-Jean, un *Xenodochium* ; ce *Xenodochium* était tout à la fois un hôpital pour les malades, une hôtellerie pour les hôtes et les voyageurs, un abri pour les pauvres de la contrée. Ricvère en fut nommée la supérieure, ou plutôt la première servante. Plus un malade était rebutant, plus il était le préféré de la charitable infirmière. Tout ensemble Marthe et Marie, au milieu du soin de ses infirmes, elle restait intimement unie à Dieu par l'esprit de recueillement et d'oraison ; et où, nous, terrestres et mondains, nous perdons Dieu de vue, elle jouissait de sa lumineuse présence. Un jour le feu prit à l'hôpital ; d'un signe de Croix, dit sa légende, elle éteignit l'incendie. Lorsque, en 1136, riche de bonnes œuvres et de mérites, Ricvère s'endormit dans le Seigneur, elle fut enterrée, elle, la comtesse de Clastres, dans le cimetière des pauvres. « Peut-être, dit un historien, l'avait-elle voulu ainsi, pour pratiquer encore après sa mort, dans la mesure du possible, la charité et la miséricorde qu'elle avait tant aimées. » On dit que pendant longtemps des roses fleurirent miraculeusement sur sa tombe ; pourquoi non ? La rose n'est-elle pas la fleur qui symbolise la charité ?

« C'est un phénomène remarquable, dit un historien allemand, que cette tendance, qui se manifeste tout-à-coup au commencement du xiie siècle, à échanger la licence d'une vie toute séculière contre la sévère discipline des Ordres religieux. Nous y reconnaissons une puissance merveilleuse que notre intelligence ne conçoit pas, et que notre expérience ne suffit pas à expliquer. Que nous approuvions ou non cette direction, son existence est incontestable, comme l'est aussi l'influence moralisante de cette puissance sur ceux qui pliaient devant elle. Descendre des hauteurs de la société, s'arracher à la sphère dans laquelle on a été élevé, renoncer aux commodités de la vie, sacrifier tout éclat extérieur ; en place de tout cela se livrer volontairement à l'humilité, se consacrer aux travaux les plus pénibles, ne céder aux besoins des sens qu'autant qu'il est absolument nécessaire pour soutenir l'existence ; enfin, par le secours de l'âme, triompher du corps au point de ne lui laisser d'autre droit que celui d'être la demeure passagère de cette âme ; certes, il faut pour cela une force que ne saurait comprendre un siècle comme le nôtre, siècle efféminé et qui ne recherche que les avantages matériels. En

admettant même que, dans chacun de ces Ordres pris indivi-
duellement, les choses n'aient pas tardé à changer de face,
que la pauvreté soit devenue de la richesse, qu'à l'accomplissement d'une règle sévère ait été substituée la négligence de
cette même règle, en supposant que ce changement ait été
plus grand encore que les faits ne le montrent, il n'en est
pas moins vrai que cette puissance demeure évidente dans
les fondateurs et dans leurs premiers compagnons. Et comme,
d'un autre côté, elle apparaît le trait distinctif de cette époque,
il reste encore à découvrir comment elle a pu s'emparer à ce
point de la volonté de l'homme. Nous sommes convaincu
que le désir irrésistible de parvenir à la gloire céleste, dépeinte
par la foi inébranlable de ce siècle, sous les couleurs les plus
brillantes, pouvait seul être en état de produire un semblable
effet. Aussi ne devons-nous pas nous étonner si ceux à qui
leur position ne permettait point d'entrer dans ces communautés ou qui ne s'en sentaient pas la force, croyaient faire
du moins quelque chose pour leur salut, en facilitant aux
autres le moyen de s'y associer. »

Si l'immortelle espérance du ciel appelait les âmes d'élite
vers les cloîtres, l'amour, le pur amour de Dieu fait homme
était le grand, l'irrésistible aimant qui pouvait captiver à ce
point la jeunesse, la beauté et la fortune. Un Dieu seul,
s'écrie l'historien *des Moines d'Occident*, peut remporter de
tels triomphes et mériter de tels abandons. Ce Jésus, dont la
divinité est tous les jours insultée ou niée, la prouve tous les
jours, entre mille autres preuves, par ces miracles de désintéressement et de courage qui s'appellent des vocations. Des
cœurs jeunes et innocents se donnent à lui pour le récompenser du don qu'il nous a fait de lui-même ; et ce sacrifice,
qui crucifie la nature, n'est que la réponse de l'amour humain
à l'amour d'un Dieu qui s'est fait crucifier pour nous.

CHAPITRE ONZIÈME

L'Église de Prémontré (1122).

L'édifice spirituel de Prémontré se développait avec une rapidité merveilleuse. Norbert se multipliait pour y apporter chaque jour de nouvelles pierres vivantes, pour les travailler, les polir, et, architecte habile, assigner à chacune la place qui lui convenait. Aux religieux clercs, si l'on ajoute les frères laïques, les sœurs vivant sous la direction de Ricvère, les voyageurs et les pauvres, hôtes quotidiens du *Xenodochium*, on sera étonné du mouvement et de l'activité qui règnent au sein de cette vallée, hier encore inconnue et déserte.

Les bâtiments qui abritaient tous ces hôtes étaient d'une simplicité élémentaire. Des cabanes en terre et en bois, et, au centre, une modeste chapelle : tout auprès, un jardin et un petit étang, alimenté par les eaux des montagnes et par les pluies ; telle était, dans les premiers mois de 1122, la pauvre communauté de Prémontré.

Évidemment de si humbles constructions ne pouvaient être que provisoires ; il fallait bien songer à bâtir un monastère définitif, et surtout une église où l'on pût célébrer avec décence et majesté les cérémonies du culte divin. A ne s'en tenir qu'aux données de la sagesse humaine, il faut convenir que cette vallée ne convenait guère à l'établissement d'un grand centre de vie religieuse. Le désert, des futaies, des marais avec leurs miasmes pestilentiels, tout cet ensemble effrayait bon nombre de religieux ; et l'on disait tout haut, qu'avant peu, il faudrait fuir le vallon malencontreusement choisi. Seul, Norbert, mettant sa foi si vive au-dessus des difficultés, se promettait d'accomplir les desseins de la sagesse divine dans un ouvrage si au-dessus des règles ordinaires de la prudence humaine.

Pour arriver à connaître la volonté de Dieu, il s'adressa à Dieu lui-même, et aux hommes : à Dieu par la prière ; aux hommes en faisant examiner avec attention par les plus habiles les terrains environnants, pour que l'on découvrît l'emplacement le plus convenable. Cependant la communauté priait assidûment; on jeûnait, on se mortifiait, en vue d'obtenir du Ciel les lumières nécessaires dans une entreprise de si grande importance. Or, voici ce que raconte l'hagiographe contemporain : Au centre de la vallée, à l'endroit même où aujourd'hui encore, l'on signale au visiteur l'emplacement de l'église abbatiale de Prémontré, l'un des disciples de Norbert aperçut l'image lumineuse du Sauveur crucifié. Sept rayons d'une éblouissante clarté s'échappaient de la personne du Christ. « C'étaient, dit un historien, les gloires du Thabor qui s'unissaient aux ignominies du Calvaire. Ici la Croix n'était plus le honteux gibet des criminels; elle ressemblait à un trône d'où jaillissaient des flots de lumière qui éclairaient toute la vallée. » Des quatre ouvertures du vallon, le religieux voyait déboucher, caressés par la lumière qui les guidait, de nombreux pèlerins avec leurs besaces et leurs bourdons. Ils adoraient successivement à genoux leur Maître crucifié, lui baisaient les pieds ; puis ils s'en retournaient, après avoir reçu de lui l'autorisation de porter la gloire de son nom aux quatre coins du monde.

Telle fut la célèbre vision du Crucifix de Prémontré, qui marqua d'une façon définitive l'emplacement de la future église abbatiale, et conséquemment des bâtiments claustraux.

Deux fois nous avons visité l'illustre vallée de Prémontré. L'on dirait que le sol s'est montré plus fidèle que les hommes à la mémoire du grand bienfaiteur de cette contrée. Du haut du belvédère, installé au-dessus du bâtiment principal, l'on voit nettement se dessiner le corps et les bras de la croix merveilleuse qui apparut dans la vallée en 1122. La vision illuminait l'avenir du nouvel Institut, et lui révélait son rôle dans l'Église de Dieu. La croix est restée comme empreinte sur le sol; pourquoi faut-il que les enfants de saint Norbert n'y puissent plus venir, par chacune des quatre portes de l'enclos régulier, adorer Jésus-Christ, et recevoir ses ordres pour leur ministère apostolique?

Le Christ lui-même daignait se faire l'architecte de l'église de Prémontré, et il venait d'en tracer les contours. Norbert fut l'ouvrier principal ; et, comme il voulait que l'ouvrage

Le Christ crucifié apparaît au milieu du vallon de
Prémontré, pour marquer l'emplacement de l'église. Des
pèlerins vêtus de blanc l'adorent, et s'en vont prêcher
aux quatre coins de l'univers.

avançât, il eut soin de placei à la tête de l'entreprise un maître de travail capable d'exciter les ouvriers et les manœu vres. Il loua un atelier de Français ; et ses amis dévoués de Cologne lui en envoyèrent un autre composé d'Allemands. Et, sans retard, l'on se mit à l'œuvre. Mais hélas ! dès que l'on creusa pour ouvrir les fossés, l'on découvrit un terrain si humide et si bourbeux, que les ouvriers les plus expérimentés désespéraient de pouvoir asseoir les fondements de l'édifice. Pour combler les marais qui se formaient à chaque instant, toutes les pierres des montagnes voisines n'eussent pas suffi. C'est alors que les difficultés, disons le mot vrai, les impossibilités de l'entreprise apparurent dans leur décourageante réalité.

Cependant un jour avait été fixé pour la bénédiction solennelle et la pose des premières pierres. Le seigneur Barthélemy, fondateur et père du monastère, avait promis de présider l'auguste cérémonie. Quand il arriva dans la vallée, une armée de religieux, pour emprunter le langage d'un chroniqueur du temps, vint processionnellement à sa rencontre, chantant des cantiques de joie. Ce fut un beau spectacle ; ce fut une grande consolation pour le cœur du pontife. Barthélemy se ressouvint de la vision qu'avait eue Norbert, la première nuit de son arrivée à Prémontré ; il se rappela la multitude d'hommes blancs qui chantaient, en parcourant le vallon, avec des croix d'argent, des chandeliers et des encensoirs. Ce que Norbert avait entrevu, à la lumière du ciel, lui, Barthélemy le voyait aujourd'hui des yeux de son corp s.

La cérémonie fut des plus brillantes. Lisiard, évêque de Soissons, déjà, lui aussi, ami de Norbert, accompagnait Barthélemy. On y vit un des grands personnages du pays, Thomas· de Marle, seigneur de Coucy, si connu par ses débauches, et si redouté pour sa férocité.

Guibert de Nogent, l'abbé de Saint-Vincent de Laon, Simon, abbé de Saint-Nicolas-au-bois, l'écolâtre et archidiacre Raoul, saint Bernard étaient-ils présents à la pieuse cérémonie ? Tout le fait présumer. Quoi qu'il en soit, en présence des hauts personnages mentionnés plus haut, d'autres clercs et laïques distingués, et d'une foule immense de peuple accourue par piété ou par curiosité des localités voisines ; car c'était fête pour tout le pays, Barthélemy bénit et consacra les pierres qui devaient servir aux fondations. Rit antique et vénérable, que le *Pontifical Romain* réduit aujourd'hui à la bénédiction d'une seule pierre.

Les vraies et solides fondations de l'église de Prémontré furent la foi et la confiance surnaturelles de Norbert. Après la bénédiction des premières pierres, les ouvriers se mirent au travail avec une ardeur nouvelle. Le biographe primitif remarque que l'émulation, le point d'honneur national entre Français et Allemands aiguisait leur courage. D'autre part, beaucoup d'entre eux étaient de véritables amis des Prémontrés ; le bras est plus alerte lorsqu'il est conduit par le cœur. En l'absence de Norbert, Hugues, son fidèle disciple, présidait les travaux et stimulait le zèle des ouvriers et des religieux ; car les religieux étaient les premiers au travail, s'employant sans réserve à la construction de l'église et du monastère, selon leurs forces et leurs talents particuliers. Vit-on à Prémontré, pendant cette construction, les mêmes merveilles de piété que l'on admirait à la même époque parmi les ouvriers de Saint-Pierre-sur-Dives, en Normandie, et aussi de Saint-Denis-en-France ? Il est permis de le croire ; et si des laïques, nobles et roturiers, hommes et femmes, s'unissaient pour élever au Seigneur des temples magnifiques, quels ne devaient pas être le zèle et l'entrain de ces hommes qui ne rêvaient qu'une chose, le service et l'honneur du Très-Haut ? Aux ouvriers visibles venaient même, disait-on, s'en adjoindre d'invisibles. Un manuscrit de l'abbaye de Floreffe raconte que, la nuit, des anges descendaient du Ciel pour polir et perfectionner le travail qu'avaient fait les hommes pendant le jour. « Le Christ étant le maître et l'architecte de l'édifice, remarque à ce propos Illana, ne convenait-il pas que les Esprits célestes contribuassent, pour une part, à sa construction ? »

Si les Anges du Ciel se plaisaient à venir au secours des ouvriers de Prémontré, il paraît que les anges déchus y firent plus d'une fois aussi sentir leur présence, mais dans un tout autre but.

Plusieurs fois, disent les récits contemporains, le démon vint avec ses satellites ; et, en plein midi, il se présenta aux frères et aux ouvriers, les mains armées de bâtons et de glaives. L'on croyait entendre le bruit des chevaux et le cliquetis

Le démon poursuit Norbert sous des formes diverses.
Le Saint, armé de la puissance du Ciel, le chasse du
corps des possédés.

des armes. Chacun s'imaginait avoir devant soi quelque ennemi dont il avait eu autrefois à se plaindre. Grande était l'alarme dans tout le monastère. Chez quelques esprits faibles, l'effroi fut si vif qu'ils perdirent courage et renoncèrent à leur sainte vocation. Hugues, et avec lui les religieux les plus éclairés ont vite reconnu la présence de l'esprit mauvais, sous les traits de ces faux guerriers ; ils répandent de l'eau bénite et font le signe de la Croix. Merveilleux pouvoir de ces symboles sacrés ! Aussitôt l'on vit le calme renaître et la paix rentrer dans la solitude de Prémontré.

Cependant, malgré les efforts de l'esprit mauvais, et malgré les difficultés matérielles de toutes sortes, l'œuvre avait marché. L'abbaye de Saint-Nicolas-au-Bois, voisine de Prémontré, avait fourni les pierres. Chacun s'était dévoué, et, neuf mois seulement après la consécration des premières pierres, s'élevait au milieu de la vallée un beau monument en l'honneur du Dieu Tout-puissant, de la Bienheureuse Vierge Marie et de saint Jean-Baptiste. L'édifice était dans le style du temps, c'est-à-dire dans le style roman. Le style roman, grave et sévère, est peut-être celui qui exprime le mieux le sentiment religieux de l'âme qui adore et qui prie.

L'église de Prémontré était un illustre trophée des victoires que les fils de saint Norbert avaient remportées sur le démon et sur les prestiges employés par lui pour décourager les ouvriers. Une grande cérémonie réunit de nouveau, au monastère, tout le clergé, la noblesse et les habitants de la région voisine. Barthélemy et Lisiard consacrèrent solennellement l'église. L'on avait exposé, dans de riches reliquaires, les restes précieux de saint Géréon, des saints Ewald et des saintes Vierges Martyres, recueillis par Norbert lui-même à Cologne. La joie, l'enthousiasme étaient dans tous les cœurs : l'immense multitude, qui remplissait l'enceinte sacrée, se pressait pour faire l'offrande et pour entourer l'autel principal. Hélas ! peut-il se célébrer sur la terre une fête qui soit sans nuages ? Selon la remarque mélancolique du Sage, « le ris est mêlé de douleur et la tristesse succède vite à la joie. » (Prov., xiv.)

Tout à coup un sourd craquement se fait entendre ; sous l'effort de l'encombrement de cette multitude compacte, le maître-autel s'ébranle ; l'on s'aperçoit que la pierre dont il était formé est brisée ; la consécration canonique est sans effet ; conformément aux règles ecclésiastiques, il fallait la recommencer.

Cet accident fut pour Norbert un coup de foudre. Un instant le chagrin apparut sur ses traits : il redoutait le scandale des esprits faibles et superstitieux qui n'allaient pas manquer d'en tirer contre son œuvre quelque mauvais augure. Néanmoins, se souvenant du *Dieu de toute consolation*, il reprit vite courage ; et, dès ce jour, il fixa secrètement avec l'évêque Barthélemy le jour de la consécration du nouvel autel et de l'église. Elle eut lieu le jour de l'Octave de saint Martin, c'est-à-dire le samedi 18 novembre, mais sans solennité et sans éclat.

Le moine Hermann, qui écrivait quelques années seulement après la mort de Norbert, et du vivant de Barthélemy, ajoute avec enthousiasme : « Ce que sont aujourd'hui l'église, le monastère, le dortoir, le réfectoire et les autres lieux réguliers, ce qu'est le mur d'enclos de l'abbaye élevé par Hugues, tous les hôtes peuvent le voir. C'est à peine si dans les plus riches et les plus antiques monastères de France, on trouverait quelque chose de semblable. Aussi n'est-il pas un visiteur qui ne s'écrie en pénétrant dans cette solitude bénie du Ciel : Non, en vérité, ce n'est pas une entreprise humaine, c'est Dieu qui a fait tout ceci, et la merveille en est sous nos yeux. Bon Jésus ! de quelle joie se remplit le cœur de Barthélemy, lorsqu'il vient visiter les frères de Prémontré, et qu'il contemple ce splendide monastère, élevé par ses conseils et grâce à son paternel concours ! »

Hélas ! ce qui était vrai alors, ne l'est plus à l'heure où nous écrivons. Ici comme ailleurs, le temps, les accidents, les hommes et les révolutions ont fait leur œuvre de destruction. Tout à fait au nord des constructions actuelles, l'on voyait encore, il y a vingt ans environ, des bâtiments remontant au saint Fondateur, des restes de l'hôtellerie élevée par lui, et quelques débris du monastère des Religieuses. Un violent incendie consuma, en 1879, ces restes précieux épargnés par le temps et par l'impitoyable spéculation. L'église subsista jusqu'à l'époque de la Révolution, avec des restaurations successives nécessitées par les circonstances ou imposées par les goûts du temps. Il y a quelques années, l'on en voyait encore les fondations formées de pierres énormes et à peines taillées. Aujourd'hui, du bel édifice roman qu'éleva la piété de Norbert, il ne reste plus une seule pierre. Nous avons vu le puits qui était dans l'intérieur du temple; on a tout lieu de penser que les cuisines de l'Asile des aliénés occupent une partie de l'emplacement de l'église bâtie par un Saint. Lorsque, il y a quelques années, on éleva de nouveaux bâtiments, on déterra des centaines de têtes et des monceaux d'ossements; c'étaient les anciens Prémontrés dont on remuait les cendres. Parmi ces cendres se trouvaient les restes vénérables de plusieurs héros ou héroïnes de l'Evangile. Là dormaient la B. Ricvère et le B. Yves; là reposait dans le silence toute une légion d'abbés et de religieux dont plusieurs furent des Saints. N'importe; le tout fut jeté pêle-mêle dans les nouvelles fondations de l'Asile.

Les murs d'enceinte remontent, au moins en grande partie, à l'époque primitive, notamment le côté qui est longé par la route d'Anizy à Saint-Gobain. Il est visible qu'ils ont été restaurés en plusieurs endroits. Ils sont soutenus par des contre-forts; aux angles sont suspendues de petites tourelles rondes portées sur des trompes ou des modillons. Ces longs murs formaient un polygone très irrégulier. L'on y voit encore les quatre portes s'ouvrant vers les quatre points cardinaux. La porte du nord s'appelait la porte Saint-Jean; elle fut restaurée au XVIIIᵉ siècle. La porte Rohard s'ouvrait à l'ouest. La porte méridionale était et est restée l'entrée principale, donnant accès au hameau de Prémontré. Au levant était une quatrième porte qui a été obstruée; on peut la distinguer encore sur la route d'Anizy à Saint-Gobain.

En visitant aujourd'hui l'antique abbaye, il n'est personne qui puisse avoir la pensée de redire le cri enthousiaste du moine Hermann. Ce qui vient à l'esprit, ce qui monte au cœur, c'est le gémissement plaintif du dernier successeur de saint Norbert à Prémontré, le R. P. L'Écuy :

> Digne de nos regrets, Prémontré, saint désert,
> Lorsque Barthélemy te donnait à Norbert,
> Pour que des chœurs sacrés, à l'exemple des Anges,
> Vinssent de l'Éternel y chanter les louanges,
> Eût-il cru que le temple où l'on venait prier
> Ne serait plus un jour qu'un profane atelier ?

CHAPITRE DOUZIÈME

Le Bienheureux Godefroid (1122)

Pendant que se poursuivaient les travaux de construction à Prémontré, Norbert ne demeura pas enseveli dans sa chère solitude. Il n'était pas homme à enfouir le talent que Dieu lui avait confié, et à laisser dormir les amples pouvoirs que lui avaient successivement octroyés deux Papes. Chez lui le fondateur n'entendait pas absorber le missionnaire; et Norbert pouvait aisément, grâce au bon esprit et à la ferveur de ses disciples, mener de front la prédication apostolique et la direction de sa famille religieuse. Il revint d'abord mettre la dernière main à la fondation du monastère de Floreffe. La pieuse importunité de la comtesse de Namur l'avait obligé, lorsqu'il retournait de Cologne à Prémontré (1121), à y laisser quelques-uns de ses fils; mais Norbert comprenait que sa présence était nécessaire pour perfectionner ce qui était commencé.

On ignore si Norbert put assister à l'inauguration solennelle de Floreffe qui eut lieu, disent les Annales de l'abbaye, le 25 janvier 1122, fête de la conversion de saint Paul. Ce qui est certain, c'est que sa présence acheva d'y implanter la vie conventuelle et l'esprit du fondateur. Un nouveau prodige eucharistique marqua le passage du Saint dans ce monastère. Voici en quels termes le rapporte la chronique de Cappenberg, monument, nous le savons, tout à fait contemporain du Saint. Un jour qu'il y célébrait les divins mystères, il aperçut, avant la communion, une goutte de Sang toute vermeille et environnée d'une éblouissante clarté, qui se détachait de l'hostie consacrée, placée sur la patène. Se défiant de ses yeux, l'humble Père fait approcher son diacre, le frère Rudolphe : « Mon frère, lui dit-il, ce que je

« vois, le voyez-vous ? — Je vois, mon Père, une goutte de
« Sang qui jette une vive lumière. » Et le ministre du Seigneur
acheva dans les larmes l'adorable Sacrifice.

Il arriva à Maestricht, sur la Meuse, dans les premiers jours de mai. Cette date nous est indiquée par le
biographe du Saint : c'était à Maestricht la fête patronale du
lieu, ou, comme l'on dit dans les Flandres et le Brabant, la
Kermesse. Or l'on sait que le *dies natalis* de saint Servais,
patron de la ville, tombe le 13 mai. Evêque de Tongres au
IVe siècle, Servais avait, sur un avertissement du ciel, transporté sa résidence à Maestricht, et les habitants de Maestricht
le regardaient comme leur protecteur et leur gardien.

A peine entré dans les murs de la cité, Norbert voulut
satisfaire sa piété ; et il sollicita la faveur de vénérer le voile
de saint Servais. On croyait, sur la foi d'une tradition locale,
que, à la mort du vénérable évêque de Tongres, les anges
avaient apporté du Ciel un voile de soie pour ensevelir les
restes du Saint. Et on le gardait sous clef, avec le plus grand
respect dans le trésor de l'église principale. La vénération
publique allait si loin, dit le récit de Cappenberg, que l'on
n'aurait pas même osé regarder dans l'écrin où il était plié.
Quand donc Norbert désira le contempler, il y eut d'abord
une opposition générale ; mais il fallut bien céder aux
instances de l'homme de Dieu. On ouvrit devant lui le reli-
quaire. Soudain, ô merveille ! le voile se soulève, s'envole
sous les voûtes de la Basilique ; et, après s'être balancé, et
avoir fait plusieurs circuits, va doucement se suspendre au
sommet du temple. A ce spectacle, ce sont des cris de joie et
d'admiration ; chez quelques-uns des murmures ; ils craignaient que le voile ne fût enlevé à leur dévotion. Quant à
Norbert, il admirait le prodige en silence. Il commence le
saint Sacrifice de la Messe, et voici que, au moment du canon
de la Messe, où selon l'usage de l'Eglise, il étendait les bras
en croix, le voile se replia et s'abattit lentement. Il le prit
respectueusement et le remit à sa place.

« En ce temps-là, dit la *Vie* du Bienheureux Godefroid,
écrite par un contemporain, apparut en Wesphalie une brillante lumière de l'Eglise, je veux dire Norbert, l'illustre
héraut de Dieu. Homme d'une grâce admirable, d'une éloquence incomparablement douce, d'une continence sans

Le B. Godefroy, son épouse et son frère Othon, touchés par l'éloquence de saint Norbert, consacrent leurs biens immenses à l'érection de trois abbayes, et entrent dans l'Ordre de Prémontré. Beaucoup de seigneurs et de princes suivent leur exemple.

égale, il institua et propagea un Ordre de Chanoines réguliers ; il réunit une foule de serviteurs du Christ et fonda de nombreux monastères. Par sa parole et par ses actes, intrépide prédicateur de la vraie pénitence, en tout il se montra l'exact observateur de ce commandement prophétique : *Préparez la voie au Seigneur ; rendez droits dans le désert les sentiers de notre Dieu.* »

Un jeune seigneur de la contrée vint le trouver, et s'entretint longtemps avec lui. Il se nommait Godefroid, Godefridus, Gottfried, *paix de Dieu*. Godefroid était l'un des comtes les plus puissants de la Westphalie. Quoique jeune encore, puisqu'il était né en 1097, il s'était déjà distingué dans la carrière des armes, au service de l'empereur Henri V. Le siège de son comté était le château-fort de Cappenberg, dans le diocèse de Munster, d'une résidence d'un charme sans égal. Située au sommet d'une montagne qui domine le pays, elle commandait la contrée tout entière, et le fort passait pour imprenable.

Il avait épousé Jutta, de la noble et riche maison d'Arnsberg. Godefroid Ier étant mort, Godefroid II, son fils aîné, prit le gouvernement de ses états. Tel était en 1122, le prince Godefroid II de Cappenberg, alors âgé de 26 ans.

Ce n'était pas la première fois qu'il se rencontrait avec celui qui devait exercer sur sa vie une si décisive influence. Peut-être l'avait-il connu à la cour du roi de Germanie, peut-être même à Xanten ; car Godefroid avait de riches propriétés tout près de cette ville. Il est vraisemblable en tout cas que le jeune comte le vit déjà, lors du séjour que le saint fondateur fit à Cologne (1121), et qu'à partir de ce moment il se sentit attiré vers lui et son œuvre.

Cependant des obstacles nombreux et humainement infranchissables s'opposaient à ses projets ; et il semblait, dit Illana, qu'il fût rivé au siècle par une chaîne dorée. Etait-il possible d'abandonner la gestion d'une fortune immense ? Sa belle et jeune épouse n'était pas décidée à se séparer d'un mari accompli qui faisait son bonheur. Othon, jeune frère du comte, se joignit à elle pour le dissuader d'un dessein si étrange. La lutte fut longue et délicate ; Godefroid finit par gagner le cœur de son épouse et de son frère. Et, au mois de mai 1122, dès qu'il apprit que Norbert était en Westphalie il vint à sa rencontre, et lui offrit sa maison de Cappenberg avec toutes ses dépendances, prés, pâturages, chemins, rivières, moulins, bois et champs cultivés, pour la convertir en monastère de son Institut. Il lui en fit la remise solennelle, le 31 mai, fête de sainte Pétronille, et dès lors une petite famille religieuse commença à y chanter les louanges de Dieu.

Le monastère de Cappenberg prit de rapides développements ; et il eut, en peu d'années, l'éclat et le prestige d'un second Prémontré. Norbert aimait cette maison d'une tendresse toute spéciale. Il en fut le premier Supérieur ou Prévôt ; et, tant qu'il vécut, aucun autre que lui ne porta ce titre. Cuno, jusqu'en 1130, Othon ensuite, prirent soin de la discipline intérieure ; mais Norbert demeura le vrai Père de cette communauté bien-aimée. Il y revint plusieurs fois ; et le *Catalogue des Prévôts de Cappenberg* le place en tête de la liste. C'est à lui, comme *Præpositus* du monastère, que furent adressés les diplômes de l'évêque de Munster et du Pape Honorius II (1125 et 1126).

Les diverses parties du château seigneurial furent, en peu de temps, adaptées aux besoins d'une communauté. Bientôt on se mit à l'œuvre pour élever une église qui fût digne d'un tel monastère. Godefroid fit également construire un vaste hôpital pour les pauvres, les malades et les voyageurs : toujours le toit de la charité à l'ombre de la maison de la prière. Gagnée par les pieuses exhortations de son mari, Jutta prit le voile ; et un couvent fut bâti pour elle et pour les religieuses Norbertines, au pied de la montagne : on l'appela *Nider-Clooster;* plus tard il fut transféré à Wesel. Othon, frère de Godefroid, ne put résister aux sublimes exemples de renoncement qui lui étaient donnés ; et on le vit bientôt, lui aussi, renoncer aux espérances terrestres et revêtir l'humble froc de religieux.

Imitant la pieuse générosité de son frère aîné, Othon voulut également faire sa fondation. Il avait en patrimoine une belle et fertile propriété à Varlar, diocèse de Munster, non loin de Cœsfeld. L'on fit venir de Prémontré une colonie de frères ; et une nouvelle abbaye Norbertine, dédiée à la bienheureuse Vierge Marie, s'éleva, grâce aux libéralités des deux fondateurs (1122-1123).

De l'autre côté du Rhin, à cinq heures de Francfort-sur-le-Mein, dans les limites du diocèse de Mayence, Godefroid et Othon avaient une autre propriété que les monuments contemporains appellent indistinctement Ilbenstadt, Ilmstadt, ou Elstadt. Ils voulurent aussi en faire un monastère, et ils l'offrirent pareillement à Norbert, avec ses droits, ses dîmes, ses vignes, ses forêts, ses prairies et même son personnel.

Toutes ces fondations ne s'étaient pas faites sans difficulté. Dès qu'il avait eu connaissance du religieux dessein de Godefroid, Frédéric d'Arnsberg son beau-père, « en ennemi du Christ, plutôt qu'en véritable chrétien », dit le biographe, annonça tout haut l'intention bien arrêtée de l'entraver de tout son pouvoir. C'était, disait-il, une injustice : on enlevait la dot de sa fille. Jutta avait été circonvenue, et n'avait pu donner un libre consentement. De pareilles allégations ne reposaient sur aucun fondement sérieux; mais le beau-père n'en faisait que plus de bruit, pensant bien, par ses menaces, réussir à effrayer son gendre. Il se trompait et l'on entendit un jour l'intrépide comte Godefroid disant à un de ses familiers : « Peut-être a-t-il le dessein de m'emprisonner; mais « vous pouvez dire à notre Père Norbert que, si je suis incar- « céré, je le supplie de ne pas se donner la moindre peine « pour ma délivrance. Puissé-je mériter non seulement d'être « emprisonné, mais encore de mourir en prison pour la loi « de mon Dieu! »

Il n'y eut pas jusqu'aux vassaux et aux serviteurs de Godefroid qui ne crussent devoir lui faire des remontrances dépla- cées. « Il perd la tête, disaient-ils; où a-t-il pris l'idée de « suivre cet imposteur qui s'appelle Norbert? Comment « abandonner une situation si belle et si honorable, pour se « faire moine? » Godefroid écoutait en silence et répondait avec une douceur d'ange : « Si vous m'aimiez, vous seriez « heureux de me voir marcher droit à mon Dieu, éviter le « naufrage du monde, et me rapprocher de mon Créateur. « Que la terre est petite à qui la voit des cieux! »

Cependant c'était bien à Norbert que Frédéric en voulait surtout, à Norbert le *suborneur*. Vainement des prélats et d'autres personnages de haut rang, outrés des paroles arro- gantes de Frédéric, le menacèrent de la colère de Dieu; car le nom du vénérable Père Norbert était en grande estime parmi les populations des bords du Rhin ; et l'on n'y voyait pas d'un œil indifférent les outrages faits à l'homme de Dieu. Rien ni personne ne put calmer le comte d'Arnsberg. « Je « le ferai pendre avec son âne, répétait à qui voulait l'en- « tendre le farouche seigneur ; et l'on verra lequel des deux « pèse le plus. » Norbert n'était pas alors à Cappenberg ; on lui dépêcha des frères pour le prévenir des menaces du comte d'Arnsberg. Intrépide, après avoir puisé la force de la foi et de l'espérance en Celui qui a dit : «Ayez confiance, j'ai vaincu le monde » ; Norbert, à cette nouvelle, annonça publiquement son intention d'aller, avec son âne, se mettre à la portée de son ennemi. Le chemin était long ; mais il se hâta, et il arriva, faible et désarmé, sur les terres de Frédéric. Soudain, au milieu d'un repas, le persécuteur fut frappé d'un mal invisible ; comme Judas, il sentit ses entrailles se déchirer, et il expira dans d'inexprimables douleurs (1123 ou 1124). Lui mort, la paix fut rendue au monastère, et « le monde respira, quand il se vit délivré d'un semblable fléau ».

Voyant son œuvre ainsi affermie, par la mort de celui qui s'était fait son persécuteur, Godefroid put enfin mettre à exécution son vœu le plus cher. Norbert lui donna le vêtement de laine blanche, et l'admit au nombre de ses frères (1124). A partir de ce jour, le jeune seigneur ne permit plus qu'on l'appelât du nom de comte, ni que personne lui rendît aucun honneur particulier. « Non, disait-il, vous me contristez ; je suis votre serviteur à tous. » Ses délices étaient de remplir dans la maison les fonctions les plus communes. Il allait souvent à l'hospice qu'il avait bâti, et il y lavait lui-même les pieds des pauvres. Seule, évidemment, la religion de l'Evangile peut inspirer de semblables vertus. Ses mortifications étaient effrayantes. Il ne mangeait que du pain, et ne buvait habituellement que de l'eau, pour réparer ses forces affaiblies par un jeûne à peu près quotidien.

Norbert désirait posséder, à Prémontré même, ce riche trésor. Il lui manifesta donc son désir ; ce fut un ordre pour ce vrai fils d'obéissance. Tous les deux, Othon et lui, partirent gaiement pour Prémontré, le lieu vraiment *prémontré*, choisi et prédestiné, dit le biographe. C'était en 1125. Le jeune comte y reçut les ordres mineurs ; car Norbert voulait qu'il fût prêtre, et il fondait sur lui et son éloquence naturelle les plus riches espérances : « Lorsque fatigué, disait en souriant le saint fondateur, je serai contraint de m'arrêter dans le cours de mes prédications, j'ai mon fils Godefroid. Je le stimulerai à la façon des cerfs qui, quand ils sont poursuivis par les chasseurs, se font, paraît-il, remplacer par d'autres cerfs. »

Hélas ! cette espérance ne devait pas se réaliser. Ce que l'homme se propose reste toujours à la disposition de Dieu. Godefroid ne devint pas prêtre, lui qui paraissait si digne de cet honneur. Ses mains pures ne touchèrent jamais la Divine Victime ; mais il s'était offert lui-même à Dieu *comme une hostie vivante, sainte et agréable au Seigneur*. Après un an de séjour à Prémontré, Norbert, à peine archevêque de Magdebourg (1126), appela son cher fils Godefroid près de lui. Le comte de Cappenberg y accourut ; mais il s'y sentit bientôt mal à l'aise ; il y retrouvait forcément le bruit du siècle, avec les allées et venues nécessitées par une vaste administration. Lui qui regardait le silence du cloître comme un vrai paradis, et qui préférait le calme de sa bien-aimée solitude à tous les trésors, supplia son Père en Dieu de le laisser repartir pour Ilbenstadt. Ce qu'il fit aussitôt, après avoir reçu la bénédiction de Norbert.

Godefroid ne resta que quelques semaines dans le monastère qu'il avait fondé. La maladie de langueur qui l'avait atteint, alla s'aggravant, de jour en jour. Une autre maladie, dont il ne voulait pas guérir, usait activement, depuis longtemps, l'enveloppe mortelle du Bienheureux, celle que l'on pourrait appeler la nostalgie du ciel. Othon, son frère, et tous les religieux s'en attristaient ; lui, il se montrait constamment radieux. « Pourquoi donc, disait-il souvent, avons-« nous pris l'habit de la pénitence ? Pourquoi nous morti-« fions-nous journellement, sinon pour arriver le plus tôt « possible à jouir de Jésus-Christ ? » Il fut bientôt au comble de ses vœux. Le 13 janvier 1127, comme on pleurait près de son lit, il dit à son frère : « J'entends une voix qui répète : « Allez au-devant de lui. » Un instant après, il s'écria : « Soyez les bienvenus, messagers de mon Créateur. » Ce furent ici-bas ses dernières paroles. Les anges avaient emporté sa bienheureuse âme dans l'éternelle patrie. Il avait à peine trente ans.

Le B. Godefroid de Cappenberg est, sans contredit, l'une des plus idéales et des plus chevaleresques figures du xiiᵉ siècle, qui en produisit de si belles et de si pures. L'on ne saurait imaginer rien de plus grand, ni de plus élevé que ce comte d'un sang royal qui donne à Dieu, à Norbert et aux pauvres tout ce qu'il a ; qui se donne lui-même, qui se fait le plus petit d'entre les frères, qui aime à servir les indigents de ses propres mains, qui s'attriste quand on s'oublie jusqu'à montrer pour lui quelques égards, qui meurt enfin en souriant, ravi de quitter tout ce qui attache vulgairement à la terre, et qui s'en va dans les Cieux appelé par les Anges ses frères. Son existence terrestre fut de bien courte durée ; mais il est de ceux auxquels s'applique le mot des Saints Livres : *En peu d'années, il avait fourni une longue carrière.* (Sagesse, iv.)

CHAPITRE TREIZIÈME

Premiers développements de l'Ordre (1121-1124).

Cependant Norbert était rentré en France, précédé par la renommée des événements extraordinaires de la Westphalie; il n'était pas possible que le bruit de la conversion subite d'un comte aussi puissant restât enfermé dans les limites d'une seule province. Le uns murmuraient, les autres vantaient l'héroïque résolution des seigneurs de Cappenberg; comme toujours, chacun l'appréciait suivant ses dispositions personnelles. Quelqu'un qui en fut ravi, touché jusqu'au fond de l'âme, ce fut Thibaud, comte de Champagne. Or, il faut savoir que Thibaud était sans conteste l'un des princes les plus accomplis de son siècle, et le seigneur le plus puissant du royaume de France. « Thibaud, surnommé le Grand, était fils d'Estienne, comte de Champagne et de Blois, et d'Alix ou Adèle, fille de Guillaume le-Conquérant, roi d'Angleterre. Ce prince succéda aux Etats de son père en 1102. Il hérita, avec sa vertu et sa valeur, de biens immenses et d'autant de châteaux, dit Guibert de Nogent, qu'il y a de jours dans l'année. Cette abondance d'hommes et de biens ne servait qu'à le rendre plus humble et plus charitable. »

Sa loyauté était proverbiale. Saint Bernard lui écrivait, en 1128 : « Quand il s'agit du comte Thibaud, un mot de lui « vaut pour nous un serment : le plus léger mensonge dans « sa bouche nous paraîtrait un énorme parjure ; car de toutes « les qualités qui ajoutent à l'éclat de votre rang et rendent « votre nom célèbre dans tout l'univers, celle qu'on aime le « plus à citer, c'est votre amour de la vérité. »

Le puissant seigneur quitta sa résidence de Château-Thierry, sur les bords de la Marne, et vint à Prémontré trouver l'illustre fondateur, et lui ouvrir son âme, avec ses nobles aspirations pour le service et l'honneur de Dieu. Selon l'abbé d'Estival, cette démarche eut lieu dès l'année 1122. Mais, ô voies admirables de la Providence ! Thibaud n'était venu chercher que des conseils et de paternels avis pour la direction de sa conduite, et voilà que, « considérant l'éloquence de l'homme de Dieu, la grâce de ses traits et la maturité de ses paroles, il s'éprend tellement de lui et de son œuvre que, séance tenante, il s'offre tout entier à Norbert avec toutes ses possessions. »

Une pareille démarche devait naturellement sourire au fondateur d'un Institut qui ne datait que de deux à trois ans, et qui devait avoir besoin de protecteurs. Tout autre, plus intéressé ou moins éclairé que Norbert, eût écouté avec complaisance une semblable proposition ; mais, sans l'accepter ni la rejeter, Norbert demanda quelques jours pour consulter le Seigneur sur ce projet. Nous voici loin, bien loin des captations habiles dont certains historiens se plaisent à déshonorer la mémoire des saints fondateurs d'Ordre.

Saint Norbert avait compris, en effet, que l'organisation des nombreux châteaux de Thibaud ne pouvait point si aisément être supprimée : c'eût été amoindrir le royaume de France lui-même, c'eût été jeter le trouble dans la hiérarchie féodale des nombreux vassaux du comte. Il savait de plus la religion, la charité, la sagesse de Thibaud. Ne serait-ce pas aller à l'encontre des desseins du Très-Haut que de lancer dans un autre genre de vie un prince que Dieu semblait avoir prédestiné au bonheur de plusieurs provinces ?

Cependant Thibaud attendait toujours la réponse du Saint. Le ciel avait parlé à l'âme de Norbert : « Vous ne serez pas
« religieux, seigneur, dit-il, au comte de Champagne ; non,
« vous porterez le joug de J.-C. comme vous l'avez fait
« jusqu'à ce jour, en y ajoutant celui de la société conjugale.
« Dieu nous garde de contrarier les vues que l'économie
« de la Providence divine a éternellement eues sur vous ! »
« — Si c'est la volonté de Dieu, ô mon Maître, répondit le
« prince, il ne m'appartient pas d'y contredire ; mais sachez-
« le bien, Père vénéré, je n'épouserai point d'autre femme
« que celle qui m'aura été choisie par vous. »

Cette généreuse démarche du comte de Champagne et le refus de Norbert étaient, dans les éternels desseins de Dieu, l'occasion qui devait amener la fondation du Tiers-Ordre de Prémontré. Après avoir institué ses premiers monastères d'hommes et de femmes, plus d'une fois sans doute le vénérable Patriarche s'était demandé s'il ne pourrait pas ouvrir les portes de son Institut, même aux personnes du siècle. Condamnées par leur âge, par leur santé, par la faiblesse de leur volonté, à demeurer au milieu du monde, ne pourraient-elles pas voir le cloître venir à elles et leur accorder quelques-uns de ses avantages spirituels? N'était-il pas possible d'établir une nouvelle société qui ne serait ni le monde, ni le monastère, un troisième Ordre de Prémontré, portant, sous un habit laïque, une âme vraiment religieuse? Saint Norbert avait dû se poser cette question; mais jusqu'ici, rien n'était venu encore lui apporter de réponse.

Thibaud, voulant rester uni de cœur à Norbert et à ses disciples, lui demanda, avant de le quitter, une règle de vie chrétienne. C'est alors que le Saint lui traça un règlement, avec des pratiques assez faciles pour pouvoir être suivies dans le monde, et assez précises cependant pour devenir aux âmes de bonne volonté un chemin sûr et un rempart contre les écueils du siècle. Outre ces précautions toutes morales, il convenait de donner au nouveau frère un signe extérieur de son agrégation à l'Ordre. Saint Norbert revêtit solennellement Thibaud d'un petit scapulaire de laine blanche; et, à partir de ce jour, le comte le porta comme emblème de son attachement à la famille Norbertine. Au milieu de sa brillante cour, on le vit dès lors se contenter de vêtements simples et modestes, et s'astreindre à un genre de vie fort au-dessus du niveau vulgaire des meilleurs laïques de son entourage.

Thibaud devint l'un des amis les plus dévoués de Norbert, comme il l'était déjà de saint Bernard. Il ne cessa plus de prendre ses conseils; dans les circonstances difficiles de son administration, il tournait toujours ses regards du côté de celui que Dieu lui avait donné pour guide. « Combien seraient heureux les empires, dirons-nous avec Illana, si chaque prince savait s'entourer de confidents tels que ces deux héros! »

Grâce à la généreuse piété du comte de Champagne, le Tiers-Ordre de Saint-Norbert était donc institué; c'était comme le troisième rameau d'un seul arbre, destiné à abriter tout à la fois les religieux dans leur cloître, et les hommes et les femmes vivant au milieu du monde. Par l'institution des chanoines réguliers de Prémontré, Norbert avait allumé, au sein de l'Église catholique, un foyer de prière ininterrompue et de perpétuel apostolat; par la fondation des *moniales* ou religieuses Norbertines, il avait ouvert à de faibles femmes la carrière du dévouement et du sacrifice; par la création du Tiers-Ordre, il venait d'introduire la vie religieuse jusqu'au foyer de la famille et parmi le tourbillon des affaires séculières.

Thibaud avait été le premier Tertiaire de l'ordre fondé par saint Norbert; il ne tarda pas à avoir des imitateurs. Les comtes de Brienne, fondateurs de l'abbaye norbertine de Basse-Fontaine, au diocèse de Troyes, se firent remarquer parmi les disciples que l'esprit du vénérable Patriarche se suscitait au milieu du monde. « En voyant, dit un ancien auteur, leur exacte fidélité à suivre la Règle tracée par le bienheureux Norbert, tous pouvaient juger que ces princes ne portaient pas en vain le scapulaire blanc; l'intégrité de leur vie et la pureté de leurs mœurs ne vinrent jamais démentir les couleurs de leur habit. » Bientôt ce fut la France tout entière et l'Europe qui fournirent des Tertiaires à la famille de Norbert. Chacun des monastères de l'Ordre eut son livre couvert des noms de frères et de sœurs *ad succurrendum,* qui, selon le Paige et plusieurs écrivains de l'Ordre, n'étaient autres que des Tertiaires. « Rois, princes, ducs, comtes, seigneurs et vassaux, dit Le Paige, venaient demander à quelqu'abbaye de Prémontrés les blanches livrées de saint Norbert et les règles données par lui aux hommes du monde. » Nous avons retrouvé le souvenir d'un grand nombre de ces frères et sœurs auxiliaires, dans le Nécrologe de Floreffe et dans l'*Obituarium* manuscrit de Silly, abbaye norbertine du diocèse de Séez. Les Nécrologes de tous nos autres monastères nous fourniraient certainement de semblables indications.

Selon la gracieuse image du moine Hermann, l'abeille, après avoir fait son miel, s'envole et va butiner vers d'autres lieux, où elle se bâtira une nouvelle ruche. Ainsi faisait Norbert avec ses premiers disciples. On se rappelle la collégiale de Saint-Martin située dans le faubourg de Laon, et la tentative infructueuse de Barthélemy et de Norbert pour en réformer les chanoines (1119). Depuis lors, les choses étaient allées de mal en pis. Soit négligence de leur part, soit punition divine, leur situation matérielle et financière était déplorable. La discipline canonique avait disparu ; plus de vocations, pour ce monastère d'où l'esprit religieux s'était retiré. Emu de ce triste état de choses, l'évêque Barthélemy, après avoir consulté son conseil, résolut d'en finir. Il s'adressa à son ami, le fondateur de Prémontré. Norbert avait toujours la même répugnance pour le voisinage des villes: Malgré sa déférence pour les pensées du prélat, il hésitait à accepter cette proposition.

Enfin, en 1124, Norbert ayant donné sa parole, Barthélemy rédigea et signa la charte de fondation de l'abbaye de Saint-Martin : « Au nom de la Sainte et Indivisible Trinité. Barthélemy, par la grâce de Dieu, indigne serviteur de l'église de Laon... Touché de l'abaissement et de la décadence de ce monastère, nous avons pris la détermination de le confier au soin et au gouvernement du frère Norbert, qui avait établi dans la forêt de Voas, à Prémontré, la vie érémitique sous la profession canonique, avec une grande multitude de serviteurs de Dieu. Lorsqu'il se fut rendu à nos prières, il fut réglé que cette église resterait sous notre juridiction et celle de nos successeurs. Les frères qui, attirés par une pieuse dévotion, s'y réuniront pour le salut de leurs âmes, vivront canoniquement, sous l'autorité de l'abbé qu'ils auront élu, selon la règle du bienheureux Augustin et les institutions du monastère de Prémontré. Si l'abbé de Saint-Martin venait à manquer à ses devoirs, et que, cité par l'évêque de Laon et l'abbé de Prémontré en présence de l'église de Laon, il s'obstine dans ses écarts, on convoquera les abbés du même Institut en Chapitre général à Prémontré, et tous ensemble discuteront sa conduite et la jugeront. S'il est incorrigible, ils le déposeront conformément aux prescriptions de leur religion ; et ils éliront un autre abbé capable, qui sera béni et installé par l'évêque de Laon. » On remarque parmi les sceaux apposés à cette charte, celui de l'archidiacre Raoul, écolâtre de Laon, de Sifroid, l'abbé de Saint-Vincent, de Nicolas, abbé de Saint-Nicolas-aux-Bois, de Rainald, abbé de Foigny, et surtout de Bernard, l'illustre abbé de Clairvaux. Le sceau de saint Bernard, placé à la suite de celui de Barthélemy et des autres témoins, prouve à la fois que le Saint était alors à Laon, et qu'il approuvait sans arrière-pensée cette sage mesure. Il pourra écrire un jour à Hugues, abbé de Prémontré: « Je vous ai toujours aimés; j'ai constamment favorisé et développé votre Ordre, dans la mesure de mon pouvoir. »

Le 28 juin 1124, la sixième année du pontificat de Calixte II, les cardinaux Pierre de Léon et Grégoire de Saint-Ange, légats du Saint-Siège, tenaient leur cour à Noyon, dans la Picardie. Un homme, déjà célèbre par ses prédications et ses miracles, vint humblement se prosterner devant eux et implorer de leur bienveillance une faveur impatiemment attendue. L'évêque diocésain, Barthélemy de Vir, avait provoqué, béni, doté la fondation de Prémontré. D'autres évêques appelaient instamment Norbert et ses disciples dans leurs diocèses; mais Norbert, car c'était lui-même, savait que toute œuvre, qui prétend avoir de l'avenir dans l'Eglise universelle, doit recevoir la sanction suprême du Pasteur des pasteurs; aussi venait-il, bien qu'aucune loi canonique ne l'y obligeât alors, les conjurer de confirmer, au nom du Souverain-Pontife, la jeune congrégation qui avait pris naissance à Prémontré.

Voici quelle fut la réponse des deux représentants du Chef de l'Eglise : « Pierre de Léon, prêtre, et Grégoire de Saint-« Ange, diacre, par la grâce de Dieu, cardinaux et légats du « Saint-Siège apostolique, à notre vénérable frère Norbert et «.à tous les frères qui professent sous lui la vie canonique, « salut et bénédiction. Nous rendons grâces à Dieu, dont la « miséricorde vaut mieux que toutes les vies, de ce qu'il vous « a inspiré le dessein de renouveler la louable vie des saints « Pères, et l'institut établi par la doctrine des Apôtres, lequel « florissait au commencement de l'Église, mais qui fut « presque aboli dans les siècles suivants. Car il y eut, dès « l'origine de la sainte Eglise, deux genres de vie pratiqués « par les fidèles : l'un pour les faibles et l'autre pour les âmes « fortes; l'un qui demeure dans la petite ville de Ségor, « l'autre qui s'élève sur le sommet des montagnes; l'un qui « rachète ses péchés quotidiens par les larmes et les aumônes, « l'autre qui, par l'exercice continuel des vertus, travaille à « l'acquisition des mérites éternels; l'un engagé aux affaires

« terrestres, l'autre élevé au-dessus du siècle, et dégagé de ses
« biens qu'il méprise.

« Or, celui qui par sa ferveur s'est débarrassé des choses
« mondaines, se partage en deux branches et en deux états
« qui n'ont presque qu'un même esprit : le premier est celui
« des chanoines, et le second celui des moines. Ce dernier,
« par la miséricorde du Très-Haut, n'a pas cessé de briller
« au sein de l'Eglise ; mais le premier qui avait été presque
« éteint par le relâchement, a, grâce à Dieu, recommencé de
« nos jours à prendre de l'éclat. Le saint martyr et pontife
« Urbain l'avait établi ; saint Augustin lui donna des Règles ;
« saint Jérôme le réforma par ses lettres. C'est pourquoi
« l'on ne doit pas moins estimer le rétablissement de cette
« vie apostolique, si connue dans la primitive Eglise, que la
« conservation de la vie monastique entretenue par l'Esprit-
« Saint dans sa splendeur.

« Nous approuvons donc, par l'autorité du Siège apos-
« tolique dont nous sommes les légats, l'institution que vous
« professez ; nous vous exhortons et nous vous prions, au
« nom de Dieu, d'y persévérer. Nous accordons à tous ceux
« qui dans vos monastères professent la vie canoniale, et qui,
« Dieu aidant, y restent fidèles, la bénédiction des apôtres
« Pierre et Paul, et l'absolution de leurs péchés. Défendant
« que personne ose entreprendre de changer l'état de votre
« Ordre, dont tant de contrées reçoivent les fruits abondants,
« afin qu'un plus grand nombre soient pénétrés de la douce
« saveur de vos vertus. Nous ordonnons aux religieux d'être
« stables dans l'état qu'ils ont embrassé ; et de ne point, par
« un esprit de légèreté, et même sous prétexte d'une religion
« plus austère, passer de votre Ordre dans un autre, sans l'as-
« sentiment de l'abbé et de toute la communauté. Et s'ils
« viennent à sortir, nous interdisons aux abbés, aux évêques
« et aux moines de les admettre, sans une attestation de ce
« consentement unanime.

« Vous donc, très chers fils en Jésus-Christ, remplissez
« avec un courage et un zèle nouveau ce que vous avez pro-
« mis au Seigneur. Que votre lumière luise aux yeux des
« hommes, pour que voyant vos bonnes œuvres, ils rendent
« gloire à votre Père qui est dans les Cieux. C'est au nom de
« ce Père, de son Fils et du Saint-Esprit que nous confir-

« mons votre Institut, pour qu'il soit ferme à jamais! Si quel-
« qu'un voulait porter atteinte à cette ordonnance, et que,
« après avoir été averti deux ou trois fois, il ne donnât pas
« satisfaction, il encourrait les peines canoniques.

« Pierre, cardinal-prêtre et légat du Saint-Siège ; Grégoire
« de Saint-Ange, cardinal-diacre et légat du Saint-Siège.
« Ecrit à Noyon le 4 des Calendes de juillet, l'année de
« l'Incarnation de Notre-Seigneur 1124, et la sixième du
« pontificat du seigneur Calixte second. »

CHAPITRE QUATORZIÈME

L'Apôtre d'Anvers (1123-1124).

Ceux-là se font une fausse idée du mouvement de la pensée humaine, dans l'Europe chrétienne du xiie siècle, qui se la représentent atrophiée, enchaînée, inerte, courbée misérablement sous le joug d'une foi aveugle et fanatique. Pour nous rappeler la féconde activité des intelligences qui se meuvent, durant cette période, dans l'orbite de l'Eglise catholique, qu'il nous suffise de nommer les deux génies qui s'appelèrent saint Anselme de Cantorbéry et saint Bernard, le glorieux abbé de Clairvaux.

D'un autre côté, jamais peut-être plus de sectes hérétiques ne s'agitèrent en dehors de la vérité révélée. C'est l'époque des bruyantes discussions philosophiques et théologiques du rationaliste Abélard. Les Cathares, les Pétrobrusiens, les Henriciens, les Arnoldistes, les Vaudois prêchaient des doctrines diverses, mais qui avaient pour objectif commun de substituer la pensée humaine, la pensée subjective à l'enseignement officiel de l'Eglise. Tous ils niaient la hiérarchie du sacerdoce chrétien, et répudiaient l'efficacité des sacrements.

L'un des plus radicaux, parmi ces prédicants fanatiques, fut Tanchelin ou Tanchelme, qui troubla, pendant plusieurs années, les Pays-Bas. Sorti des îles de la Zélande, Tanchelin, en habit laïque, répandit ses doctrines antichrétiennes et antisociales, d'abord à Anvers et dans les Flandres, jusqu'en 1109. Elargissant son cercle d'action, il descendit dans la Morinie, et alla jusqu'à Rome, en 1112, revint par Cologne, où il fut mis en prison; mais il parvint, on ne sait comment, à s'évader. Nous le retrouvons, en 1113, à Bruges, d'où le clergé et le peuple le chassèrent. En 1115, il se fit pareillement expulser du pays de Louvain, par Godefroid duc de Lorraine. Il avait, dit le Chroniqueur qui rapporte ce fait, régné longtemps sur Anvers et sur Louvain. Enfin sonna l'heure de la justice divine : Tanchelin faisait une excursion sur l'Escaut; un prêtre, poussé par un zèle indiscret, se précipita sur lui et lui fendit le crâne. Ainsi finit l'homme qui avait proféré tant de blasphèmes et commis tant de meurtres.

De tous les monuments contemporains, c'est la lettre du clergé d'Utrecht à Frédéric, archevêque de Cologne, écrite vers 1113, qui trace le plus saisissant tableau des erreurs de cet hérésiarque : « Le Pape n'est rien, disait le novateur orgueilleux; les évêques et les archevêques, rien; les prêtres et les clercs, rien; l'Eglise, c'est moi et les miens. » Les sacrements et surtout l'adorable Eucharistie, n'étaient pour lui que des choses profanes et souillées; ce qui devait faire la valeur du sacrement, c'était la sainteté du ministre. Plus de dîmes aux ministres de l'Eglise. Puis, montant au paroxysme du blasphème, il se proclamait Dieu, égal à Jésus-Christ, il se faisait rendre les honneurs réservés à la divinité. Un jour, il se fit apporter une image de la Vierge Marie, et feignit de contracter, devant la foule, un mariage symbolique avec elle. Et tout un peuple fanatisé remplit de riches cadeaux de noces des bourses préparées à cet effet.

Il y avait environ huit ans que l'auteur principal de tant de monstrueuses erreurs était mort; mais sa doctrine immorale avait survécu, et la ville d'Anvers était devenue comme le boulevard de son hérésie. Anvers était dès lors une vaste cité très peuplée. Située sur les bords de l'Escaut, elle était l'entrepôt des provinces du Nord, et son commerce était déjà florissant. Les vaisseaux encombraient le port, d'où partaient pour les contrées les plus lointaines les produits des manufactures flamandes et brabançonnes. Mais pourquoi vanter ici ces avantages terrestres? Anvers était, depuis près de quinze ans, la ville la plus pauvre et la plus éprouvée qui pût être au monde : elle avait perdu le double trésor de la foi et de la vertu. Pour comble de malheur, il n'y avait plus qu'un prêtre dans la ville, à s'occuper du ministère spirituel. Que pouvait un seul prêtre au milieu d'une population si nombreuse? Et encore, il était sans zèle, et nul n'avait confiance en son minis-

NORBERT PRÊCHANT A ANVERS (1124)

tère; car on savait qu'il entretenait des rapports incestueux. Pouvait-il corriger dans les autres des désordres qu'autorisait sa propre conduite?

Burchard se souvint alors de Norbert, son ami, qui, depuis trois ans, remplissait le Laonnais, le Brabant, la Westphalie de l'éclat de sa prédication apostolique. Il se hâta d'exprimer son désir au prévôt d'Anvers. Le chapitre et les quelques fidèles qui étaient restés dans la ville, furent consultés. A l'unanimité, le nom de Norbert fut acclamé comme celui d'un sauveur. Norbert seul pourrait ramener ces insensés à la raison. Une députation fut sans retard envoyée au saint Patriarche. L'homme de Dieu acquiesça à la demande qui lui était faite; et, conduit par l'Esprit du Seigneur, il partit pour Anvers avec douze de ses disciples les plus zélés et les plus savants, tous élèves de l'université de Paris et de celle de Laon, dit le P. Hugo. Evermode et Waltmann étaient les premiers, parmi ces hommes apostoliques.

Arrivés à Anvers, les apôtres se mettent à l'œuvre et commencent à établir, par l'autorité de la parole divine et de la tradition chrétienne, la croyance catholique. La *Vie* contemporaine ne nous dit qu'un mot de la prédication du Saint, dans la nouvelle Ninive; mais ce mot est significatif. C'est un précieux fragment, peut-être l'exorde de quelqu'un de ses discours à un peuple égaré : « O mes frères, n'ayez aucune crainte, disait l'apôtre du Christ; je le sais parfaitement : c'est par ignorance et sans malice, que vous vous êtes attachés au mensonge, croyant qu'il était la vérité. Si l'on vous eût tout d'abord annoncé la vérité, vous l'eussiez accueillie avec bonheur. Vous vous êtes laissés facilement égarer; plus facilement encore, je l'espère, vous vous laisserez sauver par nous. »

Sa confiance ne fut pas trompée. Le peuple d'Anvers avait pu apprécier la différence de l'enseignement des sectaires et de la prédication de Norbert. Tanchelin s'appuyait sur le mensonge, la violence, le vice, Norbert fait appel à tout ce qu'il y a d'élevé dans l'âme humaine; il se présente au nom de Dieu, et il justifie sa mission par la sainteté d'une vie irréprochable. C'est la vertu qui prêche la vérité.

Le peuple d'Anvers reconnut aisément où était la vérité; et il secoua ses chaînes, pour retrouver la liberté des enfants de Dieu. Hommes et femmes, après avoir purifié leurs âmes, rapportèrent aux missionnaires les Saintes-Espèces que, depuis dix ou quinze ans et plus, ils tenaient cachées, par mépris et par incrédulité, dans des trous ou dans des coffres. En quelques semaines, la ville se trouva transformée ; la piété, la religion, la moralité, toutes les vertus chrétiennes commencèrent à refleurir. La parole d'un homme avait fait ce miracle : la parole d'un homme fécondée par la grâce toute-puissante du Très-Haut.

L'enthousiasme était universel dans la ville ; il semblait à tous que l'on se réveillait d'un mauvais rêve ; et le nom de Norbert était sur toutes les lèvres. L'on eût voulu l'attacher à Anvers, Norbert s'y refusa ; mais il dut accepter une merveilleuse proposition qui lui était faite. Le prévôt et les chanoines de Saint-Michel, désireux d'avoir parmi eux une maison de l'Ordre fondé par le saint Prédicateur, vinrent lui offrir leur église. Le pieux Fondateur fit des objections. C'était son dessein bien arrêté de tenir ses disciples éloignés du tumulte des villes. Cependant Norbert finit par céder. La charte de donation est de 1124. Le prévôt et ses chanoines donnent « au seigneur Norbert, homme d'une religion éminente », l'église de Saint-Michel, avec les chapelles fondées dans son cimetière, trois courtils et un arpent de terre adjacent à ce cimetière. De plus, ils lui abandonnent quatre de leurs prébendes. « Nous savons parfaitement, continue le Diplôme, que, si nous leur donnons quelques bienfaits temporels, ils nous enrichiront, eux, du secours de leurs prières et des biens spirituels. » De douze chanoines, ils se réduisent à huit ; et se sont ainsi transportés dans l'église de Notre-Dame. Ils accordent aux disciples de Norbert le droit de baptiser, à Pâques et à la Pentecôte ; de visiter, de communier et d'administrer les malades, d'entendre les confessions, d'inhumer les morts, quand ils en seront requis, en un mot, de remplir toutes les fonctions, cléricales et pastorales. Il n'y avait alors qu'une paroisse pour toute la ville d'Anvers. A partir de 1124, les chanoines de Notre-Dame partagèrent, avec les Prémontrés de Saint-Michel, le soin spirituel de la cité ; et ensemble ils portèrent le poids du jour et de la chaleur, jusqu'à la création des nouveaux groupes paroissiaux. « Une alliance inviolable régnera entre les deux églises ; et,

SAINT NORBERT, L'APOTRE D'ANVERS

en signe de fraternelle amitié, elles prieront à perpétuité l'une pour l'autre. » Suivent les signatures d'Hildolphe, qui se nomme maintenant *prévôt de Sainte-Marie*. La dernière signature est celle d'Hilduin, curé, le même sans doute dont la conduite scandaleuse avait paralysé le ministère en ces dernières années. Heureux, dit le P. Papebrock, si, à la prédication de saint Norbert, il déplora ses désordres, et s'il sut les faire oublier par une pénitence édifiante! Huit chanoines seulement signèrent; les quatre autres, dont les prébendes avaient été cédées aux Prémontrés, s'étaient faits eux-mêmes disciples du saint Apôtre.

L'on conserva jusqu'à la Révolution, dans l'abbaye de Saint-Michel, deux tableaux, dus au pinceau de Rubens, qui reproduisaient le Triomphe de saint Norbert. Le saint fondateur de Prémontré est ordinairement représenté par les peintres et les sculpteurs avec un double attribut : dans la main gauche une croix archiépiscopale; la main droite soutient un ostensoir, sur lequel le Saint a les yeux amoureusement fixés; on dirait qu'il invite les fidèles à vénérer l'adorable Sacrement de l'autel. Sous ses pieds est un hérésiarque qui se tord de désespoir : c'est Tanchelin terrassé par l'Apôtre d'Anvers. Saint Norbert est au premier rang parmi les Saints que l'on peut nommer Eucharistiques.

CHAPITRE QUINZIÈME

Le Thaumaturge (1125).

Après sa grande et triomphale mission d'Anvers, Norbert se trouva dans le plein rayonnement de sa gloire, s'il est permis de parler de gloire humaine, quand il s'agit d'un Saint. Il n'était bruit, dans l'Europe chrétienne, que « du seigneur Norbert, l'homme vénérable, le pieux instituteur de l'Ordre de Prémontré, selon la Règle du Bienheureux Augustin. On racontait que, conduit par l'Esprit divin, il était venu au bourg d'Anvers. Jetant le filet de la parole de Dieu, il avait ramené au rivage de la saine foi un grand nombre d'hommes engloutis dans les flots de l'infidélité. En quittant la ville, il y avait laissé plusieurs disciples de la congrégation fondée par lui. »

Pour lui, peu soucieux du bruit qui pouvait se faire autour de son nom, il n'eut alors qu'une seule préoccupation, celle de revoir sa chère famille de Prémontré. Il salua en passant le monastère de Cappenberg, peut-être celui de Floreffe, et rentra au plus vite dans la maison de sa pauvreté. Le saint Fondateur la retrouvait de tout point florissante. De nouvelles donations lui avaient été faites. Toutes les âmes étaient remplies de ferveur. Norbert bénit Dieu de cette situation prospère, et il se promit de jouir, le plus longtemps possible, de la vue et de la société de ses fils spirituels.

Les jours de saint Norbert à Prémontré n'étaient pas des jours de repos ; sa vie y était une occupation ininterrompue. Les nuits même étaient souvent aussi laborieuses que les jours ; car le saint Fondateur voulait surveiller toutes les parties de l'administration temporelle et spirituelle.

Une nuit donc, Norbert était en oraison dans le pauvre oratoire qui avait servi de temple à la Communauté de Prémontré, jusqu'à la construction de l'église. La nuit était avancée; Norbert se leva, pour se retirer et donner à ses membres fatigués quelques instants de repos. Tout à coup, il aperçoit devant lui un ours aux griffes et aux dents effrayantes Son premier mouvement est celui de la peur; mais il reprend vite ses sens. Et, se rappelant que l'oratoire est bien fermé, et qu'il n'a entendu aucun bruit indiquant l'entrée de l'animal, il reconnaît qu'il est en face d'un nouveau piège de Satan. Après une courte prière et un signe de Croix plein de piété : « Que prétends-tu, bête cruelle, dit-il « au démon? Eloigne-toi sans retard, au nom de Jésus-Christ. « Tu le sais bien, tu ne peux nuire qu'avec la permission « d'en-Haut, et seulement à ceux qui, à cause de leurs « péchés, sont soumis à ton pouvoir. » Et le démon disparut, comme les ténèbres devant le soleil.

Il ne paraîtra pas incroyable que les animaux sauvages de cette vallée bénie consentissent à obéir à un homme qui, d'un mot, mettait en fuite les esprits infernaux.

Un petit pâtre gardait le troupeau du monastère. N'ayant pas de chiens, il demandait ce qu'il devrait faire, si quelque loup venait pour enlever une brebis. On lui répondit en riant : « Tu le lui défendras de la part de ton maître Norbert. » L'avis était bon; et l'enfant sut s'en souvenir. Peu de jours après, voici qu'un loup accourt de la forêt, enlève une brebis du troupeau et prend la fuite. Et aussitôt le berger : « Voleur, voleur! c'est le troupeau de Norbert; je t'ordonne « en son nom, de lâcher ta proie. » Soudain le loup s'arrête, dépose la brebis, et l'enfant la rapporte tout joyeux sur ses épaules.

La vallée de Prémontré ressemblait à un paradis terrestre, et l'on y voyait rendu à ses habitants l'empire qu'exerçait Adam innocent sur tous les animaux de la création. Une autre fois, un frère clerc fut envoyé aux champs pour garder les bestiaux de la communauté. Or voici qu'un loup s'adjoignit à lui comme sous-gardien, pendant la journée entière. C'était merveille de voir le frère loup surveiller la marche du troupeau, presser le pas des bêtes paresseuses ou distraites, et courir en éclaireur tout autour du champ. Le soir venu, le frère reconduisit ses bestiaux à l'étable, et le loup l'aidait à faire entrer le troupeau. La besogne faite, le frère

Prévoyant tout le ravage que l'Ordre de Prémontré causera à son empire, le démon s'acharne contre lui par toute sorte de prestiges. Il apparaît, pendant la nuit, sous la forme d'un ours horrible, à saint Norbert qui en triomphe par sa confiance en Dieu.

ferme la porte ; mais le loup ne l'entend pas ainsi ; il se met à gratter à la porte ; on eût dit qu'il réclamait le prix de sa journée. Le Saint entendit ce bruit : « Eh ! pourquoi, dit-il, « ne pas ouvrir à ce voyageur qui demande l'hospitalité ? — « Père, ce n'est pas un voyageur, c'est un loup qui veut en- « trer, malgré nous. — Il ne vient pas sans motifs, répartit « Norbert. Qu'est-il advenu aujourd'hui dans ce troupeau ? » — On fait venir le frère berger qui raconte l'aventure. — « Voilà bien ce que j'avais vu, dit l'homme de Dieu ; ce loup « demande le prix de son travail. Qu'on lui donne à manger. « A tout ouvrier il faut sa nourriture. » Ainsi fit-on ; et l'animal repu s'en retourna content au sein de la forêt. Le loup apprivoisé revint encore, et mangea en compagnie du berger ; il venait lui prendre les morceaux dans la main.

« Eh quoi ! mes frères, disait Norbert à ce propos, l'animal « sans raison, la bête fauve dépose sa férocité et s'adoucit, à « la voix d'un homme. Et l'homme raisonnable ferme l'oreille « et refuse d'obéir à son Créateur ! » Gardons-nous de sou- rire à la lecture de ces poétiques fleurs de la vie de notre Saint. Les natures encore farouches du moyen âge avaient besoin de pareils enseignements bien faits pour adoucir les mœurs et apprivoiser les caractères.

Cependant des merveilles d'un autre ordre continuaient de développer et de propager l'œuvre de saint Norbert. L'auréole de la sainteté brillait de plus en plus autour de son front. En France, en Belgique, sur les bords du Rhin, il n'était bruit, nous l'avons observé, que de Norbert et du succès admirable de ses prédications. De tous côtés, l'on venait le solliciter d'accepter de nouvelles fondations. Et pourtant l'Institut était sévère : aucun avantage naturel ne pouvait attirer vers lui. Mais que dis-je ? Conformément à une loi morale que l'on constate dans l'histoire de toutes les associations religieuses, les austérités elles-mêmes devenaient l'attrait auquel les âmes fortes ne résistaient pas. Nous avons dans la lettre d'un chanoine régulier de Sainte-Barbe, au dio- cèse de Lisieux, écrite en 1145, un exemple remarquable du mouvement religieux qui se produisit à cette époque vers l'Ordre de Prémontré. Prévôt de son monastère, ce chanoine abdiqua sa dignité pour se retirer chez les Prémontrés d'un monastère, qui ne saurait être autre que celui d'Ardenne.

Voici ce qu'il écrivait à ses anciens confrères, restés ses amis, en vue de justifier sa démarche :

« Lorsque, conduit par le Seigneur, j'arrivai au lieu que
« j'habite maintenant, j'éprouvai, je l'avoue, une pénible im-
« pression. Rien dans le site, ni dans les constructions du
« monastère, qui pût charmer la vue. Rien dans la nourriture
« ou le vêtement des frères qui fût de nature à flatter les
« sens. Le régime y est austère ; on n'y voit que rarement du
« poisson ; de la viande ou de la graisse, jamais, si ce n'est
« en cas de maladie grave. Pendant la journée entière, ce sont
« des travaux de toute sorte, et avec cela, un jeûne presque
« continuel et un sommeil fort court. Le silence règne à peu
« près toujours au monastère. Suivant les saisons, on souffre
« de l'excès de chaleur, ou de l'excès de froid. Et, ce qui est
« plus dur que le reste, les robes des religieux, tout impré-
« gnées des sueurs du jour et de la nuit, ne cessent pas de
« fourmiller de vermine, si on n'a soin de les secouer fré-
« quemment ; ce qui ne se fait, selon l'usage, que le samedi.
« Mais je remarquai vite, parmi ces frères, un bien qui
« vaut mieux que tous les avantages matériels : une concorde
« et une tranquillité parfaite, l'entente la plus cordiale, cha-
« cun se supportant avec modestie, douceur et charité. Aux
« heures de l'office divin, tous étaient là, même ceux qui
« doivent s'occuper des affaires temporelles : et j'admirais
« leur piété et la gravité de leurs cérémonies. Leur vie me
« paraissait angélique ; ils me témoignaient tant d'égards, ils
« avaient pour moi des attentions si délicates, que je m'atta-
« chai à eux d'une affection étroite ; et je pensai sérieuse-
« ment à rester parmi eux, et, devenu pauvre, à y suivre le
« Christ pauvre. J'éprouvais une incomparable joie à la pen-
« sée que, désormais, je pourrais obéir à un autre, et qu'au
« lieu de rester exposé, au faîte des dignités, je me sauverais
« plus sûrement dans l'humble poste de l'obéissance. »

La Chronique de Vicoigne nous a également laissé un ravissant tableau de la vie claustrale du monastère, dans les premières années de sa fondation. « Vous eussiez dit que les frères étaient absolument morts au monde. Leur nourriture était si maigre, leurs vêtements si grossiers, qu'ils éprouvaient une sorte d'horreur pour les choses douces au goût ou molles au toucher. Si grande était l'austérité de leur ordinaire que, l'été, quand les légumes leur faisaient défaut, ils rapportaient à la maison de l'herbe des champs, qu'ils faisaient cuire avec des feuilles d'arbre pour leur repas. Cette cuisine était du goût des frères, car elle avait pour assaisonnement la fleur d'une parfaite charité. Ils portaient des habits tant de fois rapiécés qu'il était impossible d'y reconnaître l'étoffe primitive. Que dire de l'activité au travail et de l'assiduité à la prière? Ou ils étaient au labeur des champs, ou vous les trouviez à l'office divin. Même après leur travail, ils ne revenaient pas les mains vides; ils prenaient quelque charge de bois ou d'herbes, et rentraient au cloître en rang et en silence. »

Par ces exercices d'une perfection vraiment surhumaine, leur unique ambition était de plaire à Dieu; mais Dieu permit que les voisins riches et pauvres leur vouèrent une admiration et une affection sans pareille. Les Prémontrés de Vicoigne purgèrent la forêt des bandits qui la remplissaient. Des routes furent tracées par les soins de l'abbaye qui fut la bienfaitrice de tout ce pays. Aussi l'abbé Guarin était à ce point populaire que les parents tenaient à donner son nom à leurs enfants.

Les biens des églises et des monastères étaient le patrimoine le plus assuré des pauvres. Fille de la charité publique, la fortune monastique, après avoir nourri et entretenu les religieux, retournait en aumônes aux contrées voisines. On le vit bien à cette époque. Il serait difficile en effet de se faire une idée de la misère publique en ces temps-là. Plusieurs causes concouraient à la produire. Des brigands, sous le nom de chevaliers, dit la chronique d'Ursperg, ravageaient la Saxe et presque toute la Germanie. Ils envahissaient les fermes et les propriétés des églises; ils dépouillaient des colons désarmés. O infamie! ils forçaient des hommes, qui ne vivaient habituellement que de pain et d'eau, à leur servir des repas somptueux. Ce n'était partout que pillage et incendies : et l'on vit bientôt les denrées augmenter de prix et même faire défaut.

Ajoutez à ces discordes civiles une famine affreuse qui fut le résultat de l'inclémence des saisons. De 1124 à 1125, l'hiver fut épouvantablement affreux : des montagnes de neige couvraient la terre. La glace était si épaisse qu'elle pouvait porter les voitures les plus fortement chargées. Vint ensuite un printemps plein d'orages et de tempêtes. Le résultat de ces intempéries fut la famine la plus horrible, qui étendit ses ravages dans toute la France, jusqu'en 1126. Les décès ne se comptaient presque plus parmi le peuple. Dans certaines provinces, le fléau enleva un tiers de la population.

Mais un autre fléau répandit bientôt la terreur; la peste s'abattit sur l'Europe Occidentale, et y fit tant de victimes, raconte le chroniqueur terrifié, qu'en beaucoup de contrées les vivants suffisaient à peine à ensevelir les cadavres des morts. Renfermées dans d'étroites demeures, et à peine soucieuses des règles les plus élémentaires de la salubrité, les populations ne savaient comment se défendre contre l'épidémie qui semait partout la mort. On avait bien les moyens spirituels de guérison, processions, pèlerinages, attouchements de reliques saintes; mais l'ignorance des médecins de ce temps-là ne pouvait rien pour arrêter la marche du terrible ennemi, qui ne disparaissait qu'usé par sa propre violence et rassasié de victimes.

L'Ordre naissant de Prémontré ne faillit pas à sa mission dans ces temps difficiles; chacun de ses monastères devint comme le foyer d'une charité merveilleuse, d'où découlaient tous les jours d'inépuisables bienfaits sur les populations voisines. Etant à Cappenberg (1124), Norbert avait prédit que la cruelle famine sévirait en Westphalie, et que les frères du monastère n'en seraient pas à l'abri. Le fléau ne tarda pas à s'y faire sentir. Beaucoup mouraient de faim dans la contrée. Les religieux se privèrent pour les nécessiteux, et ils ne prenaient leur repas qu'après avoir donné le nécessaire aux hôtes et aux indigents. Un jour, l'heure du repas conventuel avait sonné. Pas un morceau de pain dans le monastère. Le Saint rassure ses enfants. On prie, et voici que soudain arrivent des vivres envoyés par de pieux voisins et amis de la communauté. A partir de ce jour, les religieux ne manquèrent jamais ni pour eux, ni pour les étrangers.

Le monastère de Prémontré se chargea, pendant cette disette, de la nourriture de cinq cents pauvres. Les indigents étaient devenus les membres de la famille : et l'on y fit, tant que dura la misère publique, des provisions pour les nécessiteux de tout le voisinage, en même temps que pour les frères de l'abbaye.

Nous savons, par un autre témoignage que, avant de quitter son monastère d'Anvers, et de dire adieu aux frères qui l'habitaient, le Saint détermina une somme d'argent destinée à nourrir cent vingt pauvres à perpétuité.

Ne nous étonnons pas de ces royales libéralités des fils de saint Norbert. Près de l'autel du Seigneur, ils étaient à l'école de la charité. Et ils se rappelaient la douce parole du divin Maître : *Ce que vous aurez fait à l'un de mes frères les plus petits, c'est à moi-même que vous l'aurez fait*. Il n'y a que la foi qui puisse expliquer la charité. C'est un Dieu qui l'a révélée au monde ; éternellement elle restera divine.

CHAPITRE SEIZIÈME

Voyage de Rome (1125-1126).

Nous avons constaté, à plusieurs reprises, l'admiration des autorités ecclésiastiques et l'enthousiasme des populations pour la personne et pour l'œuvre de saint Norbert. Il ne faudrait pas supposer toutefois que ce fût un concert unanime, et que les jalousies, les critiques et les contradictions aient manqué à l'Ordre naissant. Tous les Saints, tous les réformateurs spécialement, ont été contredits : Norbert devait l'être. L'histoire nous en a conservé plusieurs spécimens curieux, qui nous font connaître les divers courants d'opinion, sur l'illustre Patriarche et l'Institut dont il avait enrichi l'Eglise.

Ce que Rupert, Hugues Métel, Hugues Farsit, Gauthier de Maguelonne et d'autres écrivirent, quelques années plus tard, devait se dire déjà, en 1125, et dans les monastères, et au palais des évêques, et peut-être aussi dans les manoirs des seigneurs, moins sans doute dans l'humble demeure des serfs ; car le peuple, plus simple et plus droit, juge souvent les hommes et les choses avec plus de vérité et d'impartialité. Bref, Norbert tenait à avoir la solennelle approbation du Souverain-Pontife en personne, et pour fermer la bouche aux malveillants, et pour assurer le courage de ceux de ses disciples qui auraient pu se laisser influencer par les langues méchantes. Il n'y avait alors aucune loi ecclésiastique qui l'obligeât à faire cette démarche ; mais il voulait relever en tout de l'autorité du Pontife suprême.

Le pape Calixte II, protecteur de Norbert, venait précisément de mourir, le 12 décembre 1124. Lambert, évêque d'Ostie, fut, après une élection douteuse, réhabilitée par le vote unanime des cardinaux, proclamé son successeur, et il prit le nom d'Honorius II. (Décembre 1124). Norbert crut que l'occasion était favorable pour lui d'exécuter la pensée qu'il caressait depuis longtemps ; et pendant l'année 1125, il régla les affaires de son Institut, de manière à pouvoir réaliser son projet le plus tôt possible. Le monastère de Cappenberg fournit les frais nécessaires à ce long voyage.

Il partit donc, vers la fin de l'année 1125, avec celui de ses disciples dont il ne se séparait jamais, le B. Evermode. On se rappelle que le comte de Champagne, en se soumettant à la décision de Norbert qui le condamnait à rester au milieu du monde, lui avait demandé de lui trouver lui-même l'épouse que le Ciel lui avait destinée. L'homme de Dieu avait une réelle et légitime répugnance à s'occuper en personne de cette négociation délicate ; mais pouvait-il refuser cette faveur à un homme qui lui avait témoigné une si entière confiance ? Jusque-là cependant, appelé ailleurs par les besoins particuliers de son Ordre et les nécessités générales de l'Eglise, Norbert n'avait pu s'occuper de cette affaire importante. En quittant Prémontré, il se dirigea vers la Germanie, où, grâce à ses connaissances d'autrefois, il espérait trouver celle qu'attendait le comte Thibaut. « Son équipage n'avait rien de la magnificence ni de cet attirail ambitieux dont on a coutume d'assortir les ambassades. Vêtu d'une pauvre soutane blanche, couvert d'un manteau usé, monté sur un âne, il traversa la Champagne, la Lorraine, l'Alsace, le Wurtemberg, avec un recueillement que les objets ne pouvaient distraire, tantôt faisant oraison, tantôt s'entretenant avec ses compagnons des choses de Dieu ou de leur salut. » C'était, selon la belle expression d'Illana, comme un monastère ambulant. Après avoir marché longtemps, nos deux voyageurs arrivèrent ainsi à Ratisbonne, sur les bords du Danube : ils étaient accompagnés des envoyés du comte de Champagne.

Hartwic occupait alors le siège épiscopal de la ville (1106-1126). Norbert le connaissait, pour l'avoir rencontré autrefois à la cour de Henri V ; et une amitié profonde les unissait ensemble. Or l'évêque de Ratisbonne avait pour frère Engelbert, margrave de Craybourg, prince de Carinthie, homme de grande puissance et de grande distinction. L'une des filles d'Engelbert, Mathilde, était aussi remarquable par ses qualités naturelles et ses vertus que par sa

Saint Norbert, aux pieds du Pape Honorius II, le prie de
confirmer son Ordre, déjà approuvé par Calixte II.
Le Pape l'écoute avec honneur et lui accorde ce qu'il
demande. Une voix du ciel dit ... Norbert sera
évêque de Magdebourg.

beauté. Norbert demanda sa main pour le comte de Champagne, dont le nom et la puissance étaient connus de toute l'Europe. Le marquis de Craybourg donna une réponse favorable; et Mathilde accorda son consentement. Sur ces assurances, Norbert renvoya les députés pour porter l'heureuse nouvelle au comte de Champagne.

Quant à notre Saint, les rigueurs de la saison le forcèrent de rester quelque temps à Ratisbonne; mais il n'y demeura pas inactif. Son zèle et les besoins du diocèse lui fournirent une ample matière de travail. Apôtre infatigable, il prêcha le règne de Dieu, et ramena au bien grand nombre de chrétiens égarés ou indifférents. Un grand seigneur des environs de Ratisbonne, Albert Ier, comte de Pogen, lame parfaitement trempée, mais fort mauvais chrétien, fut si vivement touché des prédications de Norbert, que, après avoir réformé sa vie, il changea son château de Windberg en un monastère de l'Ordre de Prémontré, qui fut dédié à l'adorable Trinité et à la Vierge Marie (1125). On n'oublia pas de préparer un asile aux femmes vertueuses; et un parthénon, comme on disait au moyen âge, fut élevé pour elles et placé sous l'invocation de saint Blaise.

Cependant Norbert s'était hâté d'atteindre, malgré l'hiver et les neiges des Alpes, le terme de son pèlerinage.

Norbert trouva le Vicaire de Jésus-Christ à Rome dans les premières semaines du mois de février (1126). Son premier soin fut d'aller se jeter à ses pieds, de lui rendre compte de ses missions, de l'établissement et des progrès de son Institut. Il plaça sous ses yeux l'approbation qu'il avait reçue de ses deux légats en France, le priant de la confirmer de son autorité apostolique. Honorius, après s'être rendu compte de la grande utilité de cette nouvelle congrégation religieuse, la prit solennellement sous la protection du Saint-Siège.

Voici la teneur de la Bulle octroyée par Honorius, à Norbert, le 16 février; un tel document doit être cité intégralement : « HONORIUS, évêque, serviteur des serviteurs de « Dieu. A nos bien-aimés fils Norbert, notre frère dans le « Christ, et les chanoines de l'église Sainte-Marie de Prémontré, et à leurs successeurs ayant fait profession de la « vie régulière, à perpétuité. Ceux qui suivent les traces de « la discipline des Apôtres, renoncent aux pompes du siècle

« et à ses possessions, et s'appliquent de toutes leurs forces
« à servir le Seigneur. S'ils persévèrent dans le bien qu'ils
« ont commencé, ils recevront, au jour du Jugement, la robe
« de l'immortalité et la gloire éternelle. Puis donc que, par
« l'inspiration de la grâce divine, vous vous êtes déterminés
« à vivre religieusement et à mener la vie canonique, aux
« termes de la Règle du B. Augustin, nous confirmons votre
« Institut par l'autorité du Siège apostolique, et nous vous
« exhortons, en vue de la rémission de vos péchés, à y
« demeurer stables. C'est pourquoi nous défendons à toutes
« sortes de personnes de changer l'ordre établi selon la Règle
« de Saint-Augustin, dans vos églises où vivent des frères
« ayant fait profession de la vie canonique. Qu'aucun évêque,
« à l'avenir, n'ose en chasser les frères de la même religion,
« Qu'aucun frère, ayant promis de mener la vie canonique,
« n'ose quitter vos églises ou vos cloîtres sans l'assentiment
« de la communauté. Si quelqu'un en sort, qu'aucun évêque,
« ni abbé, ni moine ne le reçoive à moins qu'il ne présente
« des lettres de la communauté.

« Nous confirmons aussi, par le présent écrit, les biens et
« les possessions que vous tenez légitimement ; parmi les-
« quels nous avons cru devoir mentionner nommément les
« suivants : l'église de Saint-Martin de Laon, dans l'évêché
« de Laon ; l'église de Sainte-Marie de Viviers, dans le
« diocèse de Soissons ; l'église de Sainte-Marie de Floreffe,
« dans le diocèse de Liège ; l'église de Sainte-Marie et des
« Saints-Apôtres Pierre et Paul à Cappenberg, dans celui de
« Munster ; l'église de Sainte-Marie de Vuallar (Varlar),
« même diocèse ; l'église de Sainte-Marie d'Elostat (Ilben-
« stadt, diocèse de Mayence ; l'église de Saint-Arnoul, diocèse
« de Metz ; l'église de Saint-Michel d'Anvers, diocèse de
« Cambrai.

« L'enceinte de la vallée de Prémontré, depuis l'endroit
« appelé Halier-pré jusqu'à la vallée de Rohard, avec les trois
« vallées adjacentes, et depuis le ruisseau qui va vers Vois,
« selon la grandeur de chacune des vallées. Les deux parts
« de dîmes que vous tenez dans la ferme de Crespy, de par
« l'évêque de Laon, et ce que vous y a donné en plus notre
« bien-aimé fils Louis, roi de France. L'alleu de Clairfontaine.
« L'alleu de Ramignies avec un moulin. Trois fermes à Bol-

« mont. Une ferme à Anizy avec un moulin ; une ferme à
« Fraisnes ; à Souppy, trois fermes et demie, et tout l'alleu
« appelé Bonnuel. A Soissons, une maison avec des vignes
« et des terres. Des vignes dans le Laonnais, à Broiencourt,
« à Wissignicourt et à Montarcenne. Et en outre, tout ce
« qu'à l'avenir, par la concession des Pontifes, la libéralité
« des rois et des princes, ou d'autres moyens honnêtes, vous
« pourrez canoniquement acquérir, nous voulons que vous
« et vos successeurs qui demeureront fermes dans la profes-
« sion que vous avez embrassée, le possédiez d'une manière
« inviolable.

« Nous interdisons à toute personne d'oser troubler vos
« églises, enlever leurs propriétés, les garder, les diminuer,
« les importuner par des vexations téméraires. Nous voulons
« que vos biens soient conservés dans leur entier, pour servir
« à la subsistance des frères et des pauvres. Sauf néanmoins
« le droit qui appartient aux évêques diocésains. Que si, à
« l'avenir, quelque personne ecclésiastique ou séculière porte
« sciemment atteinte à notre présente constitution, et que,
« après deux ou trois monitions, elle refuse de donner satis-
« faction, qu'elle soit dépouillée de son autorité et de sa
« dignité ; qu'elle sache bien qu'elle paraîtra devant le Tri-
« bunal divin pour y rendre compte de son iniquité. Que dès
« à présent elle soit exclue de toute participation au Corps
« et au Sang de notre Dieu et Rédempteur Notre-Seigneur
« Jésus-Christ, et qu'au jugement final, elle soit soumise à
« une vengeance rigoureuse. Quant à tous ceux, au contraire,
« qui respecteront les droits de vos églises, que la paix de
« Notre-Seigneur Jésus-Christ soit avec eux ; que, dès cette
« vie, ils reçoivent le fruit de leurs bonnes œuvres et que,
« dans l'autre, ils trouvent la récompense d'une paix éter-
« nelle. Amen.

« Moi, Honorius, évêque de l'Eglise Catholique. Donné au
« palais de Latran, par la main d'Haimeric, cardinal-diacre
« de la sainte Eglise Romaine, et chancelier, le quatorzième
« jour des calendes de mars. Indiction quatrième. L'an de
« l'Incarnation du Seigneur 1126, du pontificat du seigneur
« Honorius II, Pape, la seconde année. »

Les deux premières biographies du Saint font remarquer
avec une légitime fierté, que le Pape combla d'honneurs et

de marques de bienveillance cet homme qui avait déjà tant fait pour le bien de l'Eglise, et qui pouvait en faire tant à l'avenir. Après avoir achevé à Rome ce que réclamait l'utilité générale de son Ordre, Norbert ne quitta pas immédiatement la Ville Sainte, et il voulut consacrer plusieurs semaines à satisfaire sa piété. Dix-huit ans auparavant, il avait visité cette ville; mais son âme alors était à de tout autres préoccupations. Aujourd'hui qu'il venait en pénitent et en apôtre, il éprouvait le besoin de vénérer, à son aise, les sanctuaires de la Rome Chrétienne. Il revit cette Ville Eternelle, où, à côté des débris d'un monde qui n'est plus, l'on rencontre à chaque pas les origines et les fondements du monde chrétien. Avec Evermode, et trois de ses religieux qui étaient venus le rejoindre à Rastibonne, il visita les tombeaux des Saints Apôtres et les lieux consacrés par le sang des martyrs, des Laurent, des Agnès, des Cécile. A la vue des marques sanglantes que ces généreux défenseurs de la religion nous ont laissées, son cœur s'enflamma d'une ardeur nouvelle pour la gloire de l'Évangile. Transporté d'une sainte impatience de mourir pour la foi, il se prenait à désirer pour lui-même l'honneur du martyre.

Dieu lui en réservait un auquel il était loin de s'attendre. Le vénérable patriarche se livrait tout entier à ses hautes aspirations de dévouement apostolique, au milieu d'une oraison fervente, lorsque tout à coup une voix mystérieuse retentit, lui prédisant qu'il serait évêque de Parthénopolis. C'était la nuit; les compagnons de Norbert priaient à ses côtés. Comme lui, ils entendirent la voix céleste; mais aucun d'eux n'osait en parler aux autres, et chacun faisait à son frère un mystère de ce qu'ils avaient tous entendu. Norbert, ne pouvant douter de la réalité de la prophétie, ressentait plus que personne la terreur de son élévation à l'épiscopat; et la pensée de ses chers enfants dont il faudrait se séparer, augmentait encore l'amertume de son cœur.

Il reçut une dernière fois la bénédiction du seigneur Apostolique et sortit de Rome. Un de ses clercs prit immédiatement, sur son ordre, la route de la France, pour prévenir le comte Thibaud de son retour, afin que celui-ci eût le temps de lui faire savoir s'il agréait le mariage projeté avec la princesse Mathilde. Pour lui, il se dirigea vers la Germanie.

Dieu manifestait la sainteté de Norbert par des guérisons miraculeuses. Un jour de Pâques, pendant la
messe, on présente au Saint une femme aveugle. Il lui
rend la vue par un souffle de sa bouche.

Méprisant les rigueurs de l'hiver, les difficultés des routes et
les fatigues de son corps, il ne se dispensait point, chemin
faisant, des austérités du Carême. Il repassa les Alpes, vers
la moitié du mois de mars, et une fois entré en Allemagne,
il reprit le cours de ses prédications, et commença son ministère par la Souabe.

Après avoir parcouru le territoire d'Ulm, le saint Apôtre
arriva à Wurtzbourg, en Franconie. La ville entière était
dans le deuil, à cause de la mort de Rudger, son évêque,
enlevé par la peste qui sévissait alors, nous l'avons dit, dans
la plus grande partie de l'Occident. Chacun pleurait en lui
le modèle du clergé et le père du peuple. Il fallait l'arrivée
d'un homme tel que Norbert, pour apaiser la douleur
publique. Croyant déjà avoir retrouvé leur premier pasteur,
dans la personne du Saint, peuple et clergé le conjurèrent de
suppléer à la voix et aux fonctions du prélat défunt pendant
les fêtes de Pâques. Il ne lui fut pas possible de résister à
leurs instances.

Norbert célébra donc la grand'messe dans la cathédrale
de Wurtzbourg, dédiée à saint Kilian, le saint jour de la
Résurrection du Seigneur (11 avril 1126). Le concours du
peuple répondit à la grandeur de la solennité. Une femme
aveugle, connue de toute la ville, se tenait non loin de l'autel;
et, lorsque Norbert eut pris le Corps et le Sang du Sauveur,
elle le supplia de lui rendre la vue. Emu de compassion,
Norbert se tourna vers elle; et, de cette même bouche qui,
venait d'être remplie de la présence réelle de Jésus-Christ,
il souffla sur les yeux de l'aveugle, qui recouvra instanta-
nément la vue.

Ce miracle, qui eut toute une ville pour témoin, toucha
vivement les cœurs; et Norbert en profita pour donner à ce
peuple les conseils que lui dictait son zèle. Deux des principaux personnages de la cité, le chanoine Jean et son frère
Henri, pénétrés de ses discours, voulurent se consacrer à
Dieu, eux et leurs biens, par les mains de l'illustre prédicateur. Ils devinrent les fondateurs du monastère d'Oberzell-
sur-le-Mein, à un mille de Wurtzbourg.

Mais bientôt Norbert ne se trouva plus à l'aise dans la ville
de Wurtzbourg. Le miracle de l'aveugle subitement guérie
était sur toutes les lèvres, et l'humilité du Saint en souffrait.

D'un autre côté, Evermode et ses compagnons pressaient leur maître de quitter Wurtzbourg : ils craignaient que ce ne fût la ville désignée par l'oracle divin à Rome. La consonnance de la finale des deux mots latins *Parthenopolis* et *Herbipolis*, dont l'un signifie Magdebourg et l'autre Wurtzbourg, augmentait leurs alarmes ; et chaque instant qui les retenait à Wurtzbourg leur semblait un siècle. La petite caravane quitta donc la ville secrètement et sans retard pour reprendre le chemin de la France.

Il fallait passer par la Lorraine. Le duché de Lorraine était alors gouverné par Simon, fils de Thierry-le-Vaillant. Il vint à la rencontre du Saint qui était son parent, et pria l'illustre voyageur de s'arrêter à son château de Prény. Il fit tant que Norbert dut se rendre à ses instances. Les anciennes chartes du château de Prény, sur la Moselle, à deux lieues de Pont-à-Mousson, conservent l'ordre des cérémonies et le registre des dépenses que ce prince fit pour la réception de Norbert.

Simon donnait à entendre que dans la personne de cet homme pauvrement vêtu, il recevait le seigneur le plus héroïque de sa parenté ; et il ne se trompait pas. Le duc ne s'en tint pas à de simples cérémonies : il fut si ravi de la conversation et de la sainteté de son hôte, qu'il voulut consacrer le souvenir de son passage en Lorraine par la fondation d'un monastère. A une heure de la forteresse de Prény, au milieu des bois, entre des rochers à pic, au fond d'une gorge solitaire, était un lieu d'un aspect effrayant, un véritable marais insalubre. Ce repaire des bêtes fauves ne semblait pas pouvoir convenir à l'habitation des humains. Mais ce lieu rappelait à Norbert l'austère et bien-aimée solitude de Prémontré. Les fumées du monde ne pourraient y atteindre une communauté religieuse. C'est là que Norbert fixa l'emplacement du nouveau monastère (1126). Judith, abbesse du couvent de Saint-Pierre de Metz, céda le fond où devait s'élever l'abbaye. Le religieux prince Simon fit marcher vite les constructions. Les bâtiments étaient bas, modestes, tels qu'ils convenaient à des religieux pauvres, si l'on en excepte l'église et le réfectoire dont les belles ruines attestent, aujourd'hui encore, la magnificence du généreux bienfaiteur. Cette pauvreté resta toujours le riche trésor du monastère de Sainte-Marie-au-Bois; et, plusieurs années après, Henri, évêque de Toul, n'appelait les religieux que « les pauvres frères ».

L'abbaye de Sainte-Marie-au-Bois eut l'honneur d'être, au XVIIe siècle, le berceau de la réforme dite de Lorraine ou de l'Antique rigueur. Le P. Servais de Lairvelz, qui en fut le quarante-troisième Abbé, y attacha son nom. Pendant que ses deux amis, saint Pierre Fourrier, réformateur des Chanoines Réguliers, et Dom Didier de la Cour, réformateur des Bénédictins, s'employaient, de leur côté, à soutenir par leur zèle l'Eglise de Dieu, lui faisait revivre l'esprit de saint Norbert dans son monastère d'abord, et ensuite dans l'Ordre tout entier. Ces faveurs exceptionnelles, remarque Hugo, étaient sans doute une suite des bénédictions spéciales que Norbert répandit sur la maison de Sainte-Marie, à son retour d'Allemagne.

CHAPITRE DIX-SEPTIÈME

Dernier séjour à Prémontré (1126).

Les premiers historiens de Norbert, en mentionnant le retour du Saint à Prémontré, au mois de mai (1126), ne disent rien ni de la joie qu'il dut éprouver à revoir ses fils, ni des émotions de la communauté, au récit des impressions du pieux voyage. Avec quelle avidité modeste cependant, on regardait ces yeux qui avaient vu Rome et le Vicaire du Christ! Avec quel bonheur on baisait les pieds qui avaient foulé la terre des martyrs! L'homme de Dieu laissait déborder de son cœur les émotions qui l'avaient rempli, lorsque le seigneur Apostolique lui avait remis la Bulle qui confirmait solennellement son œuvre. Il racontait ensuite les nouvelles fondations qu'il avait semées sur son chemin. Bien des larmes coulèrent sans doute, larmes de bonheur et de reconnaissance.

Cependant il tardait au comte Thibaud de terminer les négociations de son mariage avec Mathilde de Carinthie ; et il pria instamment Norbert de l'accompagner dans le voyage qu'il devait faire vers l'Allemagne pour aller au-devant de la princesse et du brillant cortège qui devait la suivre. Cette pressante invitation ne laissait pas que d'embarrasser le Saint. D'un côté, pouvait-il refuser son ministère à l'exécution d'un ouvrage dont il était l'auteur? De l'autre, ce voyage ne serait-il pas l'occasion qui faciliterait l'accomplissement du songe prophétique de sa mère, et de la prédiction entendue à Rome par lui et ses compagnons? Et devait-il courir au-devant d'une dignité dont la seule pensée le faisait trembler? Il s'en ouvrit à Geoffroy, évêque de Chartres, son ami. Geoffroy était un des plus éclairés et des plus vertueux prélats de son temps, et il gouverna avec le plus grand éclat le diocèse de

Chartres, de 1116 à 1138. Norbert lui confia donc qu'une voix lui avait révélé qu'il serait évêque, cette année-là même ; mais qu'il ne savait ni de quelle ville, ni dans quelle province. Il craignait de se prêter, en retournant dans la Germanie, son pays d'origine, à la réalisation de cette prophétie ; et cependant il ne croyait pas pouvoir refuser ses bons offices au comte dont il était le directeur, et qui ne s'était déterminé au mariage que sur son conseil. Son propre honneur semblait lui commander impérieusement de mener à bonne fin cette négociation.

L'histoire ne dit pas quelle solution donna Geoffroy au doute de son saint ami ; il est à présumer néanmoins qu'il lui persuada de ne point délaisser, dans une circonstance solennelle, un prince qui se confiait absolument à sa prudence, et qui, tout récemment encore (1124 ou 1125), venait de remettre à son choix la nomination de Raoul à l'abbaye de Lagny. Quant à ses craintes au sujet de la dignité épiscopale, le Saint devait s'abandonner à la Providence de Celui qui dispose tous les événements avec force et suavité. Quoi qu'il en soit, Norbert se décida enfin à suivre la cour du comte de Champagne.

Norbert le déclara à ses chers disciples. Un des biographes prononce, à cette occasion, le mot d'adieux : ces adieux furent ceux d'un père et d'un Saint. Les historiens postérieurs, à la suite de Hugo, placent ici, comme à son lieu le plus naturel, une paternelle allocution du vénérable Fondateur, connue sous le nom de *Sermon de saint Norbert*. Si l'on en croit l'un d'entre eux, il la leur aurait même laissée par écrit, et le *Sermon* serait une épître du Saint à ses chanoines réguliers. C'était, en tout cas, comme le testament spirituel du père de famille qui insinuait ses dernières volontés à ses enfants, ou si l'on veut, la proclamation du général en chef qui, dans un ordre du jour solennel, traçait à ses soldats le programme des devoirs et des espérances de la vie religieuse. Lettre ou discours, cette exhortation, mieux que tous les faits extérieurs, nous révèle l'âme de saint Norbert.

« Nous vous exhortons, frères bien-aimés, leur dit-il dans « cette précieuse effusion de son cœur, à la pratique exacte « des volontés du Dieu auquel vous vous êtes liés par la

« profession de vœux particuliers. Car vous êtes obligés de
« vous renoncer vous-mêmes, de vous détacher et de vous
« dépouiller volontairement et parfaitement pour Dieu, de
« tout ce qui est à vous, en vue de porter chaque jour sur
« vos épaules la croix de Jésus-Christ, c'est-à-dire de mener
« tous les jours une vie pénitente, en souffrant patiemment
« les diverses épreuves qui ne manqueront pas de vous venir
« de toutes parts.

« C'est là, en effet, la voie étroite qui conduit au Ciel, notre
« véritable patrie, ceux qui y marchent généreusement.
« Jésus-Christ vous y a précédés avec un courage divin,
« dans sa vie et dans sa mort, par ses œuvres et ses paroles.
« Si vous n'y entrez avec résolution, si vous n'y marchez dans
« la mesure de vos forces, vous ne pourrez arriver à Jésus-
« Christ. Un apôtre a dit : *Nul ne sera couronné, s'il n'a légi-*
« *timement combattu.* Et un autre : *Quiconque veut demeurer*
« *avec le Christ, doit vivre comme il a vécu.* Marchez donc
« dans cette voie de Dieu avec des précautions infinies, de
« peur d'être surpris par la mort : et, pour cela, pratiquez
« une obéissance prompte, la pauvreté volontaire, et une
« chasteté à l'abri de tout soupçon. Ces trois points sont de
« l'essence de notre Ordre, qui ne pourra se soutenir, s'ils
« viennent à manquer.

« Vous avez promis la stabilité dans ce saint lieu ; demeu-
« rez-y sans dégoût, et servez Dieu sans vous lasser du far-
« deau que vous vous êtes librement imposé. Ne vous laissez
« entraîner au dehors que rarement et dans le cas de néces-
« sité ; vous perdriez au milieu de la dissipation des courses
« inutiles la suavité des choses du Ciel, que l'on goûte avec
« tant de charme dans la méditation des divins mystères ;
« vous ouvririez la porte à l'amour d'un monde trompeur, où
« tout est péril et souillure. Le poisson, hors de l'eau, privé
« de son élément naturel, ne tarde pas à mourir. Il en va de
« même du religieux sans stabilité : n'étant plus protégé par
« le rempart et l'abri du cloître, et n'ayant plus sous les yeux
« le bien que ses frères lui prêchent par leurs entretiens et
« par leurs exemples, il trouvera bientôt, par le commerce
« trop fréquent du monde, qui est plongé dans le mal, l'occa-
« sion de se laisser aller aux vices, et il se trouvera enlacé
« dans les filets de l'éternelle mort.

« Fuyez donc la fréquentation des géns du siècle, comme
« le poisson évite une terre sans eau : n'oubliez pas non plus
« la vigilance intérieure qui produit et entretient la pureté du
« cœur. Car vous seriez indignes de porter ce glorieux nom
« de religieux, si, contrairement à ce nom et à ce lien sacrés,
« vos désirs vous attachaient au monde et non à Dieu seul.

« Gardez la stabilité et l'union de la charité fraternelle.
« Dans ce but, vous mettrez surtout un frein à vos langues,
« évitant les murmures, la médisance et la jalousie, afin de
« n'avoir tous, comme le dit notre Règle, *qu'un cœur et une*
« *âme dans la maison du Seigneur*. La langue qui aime à
« médire et à tromper est une plaie qui s'agrandit sans cesse,
« et répand autour d'elle son mortel poison. Elle ne cesse de
« faire des blessures, de troubler la douce paix des monastères
« et d'énerver la piété des communautés. Aussi dit-on com-
« munément : *d'un homme méchant et querelleur vous ne*
« *ferez jamais un vrai moine.*

« C'est pourquoi, je vous le répète, mettez un frein à vos
« langues. Elevez vos esprits et vos cœurs vers le royaume
« des Cieux, où sont les joies véritables, et, animés par le
« désir de votre dévotion, suivez, au delà des nues, les âmes
« parfaites, sur les ailes de la contemplation des divines
« vérités. Affligez-vous d'avoir à porter le pesant fardeau de
« votre chair, de façon à pouvoir vous écrier, comme le bien-
« heureux Apôtre : *Je désire la dissolution de mon corps pour*
« *être sans retard avec Jésus-Christ* ; et comme le Psalmiste :
« *Retirez nos âmes, Seigneur, de la prison de nos corps.* Et
« ainsi vous pourrez régner éternellement avec le Christ qui
« lit au fond de nos pensées les plus intimes... »

Tel est le Sermon de saint Norbert. Faut-il ne voir dans ce
discours ascétique qu'un seul entretien, ou bien des notes
recueillies par les frères de Prémontré, où nous aurions moins
la phrase du Fondateur que sa pensée ? En tout cas, l'on
peut dire qu'un souffle puissant y règne du premier au
dernier mot. Deux idées mères le résument : les austères
obligations du religieux et ses radieuses espérances. Ici-bas,
le devoir et la croix nue du Christ ; là-haut, le repos, la
couronne, le ciel avec ses joies surabondantes. La récompense est assez belle pour qu'une âme croyante s'y précipite,
même, s'il le faut, à travers les épines du chemin. Le *Sermon*

a une réelle importance au point de vue historique. Sous la forme de paternels avis, il signale les abus qui avaient terni l'éclat de tant d'Instituts religieux, et que Norbert eût voulu éloigner à jamais du sien. Une parfaite séparation du monde devait faire leur sécurité. Au point de vue exégétique, il forme un anneau de la tradition qui affirme l'identité de Marie, sœur de Marthe et de Lazare avec l'illustre pénitente, sainte Madeleine. Au point de vue de l'histoire des dogmes catholiques, il affirme, pour les Saints, la jouissance immédiate de la vision intuitive, aussitôt après la mort.

Le cœur compatissant et bon de Norbert ne pouvait oublier les pauvres. Nous venons de lire le testament spirituel de sa piété; voici quel fut, avant son départ, celui de sa bienfaisante charité. En rentrant de son voyage de Rome, on rendit compte au Fondateur des dépenses qui avaient été faites pendant son absence. Hugues lui montra les cinq cents pauvres que nourrissait le monastère pour l'amour de Jésus-Christ, depuis que sévissait la terrible famine de 1125. Les ressources de la communauté étaient alors fort restreintes, et l'on sait que les religieux vivaient uniquement du travail de leurs mains. Norbert, un peu irrité de l'indiscrète prodigalité de ses fils, crut devoir s'en expliquer à eux, avec son habituelle franchise. Il n'eut pas plus tôt fait cette réprimande et montré son mécontentement, que sa délicate conscience se le reprocha vivement, comme une offense à Dieu et à ses frères.

La faute avait été douteuse, en tout cas fort légère; l'expiation sera publique, et un acte de charité, tel que seuls les Saints savent en faire, en sera la solennelle expression. Norbert prescrivit donc à ses religieux de continuer, autant qu'il serait nécessaire, de pourvoir aux besoins des cinq cents pauvres que l'on nourrissait déjà tous les jours. De plus, il ordonna d'en adopter cent vingt autres en son nom. Cent recevraient journellement, à l'extérieur, le régime maigre de la communauté; treize recevraient du pain, de la viande et du vin dans l'hôtellerie construite par ses soins; et les sept autres seraient admis à la table des frères chanoines, au réfectoire.

Ce n'était pas assez pour cet ami passionné du peuple, qui avait le culte des faibles et des malheureux. Avant son départ de Prémontré, il dressa une constitution que j'appellerais volontiers la charte de la charité. Elle fut inscrite dans le plus ancien cartulaire de l'abbaye de Prémontré ; et nous l'avons lue manuscrite aux Archives de la Bibliothèque publique de Laon. Une telle pièce doit être rapportée intégralement : rien ne saurait honorer davantage celui dont nous racontons la vie :

« Au nom de la Sainte et Indivisible Trinité. La dîme de tous les biens et de toutes les offrandes sera appliquée dans l'hôtellerie à l'usage des pauvres : c'est la dîme de Dieu. En sorte que si le produit des biens ou des oblations monte jusqu'à la somme de dix sols d'argent, on habillera dix-huit pauvres chaque année, huit l'hiver et dix l'été. A savoir, pour l'hiver : un, le jour de la Toussaint ; un, à Noël ; un, à la Circoncision ; un, à l'Epiphanie ; un, à la Purification de la Sainte Vierge ; un, à l'Annonciation ; un, le Samedi-Saint ; un enfin, le jour de Pâques. Les habits qu'on leur donnera seront neufs et consisteront en chemise, culottes, bas, brodequins, souliers, une tunique, une chape avec un manteau ou des fourrures. Les dix autres pauvres seront habillés en été : un, au jour de l'Ascension ; sept pendant les sept jours de l'octave de la Pentecôte ; un, à la fête des Saints Apôtres Pierre et Paul, et le dixième, au jour de l'Assomption de la Sainte Vierge. Leurs vêtements seront une chape, une chemise, des culottes, des brodequins et des souliers. A partir du jour où chaque pauvre aura reçu son trousseau, il pourra, s'il le veut, demeurer pendant huit jours à l'hôtellerie où on le nourrira. Si, après cette distribution, il reste encore quelque chose de la Dîme de Dieu, on l'emploiera au secours des hôtes et des pauvres de passage. Le jour du Jeudi-Saint, les prêtres et les diacres, après avoir lavé les pieds des mendiants, leur donneront par charité, avec le consentement du Supérieur, un de leurs propres vêtements, soit la chape, soit les fourrures, soit la tunique, soit les bas. Toutefois, après cette aumône et le repas qui suivra, les pauvres ne resteront pas sept jours, mais ils s'éloigneront en paix de nos monastères. »

Cette remarquable ordonnance, où l'on croirait voir la tendre délicatesse d'un Vincent de Paul, s'adressait non seulement à Prémontré, mais à toutes les maisons existantes ou futures de l'Institut. L'archéologue peut y retrouver la description intégrale de l'habillement à cette période du moyen âge. Chemises, culottes, bas, brodequins (ou sabots), souliers, tuniques, chape avec manteau et capuchon de peau. Quel est l'honnête ouvrier de notre âge qui n'envierait le vestiaire de ces pauvres du XIIᵉ siècle? Et dix sols d'argent, en 1126, suffisaient à tout ce que nous venons de dire !

Telles furent les dernières recommandations de Norbert aux religieux de Prémontré : suprême leçon du Saint à ses disciples, auxquels il découvrait ainsi la mine d'or qui ne s'épuise jamais. C'était une de ses maximes fondamentales que plus un monastère serait prodigue en aumônes, plus il abonderait en ressources.

Après avoir pourvu au bon gouvernement de son cher troupeau, dont il confia la direction à Hugues, le Fondateur, monté sur son âne, prit le chemin de Château-Thierry, où l'attendait, avec impatience, le comte Thibaud. Lorsqu'il y fut arrivé, il le disposa au succès de son entreprise par la réception des Sacrements de Pénitence et d'Eucharistie. Vers la fin du mois de juin, Thibaud, suivi des officiers de sa cour, de l'élite de la noblesse et de ses principaux amis, se mit en marche. Comme toujours, Norbert menait avec lui deux religieux avec lesquels il priait et s'entretenait de Dieu, dans le cours du voyage. On arriva ainsi au rendez-vous, sur les frontières d'Allemagne. C'est là que, suivant le projet arrêté l'année précédente entre Norbert et l'évêque de Ratisbonne, le margrave de Craybourg devait se trouver avec sa fille. Mais un grave mécompte attendait Thibaud et son brillant cortège : au lieu de la fiancée, on ne rencontra que les députés du marquis, apportant la nouvelle d'une maladie grave qui avait surpris la princesse en chemin, et qui ne lui avait point permis de continuer sa route.

Etait-ce une réalité, ou plutôt n'était-ce pas une feinte, une sorte de déclinatoire, pour évincer la demande faite naguère par Norbert et consentie par le marquis de Craybourg? On ne savait trop qu'en croire. Le comte demanda à ses conseillers ce qu'il devait faire, dans une conjoncture si délicate. Tous furent d'avis qu'un seul homme pouvait dénouer la situation : c'était Norbert. On le supplia de ne pas se refuser à faire de nouveau le voyage de Ratisbonne, afin de s'enquérir avec soin et avec discrétion du motif de ce retard. Plus que tous les autres, le comte le conjurait de s'employer pour lui dans cette négociation dont il lui avait promis d'être l'agent jusqu'au bout.

Norbert comprit qu'il devait, malgré ses répugnances, se rendre aux prières qui lui étaient adressées. Le comte lui donna pour les frais de son voyage huit marcs d'argent. L'homme de Dieu les reçut; mais, depuis qu'il avait quitté Xanten, il ne s'était jamais départi du principe de la pauvreté la plus rigoureuse. Les huit marcs du comte prirent immédiatement la route de Prémontré, où ils devaient être employés à la nourriture des pauvres. « Il ne se réserva pour viatique, dit Hugo, que la confiance en la charité des fidèles et en la providence de Dieu. C'était le fonds unique sur lequel il comptait, et la seule consolation qu'il s'accordait dans ses voyages. »

Il dit adieu au comte, avec une tristesse contenue; et envoya un messager aux frères de Prémontré pour leur remettre les huit marcs, et leur exprimer les sentiments de paternelle tendresse qui, plus que jamais, remplissaient son cœur. De plus en plus, en effet, disent ses deux premiers biographes, il avait le pressentiment qu'il partait pour un voyage dont il ne reviendrait pas. L'oracle de Rome hantait continuellement son esprit. Il ne savait ce qui l'attendait; mais il sentait, avec une sorte de certitude morale, qu'il ne pouvait échapper à la volonté du Très-Haut. Ces pressentiments percent visiblement à travers le récit des deux biographes. « Fidèle à l'exemple du divin Maître, dit le premier, *lequel ayant aimé les siens, les aima jusqu'à la fin*, Norbert s'en allait, le cœur attristé et l'âme brisée, à la pensée d'une séparation qui serait peut-être définitive. » Ainsi pensait Norbert en lui-même, tout en cheminant vers Ratisbonne. Et il se rappelait tout ce qu'il avait plu à Dieu de faire par son ministère, depuis six ans. Sans doute aussi il racontait à ses deux compagnons comment, depuis sept ans et plus, il allait annonçant à des peuples divers la parole évangélique; comment il était venu la première fois à Prémontré; la vision de la chapelle Saint-Jean Baptiste; l'apparition de la Vierge Marie; la ferveur spontanée de ses premiers disciples; comment il avait choisi la Règle de Saint-Augustin et la vie

canoniale; il leur redisait les détails de la construction de
l'église, la confirmation de l'Ordre par les légats de France
d'abord, et tout dernièrement par le Pape Honorius. Il leur
confiait ce qu'il voulait faire encore pour l'organisation définitive d'un Ordre qui prenait un développement inespéré.
« Il nous reste beaucoup à faire, disait Norbert ; mais
que sera l'avenir ? L'homme propose, et Dieu dispose. » C'est
au milieu de ces souvenirs et de ces généreux projets que nos
voyageurs arrivèrent à Spire. On était aux premiers jours de
juillet. Arrêtons-nous-y avec eux ; car de graves événements
vont s'y produire, qui jetteront subitement notre Saint sur
un théâtre tout nouveau pour lui, et qui décideront de
l'emploi des dernières années de sa vie.

CHAPITRE DIX-HUITIÈME

Norbert, archevêque (1126-1127)

Une diète solennelle des évêques et des princes Allemands s'ouvrit donc à Spire, au commencement de juillet. Lothaire III avait près de lui les deux légats ou nonces du Pontife Honorius : le cardinal prêtre Gérard, qui depuis gouverna l'Eglise catholique, sous le nom de Lucius II (1145-1144), et le cardinal Pierre, du titre de Saint-Marcel. On remarquait aussi, à la cour du roi, Albéron ou Adalbéron, primicier de la cathédrale de Metz, l'un des personnages les plus considérables de son temps, qui deviendra plus tard archevêque de Trèves. Il y avait enfin une nombreuse députation du chapitre métropolitain et des citoyens de la ville de Magdebourg, la capitale de la Saxe, venus pour terminer les différends qui troublaient leur église, depuis près de dix-huit mois. L'archevêque Rudger, ou Roger, était mort, le 20 décembre 1124, suivant la chronologie la plus autorisée. A sa mort, les chanoines se réunirent pour procéder à l'élection, mais ils ne purent s'entendre sur le choix d'un successeur. Trois personnages de grande distinction étaient proposés. Le plus connu était le sous-diacre Conrad, fils du comte de Querfurt. Conrad avait pour lui les suffrages du clergé, de la noblesse et de la bourgeoisie. Il porta même, pendant quelque temps, le titre d'*élu*, que l'on donnait aux évêques non encore consacrés. C'est lui qui succédera un jour à Norbert (1134-1142). A l'élection de Conrad s'opposait l'abbé Conrad du monastère de Bergen, près de Magdebourg, et, entraîné par lui, le prévôt de la cathédrale : ils prétendaient tous les deux qu'il était contre les canons d'élever un simple sous-diacre à la dignité d'archevêque. Le roi Lothaire alla célébrer, avec sa cour, la fête de Pâques à Magdebourg (11 avril 1126), tout exprès pour calmer par sa présence et son autorité ces regrettables divisions. On ne put s'entendre; et il fut convenu que les principaux personnages ecclésiastiques et laïques de Magdebourg viendraient trouver le roi à la diète de Spire, où l'on pourrait terminer cette affaire.

Or c'était précisément le moment où Norbert entrait dans cette ville, se dirigeant sur Ratisbonne, pour y traiter du mariage du comte de Champagne. « Qui lui eust dit qu'il allait à ses propres noces, non à celles du comte, eust été pris par luy pour un mauvais prophète. Il arriva pourtant ainsi. » Sa présence dans la ville de Spire fut bientôt signalée et connue du peuple, de la cour et du roi lui-même. On l'avait vu humblement agenouillé sur les dalles de la cathédrale. Une auréole de sainteté illuminait son front; sa modestie avait beau se cacher; bon gré, mal gré, dès qu'il apparaissait quelque part, on acclamait le Saint. C'est ce qui se produisit à Spire. Norbert fut invité à prêcher devant la cour dans la cathédrale, ou plutôt il y fut contraint par les instances du roi et du clergé. Il prit pour thème de son discours le sujet même qui occupait la diète, et parla sur les devoirs des princes, l'obéissance des sujets, le gouvernement des Églises, l'élection des pasteurs. Son éloquence persuasive et pleine d'onction produisit des résultats merveilleux. Lothaire oublia complètement le crime des rebelles. Le peuple jura une obéissance inviolable à son légitime souverain. Les divisions qui régnaient entre les envoyés de Magdebourg s'apaisèrent. Chacun, à l'issue de la prédication, se trouva tout à la fois rempli de zèle pour le service de Dieu et d'admiration pour son ministre.

Après avoir satisfait au désir commun, Norbert se disposait à partir pour Ratisbonne. Lothaire le retint. Obligé de céder à ces instances, l'homme de Dieu était là, depuis trois jours, lorsque l'on commença à traiter, au conseil du roi, l'affaire de l'élection au siège de Magdebourg. Les députés du Chapitre ratifièrent un engagement qu'ils avaient déjà pris, et remirent à la sagesse des légats le soin de donner un bon pasteur à leur église veuve depuis de longs mois. Les légats refusèrent avec indignation l'argent qui leur était offert : « Non, dirent-ils avec une noble fierté, le Saint-Siège ne subira pas l'affront d'un simple soupçon de simonie. »

Sur cette déclaration, on procède à l'élection d'un archevêque. Les suffrages se trouvèrent de nouveau partagés entre trois candidats : Norbert, fondateur de Prémontré, Adalbéron de Montreuil, primicier de Metz, qui avait naguère refusé l'évêché de Halberstadt, et qui, en 1132, sera nommé archevêque de Trêves, et Conrad de Querfurt, parent du roi. Celui-ci, nous l'avons déjà dit, n'était encore que sous-diacre, mais ses vertus semblaient le rendre digne de la haute dignité à laquelle l'appelait la confiance de bon nombre des délégués.

Ce ballottage entre trois candidats d'un si rare mérite embarrassa quelques instants les électeurs. Auquel des trois donner la préférence? Norbert, présent à l'assemblée, était caché dans un coin de la salle, priant Dieu sans doute d'inspirer aux électeurs le choix le plus favorable aux intérêts de l'Eglise. Avec un désintéressement que l'on ne saurait trop admirer, Adalbéron se lève tout à coup, et montre du doigt l'homme de Dieu qui se dissimule : « Voilà, dit-il, celui qu'il faut choisir, et non pas un autre. » A la voix d'Adalbéron se joignit une acclamation universelle. Sans donner à Norbert le temps de se reconnaître, les députés de Magdebourg le tirent de l'assemblée, et au milieu des applaudissements, l'enlèvent de force : « Nous le choisissons pour notre évêque et notre Père, s'écrient-ils ; nous l'acclamons comme notre Pasteur. »

Alors le légat Gérard se lève à son tour, et prononce ces paroles solennelles : « Et nous, au nom du Père, du Fils et du Saint-Esprit, nous élisons et nommons pour votre évêque le seigneur Norbert, homme d'une vertu éprouvée. Dieu, nous en avons la conviction, ne l'a conduit ici que pour cette fin. » Cependant Norbert demeure interdit ; il se demande si c'est un rêve de son imagination ou une réalité qui se passe sous ses yeux. Lui, l'orateur habitué à dominer les foules, ne peut prononcer une parole. Il essaie même, dit l'un de nos biographes, de prendre la fuite ; mais on s'empare de lui, et au milieu d'immenses cris de joie, on le traîne aux pieds du monarque.

Déjà son élection était chose arrêtée dans la pensée du roi. De son initiative personnelle, après avoir pris conseil du cardinal Gérard, de l'archevêque de Mayence et d'Adalbéron, le vertueux primicier de Metz, Lothaire avait décidé de ne pas tenir compte des résistances de Norbert. « Donc, le seigneur empereur proclama lui-même Norbert comme archevêque ; le légat confirma, au nom du seigneur Pape, la nomination faite par l'empereur dans des vues si loyales et si désintéressées. Et alors éclatèrent de nouveau les acclamations de tous les représentants de l'église de Magdebourg. »

Le nouvel archevêque eût voulu du moins continuer sa route sur Rastibonne et s'acquitter jusqu'au bout de la mission dont l'avait chargé la confiance de Thibaud ; mais on ne le permit pas, et il lui fallut déléguer un de ses disciples pour terminer cette affaire. Un message fut également envoyé à Prémontré, en vue d'y annoncer l'honneur qui venait d'être imposé au vénérable Fondateur. Et, après avoir pris congé du roi et des légats, Norbert se mit tristement en route pour cette ville de Magdebourg « où il allait devenir, dit Illana, la victime de son ministère pastoral, ainsi que l'avait défini le conseil de Dieu ».

Le cortège épiscopal se dirigea à grandes journées vers le Nord ; les évêques Othon de Halberstadt et Ludolphe de Brandebourg, suffragants de Magdebourg, accompagnaient leur nouveau métropolitain. Lorsque, au bout de plusieurs jours de marche, l'on arriva en vue de Magdebourg, du plus loin que l'on put l'apercevoir, Norbert descendit de sa modeste monture, ôta la chaussure de ses pieds, et il s'avançait, pieds nus, vers sa ville épiscopale. Ainsi le 1er février 1103, avait fait le saint évêque Othon, à son entrée dans sa ville de Bamberg, voulant, dit son historien, montrer l'humilité de son cœur par une attitude extérieure.

Une foule immense s'était portée à la rencontre du Prélat. Dès qu'ils le virent apparaître, les grands de la ville et du pays, le clergé, le peuple, tous de concert firent entendre d'unanimes applaudissements. On se félicitait d'avoir enfin un évêque, et un évêque d'un si grand renom et d'une si haute valeur. La joie était universelle : et l'on prédisait tout haut à la cité et au diocèse une ère de paix et de prospérité publique.

Mais la surprise n'était pas moins vive que la joie. Jamais on n'avait vu de pontife semblable à celui-ci. Point de train superbe, point de fastueux appareil, aucune magnificence extérieure. Que dis-je? l'évêque revêtu de son pauvre manteau de religieux, pieds nus, faisait son entrée solennelle dans la ville dont il devenait le prince. « Norbert, dit Illana, s'en allait gémissant tristement sous le fardeau de sa dignité.» Quel contraste entre une si haute dignité et un tel mépris du luxe et du décorum reçus! Quel contraste aussi entre cet évêque et ceux que l'on était habitué à voir! Selon l'énergique expression du même historien, il y avait vraiment là un phénomène extraordinaire, un prodige moral des plus étonnants. Dans la pensée du nouvel archevêque, cette étrange prise de possession n'était pas une singularité sans but, une sorte de pieuse fantaisie : c'était tout un programme. Norbert, l'ancien favori d'Henri V, le courtisan de Frédéric, archevêque de Cologne, le missionnaire apostolique, habitué à voir de près les plaies et les besoins du clergé et du peuple, Norbert entendait, dès le premier jour de son épiscopat, se poser en disciple du Dieu qui naquit dans une étable, travailla dans un atelier de charpentier, et mourut sur le bois nu d'une croix.

Cependant, au milieu du triomphe que lui faisait spontanément tout un peuple, entre ses suffragants, les évêques de Halberstadt et de Brandebourg, l'archevêque était arrivé sous les voûtes de sa cathédrale. Il s'agenouilla au milieu du sanctuaire; et, dans une courte, mais fervente prière, consacra à Dieu les prémices de sa charge et lui demanda la grâce d'en soutenir le poids avec courage et fidélité. De l'église, la procession le conduisit dans les jardins du palais épiscopal. Le portier fit entrer les personnes de qualité qui composaient le cortège; mais il repoussa rudement un homme pauvrement vêtu qui fermait la marche : « Que fais-tu en ce « lieu, lui disait-il? Les pauvres qui ont voulu pénétrer sont « entrés depuis longtemps. Ne vois-tu pas que tu gênes ces « seigneurs et ces princes, en te plaçant au milieu d'eux? — « Malheureux! s'écrièrent ceux qui suivaient, en voyant la « méprise du concierge, malheureux, que faites-vous? Laissez- « le entrer. Vous ne savez donc pas que celui à qui vous « parlez sur ce ton est notre évêque et votre maître? » — A ces mots, le portier rougit, recule et cherche à se cacher. Mais Norbert le rappelle, le regarde en souriant, et lui dit avec une gracieuse bonté : « Ne craignez pas, et ne vous « enfuyez point, mon frère. Vous voyez plus clair que les au-

« tres ; vous me connaissez mieux que ceux qui m'ont forcé
« de venir habiter ce palais somptueux. Vous me rendez jus-
« tice : je ne devais pas, moi, pauvre et chétif religieux, être
« élevé à un poste si au-dessus de mes mérites et de mes
« forces. »

L'aventure du portier et la belle réponse de l'archevêque
eurent vite fait le tour de la ville et du diocèse. Ce nouveau
trait acheva de populariser le Saint parmi son peuple. La
réception solennelle de Norbert avait eu lieu le dimanche
18 juillet. La chronique de Magdebourg ajoute que Norbert
fut de nouveau élu, ce jour-là, par le clergé et le peuple de
sa ville, et qu'il fut intronisé sur le siège pontifical. Cette
nouvelle élection se fit sans doute par les acclamations
enthousiastes de la foule ; elles étaient la ratification par le
clergé et le peuple de ce qui s'était fait à Spire. Huit jours
après son entrée à Magdebourg, le 25 juillet, jour où l'Eglise
catholique célèbre la fête de saint Jacques le Majeur, Norbert
reçut la consécration épiscopale des mains de son suffragant Udon, évêque de Zeitz ou Naumbourg, le fils de Louis
de Thuringe, assisté d'un grand nombre d'autres pontifes
accourus à cette auguste cérémonie. Le pieux évêque de
Naumbourg fut si vivement impressionné aux fêtes de la
réception et du sacre de son nouveau métropolitain que,
toute sa vie, il lui resta uni par les liens de la plus intime
amitié. Il l'appelle « son cœur et son âme, son confrère bien-
aimé dans le Seigneur et véritablement aimable ».

Cependant il fallait bien mettre la main à l'œuvre. Nous
nous représentons mal aujourd'hui ce qu'était la vie d'un
évêque au XIIᵉ siècle. Il exerçait sur la noblesse de la province une sorte de suzeraineté morale dont on ne méconnais-
sait pas impunément les arrêts. C'est vers l'évêque qu'élevaient la voix et la femme outragée, et l'héritier dépouillé, et
les vassaux exaspérés par l'excès de leurs maux. C'est encore
à l'évêque que l'on venait demander de donner, par l'apposi-
tion de son sceau ou simplement de son nom, un caractère
authentique et indiscutable aux donations et aux fondations
pieuses, aux transactions importantes, parfois même aux
contrats et aux dispositions testamentaires. A des intervalles
fort rapprochés, l'évêque devait assister à quelque concile de
la province. S'agissait-il d'un siège métropolitain, tel que

celui de Magdebourg, le titulaire devait fréquemment quitter son diocèse et interrompre son ministère spirituel, pour suivre l'empereur, dans quelque diète, et se mêler aux affaires générales de l'Eglise et de l'Etat.

Un homme tel que Norbert ne pouvait craindre d'être accusé d'intérêt et d'avarice. Lui qui avait généreusement distribué tous ses biens aux pauvres et aux églises, ne pouvait raisonnablement être taxé de cupidité. Mais une pensée supérieure l'inspirait : dépositaire du patrimoine de Jésus-Christ et des pauvres, il avait solennellement juré sur les saints Evangiles de garder intactes et de défendre les possessions de la Mense de son évêché ; et il entendait faire honneur à son serment.

Fort de son droit, appuyé sur le secours de Dieu, l'archevêque résolut d'exiger avec sévérité le retour des biens soustraits à la mense épiscopale. Il regardait comme un devoir d'agir ainsi, dès le principe, pour avoir, le plus tôt possible, le loisir de se donner tout entier aux réformes spirituelles qu'il méditait. Persuadé que devant Dieu il agissait conformément à son devoir, il se mit à l'œuvre avec l'intrépidité qui le caractérisait. Il commença par envoyer des commissaires, dans toutes les parties de son vaste diocèse, pour défendre aux détenteurs des biens ecclésiastiques d'y remettre la main, à moins de justifier préalablement d'un droit héréditaire venant de leurs ancêtres. Cette première démarche de l'archevêque alarma les seigneurs de la Province, injustes possesseurs des propriétés épiscopales. Ils éclatèrent en plaintes et en murmures.

Ces clameurs n'ébranlèrent pas Norbert. Plein de ce courage surhumain qui s'anime à mesure que grandit l'obstacle, il lance contre les ravisseurs sacrilèges les anathèmes de l'Église. Ce que n'avait pu gagner la conscience, la honte et l'intérêt l'obtinrent. L'excommunication produisait alors des effets civils, qui étaient de nature à briser l'opiniâtreté des coupables. Au bout d'une année, les excommuniés étaient hors la loi, et mis au ban de la société chrétienne : toute audience leur était même refusée dans les tribunaux. Ils rendirent donc en grande partie à l'archevêque les bénéfices injustement soustraits au service de l'autel et au patrimoine des pauvres ; mais ils ne le firent qu'à contre-cœur, et ils entretinrent dans l'ombre contre le Saint un foyer de ressentiment et de haine, qui, un jour ou l'autre, devait éclater. Étranges variations de l'opinion! On l'avait acclamé tant qu'il n'avait été qu'un homme de sainte renommée : dès qu'il fit ce que lui prescrivait sa charge d'évêque, il devint odieux! Hélas! il n'y eut jamais loin des acclamations et du triomphe des Rameaux aux *tolle* du Vendredi-Saint.

Le saint prélat n'oubliait pas surtout que le premier devoir de l'évêque est de maintenir, et, s'il est nécessaire, de rétablir la discipline ecclésiastique et la pureté des mœurs dans son clergé. La continence et le célibat des clercs étaient presque bannis de son diocèse : ni la rigueur des canons, ni les prescriptions réitérées des Souverains-Pontifes, depuis saint Grégoire VII, n'avaient pu réprimer le scandale des clercs incontinents et des prêtres ostensiblement scandaleux. Norbert annonça hautement sa volonté arrêtée de ne pas transiger avec le mal. Il déclara aux doyens, aux prêtres et à tous les clercs qu'il entendait faire observer la chasteté sacerdotale dans son diocèse, sous peine de privation de tout bénéfice ecclésiastique. Mais le zèle réformateur de Norbert n'était pas du goût des Saxons; il leur semblait une intervention vexatoire dans leurs droits et leurs mœurs nationales. Aux yeux d'une populace obstinée, les abus prennent aisément la couleur d'un droit historique.

L'homme tombé dans l'indifférence religieuse, ne permet pas qu'on le secoue de sa torpeur, il en veut à celui qui la trouble, parce qu'il ne comprend pas la bénédiction qui doit en résulter pour lui. Si l'on vit des prêtres égarés revenir à leurs devoirs, d'autres ne se soumirent qu'en apparence, ou résistèrent ouvertement et se liguèrent contre l'archevêque avec les seigneurs irrités. Norbert sera victime de son zèle, mais rien ne le fera manquer à ce qu'il considère comme un devoir de premier ordre inhérent à sa charge.

Un homme d'un zèle aussi ardent que Norbert ne pouvait rester, une année entière sur son siège métropolitain, sans s'occuper sérieusement de la conversion des Wendes ou Vandales. On se souvient que l'archevêché de Magdebourg avait été créé spécialement dans ce but. Or, depuis un siècle et demi qu'il existait, le résultat était pour ainsi dire nul. Dans toute l'étendue du diocèse on rencontrait des temples païens;

c'est là que les Wendes allaient trouver leurs prêtres; ils savaient à peine le nom des évêques chrétiens. Chaque temple idolâtre devait être pour Norbert une invitation pressante à courir au-devant de ces brebis qui n'étaient pas encore entrées au bercail de l'Église. Il ne pouvait guère songer à renverser la foule des petits sanctuaires païens; mais dans les limites de son diocèse se trouvait Rethra, le célèbre temple des Wendes; chaque fois qu'il demandait des renseignements sur eux, on lui parlait de cet édifice.

C'est alors que la nécessité d'entreprendre sans retard une expédition dut s'imposer à l'âme de Norbert. S'était-il entretenu avec le roi Lothaire, dans l'entrevue de Strasbourg (1126), de l'état des provinces slaves? Toujours est-il que Lothaire n'avait pas moins d'intérêt que Norbert à l'organisation et à la civilisation de ces peuples barbares. Ils furent bientôt d'accord pour faire une expédition ou du moins une démonstration vigoureuse au-delà de l'Elbe.

Le départ de Magdebourg eut lieu au commencement de 1127.

L'expédition se dirigea vers le Nord, du côté du lac de Muritz, sans trouver de résistance. Les Wendes de Muritz s'engagèrent à embrasser le Christianisme, à payer la dîme, et à obéir à l'archevêque. Après avoir tourné le lac, on se dirigea vers Rethra. Les peuplades voisines se soumirent, ou, ce qui est plus probable, se retirèrent dans leurs marais, abandonnant à l'ennemi Rethra et leur sanctuaire national. Ville et temple furent livrés aux flammes. Le boulevard principal du paganisme Vandale était détruit, et le peuple avait juré fidélité politique au roi et soumission religieuse à l'évêque. Le but de l'expédition était atteint.

Les historiens du temps ne disent pas si Norbert fit de ce côté d'autres tentatives pour la propagation de l'Evangile; mais il n'est guère probable qu'il ait laissé les païens tranquilles dans leurs vices et leurs superstitions, de 1127 à 1130, époque pendant laquelle il n'était pas encore autant absorbé par les affaires générales de l'Eglise et de l'Etat. A en juger par son premier essai, dit un écrivain protestant, nous doutons qu'il ait su y conquérir un avantage permanent. Et pourtant Norbert fit beaucoup et peut-être plus que tout autre, pour l'œuvre de la conversion et de la civilisation des païens du

Nord, moins toutefois par son travail personnel, que par les fondements qu'il posa pour l'avenir. Le but qu'il n'avait pu atteindre par lui-même, il l'atteignit par ses religieux, qui, au bout de quelques années, nous le verrons bientôt, devinrent les apôtres du pays des Wendes et du nord-est de la Germanie. En dirigeant l'activité de ses chanoines réguliers vers les missions du Nord, il leur recommanda de les gagner par un enseignement pur de tout alliage profane. « C'est à l'Ordre de Prémontré, dit M. Winter, que revient d'une manière toute spéciale l'honneur d'avoir converti au Christianisme le Wendenland. On ne trouve pas dans toute l'histoire ecclésiastique du moyen âge, un seul exemple d'un Ordre religieux paraissant en droit de s'attribuer la conversion d'un pays tout entier, d'une manière aussi exclusive que les Prémontrés du xiie siècle, par rapport au pays des Wendes ou Vandales. »

CHAPITRE DIX-NEUVIÈME

Le réformateur (1128-1131).

En montant sur le siège archiépiscopal de Magdebourg, Norbert était resté chanoine régulier. Il avait conservé l'habit blanc de son Ordre, et il le portera, nous dit un écrivain du temps, jusque dans le secret de son tombeau. Un jour, dit-on, quelqu'un osa lui reprocher de porter un vêtement qui ne convenait pas à un évêque : « Montrez-moi, répondit le saint Prélat, le texte de l'Ecriture Sainte ou des Conciles qui prescrive à l'Évêque de porter un habit de couleur noire. » L'interlocuteur resta muet. « Ecoutez, continua Norbert ; l'Ecclésiaste a dit : *que toujours vos vêtements soient blancs.* Et aux enfants, au sortir du Baptême, le prêtre dit : *Recevez ce vêtement de couleur blanche.* C'est-à-dire : gardez l'innocence et l'intégrité de votre vie jusqu'au jour du Christ Jésus. » La vie de Norbert, en effet, depuis son exaltation, n'avait pas cessé d'être celle d'un moine. Toujours religieux par le cœur, il se fit une loi de ne rien changer à son régime austère d'autrefois. Tel il avait été dans sa pauvre cellule de Prémontré, tel on le vit à son palais de Magdebourg.

Bien qu'il fût le père d'une nouvelle famille religieuse, Norbert, avec une largeur de vues qui n'appartient qu'aux grandes âmes, accordait ses encouragements et ses faveurs à tous les couvents, de quelque Ordre qu'ils fussent.

Il favorisait spécialement le monastère bénédictin de Bergen, situé dans le faubourg de sa ville épiscopale ; et il aimait l'abbé Arnold à cause de l'exacte discipline qu'il y maintenait. Il s'y retirait souvent loin du bruit des affaires, pour se reposer dans le calme de la prière. C'est de là que sortirent, par ses soins, des moines pour réformer le monastère d'Ammersleben, qui avait besoin d'être réorganisé. Il eût pu sans doute y installer des Prémontrés ; pourtant il chargea Arnold, abbé du monastère de Bergen, de cette réorganisation ; et le monastère commença à fleurir, occupé par des Bénédictins de Bergen. Le couvent de femmes d'Asleben fut acquis à l'archevêché de Magdebourg, en vue d'y réformer la discipline relâchée, et il l'échangea volontiers pour le château de Scharsfeld dans le Harz.

Cependant, si l'archevêque de Magdebourg aimait et protégeait tous les religieux, il était naturel qu'il se souvînt de ceux qui étaient ses frères et ses fils. A peine fut-il intronisé sur le siège métropolitain, que l'on vit accourir à Magdebourg des religieux vêtus d'une longue chape blanche ; c'étaient des frères qui venaient de Prémontré ou de quelque autre monastère fondé par Norbert, pour revoir le père qu'ils avaient perdu. L'un des premiers fut le comte de Cappenberg. Il arriva près de Norbert, dès l'automne de 1126. C'est le saint Patriarche lui-même qui le mandait. Nous avons vu comment il ne put supporter le bruit inévitable du palais archiépiscopal qui était cependant, sous le gouvernement de Norbert, le séjour de toutes les vertus. Après avoir reçu la bénédiction de Norbert, son père bien-aimé, il s'en alla mourir à Ilbenstadt (13 janvier 1127).

Les nouvelles qui arrivaient de Prémontré et des autres monastères de l'Ordre, à Magdebourg, n'étaient pas rassurantes. La jeune famille religieuse était encore au berceau ; il lui fallait une défense et un appui. Une véritable crise y régnait, depuis le départ du saint Fondateur. Les esprits pusillanimes étaient tombés dans le découragement. Comment, disaient-ils, les brebis pourraient-elles rester unies, privées qu'elles étaient de leur pasteur ? Quelques-uns pensaient qu'il leur fallait rester fidèles à leur vocation, en gardant Norbert pour supérieur, malgré son éloignement. Plusieurs étaient d'avis d'élire un autre supérieur immédiat. Chacun abondait en son sens ; les têtes allaient s'échauffant de jour en jour, et personne qui eût assez d'influence ou d'autorité pour imposer silence à ces discussions. Cet état de choses dura presque deux années. Encore quelque temps, et l'on pouvait redouter la ruine d'un Ordre si florissant, au moment de l'exaltation de Norbert.

Norbert comprit qu'il importait de mettre un terme à cette crise.

Il députa plusieurs religieux à Prémontre. Ils devaient représenter à la communauté que leur Fondateur et Père ne pouvait, de si loin et avec ses nombreuses sollicitudes, continuer de gouverner l'Ordre par lui-même. Un homme partagé n'y pouvait suffire; à une charge si importante, il fallait un homme entier. Dans la juste appréhension que son éloignement ne causât le relâchement et par suite la ruine de l'Institut, il leur accordait l'autorisation de lui élire un successeur; et, sans blesser la liberté de leurs suffrages, il les priait de se souvenir de Hugues, son premier compagnon et son fidèle coopérateur dans la fondation de Prémontré.

Les désirs de Norbert étaient des ordres pour ses disciples. L'unanimité des frères, dit un des biographes, unanimité si agréable à Dieu, se réunit sur le candidat désigné par le Saint. Cependant l'élu était, au moment même de l'élection, à Magdebourg. Le matin du jour où elle se fit, le B. Hugues, c'était lui, avait aperçu dans une vision Jésus-Christ sur son trône. Norbert et lui, Hugues, étaient debout devant le Fils de Dieu. Norbert présentait au Christ le successeur de son choix. Et, pendant que le Seigneur étendait la main droite vers lui, le fondateur lui disait : « Ce cher fils que vous « m'avez confié, je le rends à votre Très Sainte Majesté. » C'est Hugues lui-même qui raconta plus tard cette révélation surnaturelle. Evidemment la terre et le Ciel s'entendaient sur le choix du Général de l'Ordre de Prémontré. Et, lorsque les envoyés de Norbert revinrent à Magdebourg, l'esprit du Saint dut être fixé.

Néanmoins, dans une affaire de cette importance, Norbert pensait ne pas pouvoir agir avec trop de maturité. Voulant prendre le temps de prier et de demander conseil, il resta plusieurs jours encore sans notifier à Hugues son élection. Vint enfin le moment où il plut à l'homme de Dieu de terminer cette grave question du gouvernement de son Ordre, et de donner à Hugues l'investiture de son autorité. Il convoqua donc tous les frères qui étaient à Magdebourg. Et, appelant le B. Hugues : « C'est vous, mon fils, lui dit-il, qui, de par « l'élection de vos frères, me succéderez dans la maison de « notre pauvreté. » A ces paroles, Hugues tombe à genoux : « Je vois bien, mon Père, que je dois vous obéir : votre auto-

« rité est celle du Tout-Puissant. J'irai donc, dans l'espérance
« que celui qui m'élève par sa miséricorde, soutiendra son
« choix par sa grâce. S'il daigne bénir mes desseins, à lui
« toute la gloire; mais si, à cause de mes péchés, il me refuse
« son secours, qu'il me soit permis de revenir près de vous,
« que j'ai choisi pour être, après Dieu, mon père et le protec-
« teur de mon âme. » — «'Allez avec confiance, reprit le
« Saint, la main du Seigneur sera avec vous jusqu'à la fin. »

Une fois investi du titre et des attributions de chef général de l'Ordre (1128), Hugues, bien qu'il eût été, depuis plus
de huit ans, le disciple chéri de Norbert, le frère de son âme,
ne tarda pas à voir qu'une lourde charge lui était imposée.
Dans l'effervescence du premier moment, écrit un historien
moderne de notre Saint, les exagérations elles-mêmes portent
leur fruit; mais les tâtonnements sont multiples, les oscilla-
tions nombreuses, et l'ordre ne s'asseoit définitivement que
par l'apaisement et la réflexion. Les fréquentes absences de
Norbert, les diverses provenances des clercs, la différence des
milieux où se fondèrent les premières abbayes avaient rendu
difficile l'établissement immédiat d'observances homogènes,
et cette divergence réagissait à l'intérieur des monastères.
Parmi les frères, les uns exagéraient les austérités ; d'autres
s'y prêtaient moins. Il manquait une loi commune à tous ;
qu'elle eût manqué longtemps encore, et l'avenir de l'Institut
en était compromis. C'est à ce besoin imminent qu'il fallait
songer d'abord.

Le premier Chapitre général se réunit donc sous la présidence de Hugues, vers 1130. Etaient présents : Gautier de
Saint-Maurice, abbé de Saint-Martin de Laon ; Richard,
abbé de Floreffe; Henri, abbé de Viviers ; Waltmann, abbé
de Saint-Michel d'Anvers, et Odon, abbé de Bonne-Espérance.
L'exigence de la situation défendait tout ajournement qu'eût
nécessité la convocation d'un plus grand nombre. Il n'y fut
pas moins statué sur des points très importants, qui furent
plus tard sanctionnés par d'autres Chapitres et par les Souverains Pontifes. Il fut notamment arrêté, d'après les instructions positives de saint Norbert :

1° Que l'Abbé Général serait élu à vie, et qu'il en serait de
même des Abbés ou Prévôts de toutes les Communautés de
l'Ordre.

2° Que le Chapitre Général serait le dernier et le suprême tribunal de l'Ordre, qu'il serait annuel et que tous les Abbés et Prévôts s'y rendraient, chaque année, le jour de Saint-Denis (9 octobre) à Prémontré.

3° Qu'en maintenant l'abstinence de viande pour toute l'année, on restreindrait à sept mois, de l'Exaltation de la Sainte Croix à Pâques, l'obligation du jeûne, qui d'ailleurs paraît n'avoir jamais été continuel, au moins comme prescription absolue.

4° On y arrêta en détail les devoirs communs et particuliers des frères. Ce fut la première rédaction écrite des *Statuts de l'Ordre*.

Telle fut, ou à peu près, l'œuvre du premier Chapitre Général de l'Ordre de Prémontré. Cette première conférence était le point de départ d'une institution qui assura la considération, les vertus et l'action extérieure de l'Ordre. Tant que Hugues vécut, elle se reproduisit chaque année. Chaque année aussi, le Chapitre se grossissait de nouveaux assistants; la seconde année, il y en eut neuf; la troisième, douze; la quatrième, dix-huit. Du vivant de Hugues, qui mourut en 1161 ou 1164, on y compta jusqu'à 120 Abbés ou Prévôts : on était loin alors des six Capitulants de la première réunion. Dieu avait béni l'œuvre de Norbert, et l'institution des Chapitres annuels en était l'une des forces les plus actives et les plus puissantes.

Le cœur du saint Fondateur dut tressaillir de joie à la nouvelle de l'activité que déployait Hugues pour le bien de l'Institut. Toutefois, depuis que la Providence l'avait subitement séparé de sa famille religieuse, il désirait avoir près de sa personne un établissement des clercs réguliers formés par lui.

Or, il y avait précisément en face du palais épiscopal, une église collégiale dédiée à la Mère de Dieu, où vivaient quelques chanoines séculiers, sous l'autorité d'un prévôt. Elle avait été érigée en 1016, par l'archevêque Géron, et dotée des biens de l'hôpital de Rotersdorff, fondé par l'empereur Othon le Grand. La collégiale avait, depuis un siècle, subi le sort de toutes les choses humaines ; et quand Norbert prit possession du siège de Magdebourg, les chanoines de Sainte-Marie étaient loin d'être édifiants. L'état matériel de leur église laissait pareillement beaucoup à désirer. L'installation des Prémontrés semblait donc pouvoir s'y effectuer sans difficultés et y être acceptée bénévolement, soit par la population, soit par les intéressés eux-mêmes. Norbert, qui ne voyait que le bien à réaliser, s'ouvrit de son désir au roi Lothaire. Bien des fois, il le manifesta aux chanoines de la Cathédrale, qui étaient les patrons de la collégiale de Sainte-Marie. Ne voulant point user de contrainte, il fit une demande modeste aux chanoines de Sainte-Marie eux-mêmes, s'efforçant de les convaincre qu'il les dédommagerait, et leur assurerait, par une transaction équitable, des revenus viagers égaux et même supérieurs à ceux dont ils jouissaient. Les chanoines ne voulurent rien entendre, et il se forma contre le projet de l'archevêque une opposition formidable qui dura plusieurs années (1126-1129).

A la tête de l'opposition, était l'archidiacre, qui s'appelait Atticus, ou Hazeko, selon la forme saxonne de son nom. Celui-ci vint en personne trouver Lothaire. Il voulait l'indisposer contre les projets de Norbert, comme étant contraires au prestige de la couronne qui devait couvrir cette fondation royale. L'archevêque, disait Atticus, allait faire venir à Magdebourg des étrangers qui se moqueraient des droits royaux et ne rendraient pas au roi la soumission qui lui était due. Heureusement Lothaire connaissait l'archevêque de Magdebourg; il renvoya Atticus, sans l'avoir entendu.

Lothaire agréa donc le changement; et, dès les premiers mois de 1129, Norbert introduisit ses religieux dans la collégiale de Sainte-Marie. Voici la charte donnée par le Saint, le 29 octobre 1129, pour confirmer cette mesure : « Au nom « de la Sainte et Indivisible Trinité. Norbert, par la grâce « de Dieu, archevêque de l'Eglise de Magdebourg. A tous « présents et à venir faisons savoir qu'ayant considéré l'état « de l'église de Magdebourg, nous avons à cœur d'y relever « l'éclat de la religion, de la rétablir dans ses immunités, d'y « réformer les abus qui s'y sont glissés, et de perfectionner « le bien que nous y avons trouvé établi. Or nous avons re- « connu que l'église de Sainte-Marie, située en cette ville, « était si étrangement tombée en décadence, au dedans et au « dehors, que les édifices mêmes étaient presque en ruines, « et qu'il n'y avait plus de quoi faire vivre seulement les

« douze chanoines qui doivent, d'après la fondation, y célé-
« brer l'Office divin. Une partie de leurs fonds avait été dis-
« tribuée aux officiers du prince ; une autre était inculte par
« la négligence des clercs ; le reste avait été envahi par les
« voisins, sans espérance de pouvoir le recouvrer.

« Nous donc, ayant égard à leur pauvreté et à leurs fré-
« quentes réclamations, souhaitant d'ailleurs voir plutôt
« croître l'Eglise que de la voir diminuer, nous avons obtenu
« des chanoines par nos prières, nos exhortations et nos
« conseils qu'ils céderaient leur église à des religieux menant
« la vie commune sous la Règle du Bienheureux Augustin,
« et qu'ils s'abandonneraient à notre disposition sans res-
« triction aucune. Or, voulant les replacer sous la discipline
« claustrale et le gouvernement d'un doyen, nous les avons
« incorporés à d'autres églises de la ville. Nous en avons
« placé quelques-uns dans l'église de Saint-Nicolas. Aux
« autres, nous avons assigné une part des revenus de Sainte-
« Marie. Nous avons transféré à nos frères les anciens fonds
« et droits de l'église Sainte-Marie ; et, en vue de leur procu-
« rer une paix et une tranquillité plus solide, nous avons
« ordonné qu'à l'avenir ils ne dépendraient que de nous et
« de nos successeurs archevêques. Afin donc que ces dispo-
« sitions soient inébranlables, nous les confirmons par l'au-
« torité des saints apôtres Pierre et Paul. A ceux qui les
« conserveront, paix et rémission de leurs péchés. Que si
« quelque personne, de quelque condition qu'elle soit, osait
« détruire le fruit de notre travail, et, par un téméraire
« attentat, troubler les pauvres du Christ, qu'elle soit
« anathème, jusqu'au jour du Seigneur. Fait l'an de l'Incar-
« nation de Notre-Seigneur 1129, le 29 octobre, dans
« l'abbaye de Saint-Jean-Baptiste (de Bergen), au faubourg
« de la ville de Magdebourg. »

Aussitôt après la nouvelle fondation de Norbert, la direction du zèle religieux vers le pays slave prit un nouvel essor.
De Sainte-Marie sortit une armée d'apôtres pour arborer la
croix de Jésus-Christ dans tout le ressort de l'archidiocèse.
Ils avaient devant eux un vaste champ d'action, et, pendant
plus d'un siècle, ils le cultivèrent avec ardeur. Le monastère
de Sainte-Marie devint presque aussitôt le foyer du zèle
apostolique pour la Saxe orientale et le Wendenland. De là

s'envolèrent à tous les vents les étincelles du feu sacré. Des prévôts, des apôtres, des évêques en sortirent pendant plusieurs générations. Ste-Marie fut le Prémontré de l'Allemagne du Nord.

Les abus s'étaient glissés, depuis des années, dans toutes les branches de l'administration diocésaine. Il y avait à Magdebourg un hôpital fondé par le premier archevêque, Adelbert. En 1130, les revenus, destinés à la nourriture des indigents, ne servaient qu'à entretenir le luxe des riches. Norbert ne put supporter plus longtemps la vue de ce désordre criant; et, pour assurer le patrimoine des pauvres, il transféra à ses religieux de Sainte-Marie l'administration des revenus de l'hôpital de Saint-Adelbert. Nous avons encore la Charte qui inaugura cette mesure réformatrice : « Au nom de la « Sainte et Indivisible Trinité. Nous, Norbert, par la grâce « de Dieu, archevêque de la sainte Église de Magdebourg. « Adelbert, notre prédécesseur, de pieuse mémoire, ayant « fait construire par sa libéralité un hôpital auprès de l'église « de la bienheureuse et très glorieuse Marie, nous l'avons « trouvé, contre nos prévisions, presque réduit à rien. Au « point que ceux qui devaient y recevoir leur subsistance « quotidienne, se voyaient contraints de mendier honteuse- « ment et misérablement leur vie. Touché de leur malheur « et de leurs besoins, de l'avis et consentement des anciens, « nous avons confié et transféré à perpétuité le soin et l'ad- « ministration de cet hôpital, avec toutes ses dépendances, à « nos frères de l'église de Sainte-Marie. Fait au faubourg de « la ville de Magdebourg, l'an de l'Incarnation du Seigneur « 1130. Etaient présents et témoins Lindolphe, évêque de « Brandebourg, Gombert, évêque de Havelberg, Hartwic, « évêque de Meissen. »

L'hôpital restauré par les soins de l'archevêque de Magdebourg, subsista jusqu'en 1631, date funeste pour la ville et pour la Saxe tout entière. C'est alors que Magdebourg fut réduite en cendres, et l'hôpital, enveloppé sous les ruines de la cité. Ce qu'avait relevé le zèle intelligent de Norbert, le vrai réformateur, disparaissait dans une guerre religieuse allumée par le faux réformateur Luther.

Au milieu des préoccupations que devaient lui causer des fondations de cette importance, Norbert n'était pas resté enfermé dans Magdebourg. Plus d'une fois les affaires de l'Etat l'avaient enlevé à sa ville et à son diocèse. A Noël, en 1127, nous le trouvons à Wurtzbourg, avec le roi Lothaire et les archevêques de Mayence et de Salzbourg. On s'occupa de nouveau, à la diète, de l'élection de Gebhard, évêque de Wurtzbourg, et les trois archevêques excommunièrent solennellement le compétiteur de Lothaire, Conrad, qui, enflé de quelques succès partiels, avait pris le titre de roi.

De Wurtzbourg, le roi passa à Aix-la-Chapelle, où il séjourna quelque temps. Le 13 juin (1128) Norbert se trouvait à la cour royale, et il est nommé parmi les témoins, dans un diplôme de Lothaire, relatif à Saint-Servais de Maestricht. Le 22 juillet de la même année, Norbert revit sa patrie, où il n'était pas rentré depuis près de dix ans (1118-1128). Il est remarquable que, s'il y vint, ce ne fut point le fait des chanoines de la collégiale. On dirait que sa sainteté et sa gloire n'avaient pu vaincre leur mauvais vouloir. C'est à la prière, et sur l'invitation de l'archevêque de Cologne, resté son ami, que le fils d'Hadwige reparut à Xanten, pour y consacrer à nouveau l'église collégiale, laquelle, brûlée en 1109, venait d'être complètement rebâtie. La cérémonie de la Dédicace eut lieu le 22 juillet.

Le prévôt d'alors se nommait Godefroid, et le doyen Godeson. Bien des événements s'étaient accomplis depuis l'automne de 1118. Le chanoine de Xanten, qui avait dû s'enfuir devant la malveillance de ses collègues, était devenu un prince de l'Eglise ; l'auréole de la sainteté brillait à son front ; partout on l'acclamait comme un thaumaturge, et son ingrate patrie était toute fière sans doute de le voir présider une cérémonie qui intéressait la ville entière. Les fêtes de Xanten durèrent deux jours, disent les mémoires de la collégiale. Le premier jour, Norbert consacra l'Eglise elle-même, en l'honneur de la sainte Croix, de la Vierge Marie, de saint Victor, patron de la cité, et de sainte Madeleine, et de plus le maître-autel et celui qui était sous le grand crucifix. Le lendemain 23 juillet, il consacra les autels collatéraux, l'autel de Notre-Dame dans la crypte, et l'autel de Saint-Pierre situé derrière l'autel principal. Le cœur si affectueux de Norbert dut tressaillir d'émotion en saluant les lieux qui avaient été témoins de ses premières années, où reposaient son père et sa mère, et où il avait célébré pour la première fois l'auguste sacrifice. Avec quel bonheur il dut visiter les moines de son monastère du Fürstenberg, au faubourg de la ville! En quittant Xanten, il emporta avec lui un trésor précieux, je veux dire plusieurs parcelles du corps de saint Victor, pour en doter sa chère abbaye de la Grâce-Dieu.

CHAPITRE VINGTIÈME

Les émeutes de Magdebourg (1129).

L'on se tromperait étrangement si l'on pensait que les réformes et les fondations racontées au chapitre précédent s'étaient accomplies sans difficultés et sans contradictions. Il est dans la nature humaine de rejeter avec violence tout ce qui la gêne et la contrarie ; quiconque ose s'attaquer à des abus invétérés, est sûr de rencontrer une opposition désespérée ; et celui qui veut effectuer des réformes, aura toujours tort aux yeux de ceux qui ont quelque intérêt à croupir dans de vieilles habitudes de relâchement et d'indifférence. Et d'ailleurs tous les Saints qui ont voulu marcher sur les pas du divin Crucifié, n'ont-ils pas eu, un jour ou l'autre, à suivre la voie royale de la Croix, à subir leur Passion douloureuse et à porter le lourd fardeau de la calomnie et de la persécution ? Ce double phénomène ne pouvait manquer de se produire à Magdebourg ; les Saxons, laïques et clercs, irrités de voir attaquer leurs vieilles et commodes coutumes, se liguèrent contre le réformateur ; et Norbert connut la vérité de la parole de son Maître adoré : *Bienheureux ceux qui souffrent persécution pour la justice* (Matt., v) ! Depuis sa conversion, Norbert a rencontré plus d'une épreuve ; mais, si chaque Saint, à l'exemple du Christ Sauveur, doit avoir sa Passion, voici la Passion de saint Norbert qui s'ouvre.

Nous trouvons dans *l'Appendice des frères de Cappenberg* à la vie du Fondateur, un intéressant épisode de l'opposition des laïques aux réformes de Norbert. Dans un village, nommé Bouland, résidait un puissant seigneur qui mettait, comme tant d'autres alors, son bonheur à piller les propriétés de ses voisins. Entre autres violences et brigandages, il s'était approprié un cens de vin affecté par les bienfaiteurs à la célébration du sacrifice de la Messe, dans la Métropole. Norbert, faisant la visite pastorale de son diocèse, arriva à Bouland. Intrépide, quand il s'agissait dès devoirs de sa charge, il mande le gentilhomme, qui faisait la terreur du pays : « De « quel front, lui dit-il, osez-vous faire outrage au bienheureux « Maurice, patron de notre Cathédrale, et garder injustement « des revenus constitués pour la célébration des saints mys- « tères? — Non pas, répondit le seigneur ; je suis le légitime « possesseur de ces biens que m'ont transmis mes pères ; ils « resteront à moi. — Eh bien ! reprit l'homme de Dieu, sachez, « mon frère, qu'avant la fin de cette année, vous serez, par le « jugement de Dieu lui-même, chassé d'un bien que vous « détenez injustement. » L'événement ne tarda pas à justifier la prophétie ; cette année-là même, le malheureux endurci périt misérablement de la main de ses ennemis.

Si l'opposition aux réformes de Norbert était vive et remuante parmi les laïques, elle l'était bien plus encore dans le clergé. Il en coûte toujours à l'homme tombé dans l'indifférence religieuse d'être secoué de sa torpeur ; et le prêtre, qui se laisse glisser des hauteurs de son royal sacerdoce, tombe infailliblement plus bas que tout autre. C'est ce qui était arrivé à Magdebourg. Les clercs incontinents eussent voulu étouffer dans le sang la voix du réformateur importun.

Une partie du Chapitre de la cathédrale se mutina contre son saint archevêque. Il renfermait sans doute de bons éléments : le prévôt Frédéric, Conrad, celui qui fut plus tard le successeur de Norbert à Magdebourg, et bien d'autres étaient recommandables par leur vertu ; mais là se trouvait le foyer d'une ligue qui avait voué à l'archevêque une haine mortelle. Plus il réformait, plus cette haine s'accroissait ; plus il s'approchait d'eux, plus énergiquement il s'efforçait d'influencer leur vie, plus aussi leur inimitié augmentait en intensité. L'âme de cette opposition, sourde d'abord, et bientôt turbulente, était l'archidiacre Hazeko, homme téméraire, entreprenant et rancuneux. Sa dignité d'archidiacre en faisait un personnage influent ; c'est lui qui, par ses intrigues, se montra jusqu'à la fin le plus redoutable ennemi de Norbert.

Hazeko, ne voulant pas agir ouvertement, lança d'abord contre Norbert des meurtriers achetés à prix d'argent. C'était le 12 avril 1129. Le 10 avril, l'archevêque était à plus de vingt lieues de Magdebourg, à Goslar, avec le roi Lothaire, où il

*Comprenant la grandeur de ses obligations, il arrache
des mains des usurpateurs le patrimoine qui lui a été
confié. A l'un d'eux qui ne veut pas réparer ses vols
sacrilèges, il prédit une mort tragique et prochaine.*

signait, au vieux château impérial de Kaiserburg, un diplôme pour l'abbaye de femmes d'Altena ou d'Elten. Il revint, en toute hâte, à sa ville épiscopale, pour y présider les grandes solennités de la Semaine-Sainte. Le Jeudi-Saint, Norbert était au tribunal de la Pénitence, accueillant avec bonté les pécheurs qui venaient en foule implorer le pardon de Dieu. Parmi les pénitents se présente un jeune homme, recouvert d'un long manteau, qui demande avec instance à être immédiatement introduit près de l'évêque pour faire sa confession. Le portier l'annonce à l'homme de Dieu, qui lui répond : « Ne « le laissez pas entrer. » Le pénitent insiste, et veut pénétrer sans retard. Force lui fut d'attendre que toute la foule fût écoulée ; et il put enfin entrer dans l'appartement de l'archevêque.

Evidemment il avait plu à Celui qui voit tout de révéler à son serviteur le crime qui se préparait. Quand il aperçut le faux pénitent, il lui cria de loin : « Au nom de Dieu, arrêtez- « vous ; et n'approchez pas de votre évêque. » Norbert le fait dépouiller de son manteau par des serviteurs du palais. On aperçoit alors pendre à son côté un énorme poignard d'un pied et demi. On lui demande pourquoi il est venu ainsi armé. Tremblant et interdit, l'assassin tombe aux genoux de Norbert, et confesse qu'il a été soudoyé pour le tuer. Il nomme ceux qui ont été les instigateurs du forfait. Les hommes qui formaient le conseil habituel du Pontife étaient les auteurs de cette conspiration, et Hazeko était le chef du complot.

Le traître, sur l'avis des serviteurs, fut mis en prison, non pour être puni, mais pour qu'il eût le temps de découvrir tous les fils de la conjuration. Les complices pourraient rentrer en eux-mêmes, en voyant la clémence de leur archevêque. Tant de bonté ne désarma pourtant pas la haine des opposants. Un nouveau complot fut tramé dans l'ombre ; et l'un des clercs de la maison de Norbert, plus audacieux que les autres, se chargea de l'exécuter. Une nuit, selon sa coutume, l'archevêque venait assister aux Matines à la cathédrale. L'assassin s'était mis en embuscade derrière la porte, attendant sa victime. Les chapelains s'avancent les premiers ; et le meurtrier se précipite sur celui qui fermait la marche, pensant que c'était l'évêque. Il frappe ; le clerc, nageant dans son sang, s'écrie : « L'on me tue. » Au son de la voix, l'assassin s'aperçoit de sa méprise. Norbert avait passé au milieu de ses chapelains sans être reconnu. Vite le clerc parricide s'échappe. On court après lui : « Laissez, dit le magnanime prélat, ce malheureux « s'en aller en paix, et ne lui rendons pas le mal pour le mal. « Mon heure n'est pas encore venue; attendons-la, jusqu'à « ce qu'il plaise au Seigneur de nous rappeler à lui. Ceux « qui ont armé cet homme ne dorment pas; ils ont juré ma « mort. Ils ne réussiront qu'à faire éclater la toute-puissance « du Dieu qui veut bien se servir de moi pour faire son « œuvre. »

Le principal grief des clercs de Magdebourg était l'introduction des Prémontrés dans la collégiale de Notre-Dame. La préférence marquée que Norbert témoignait visiblement à ses confrères irritait les autres ecclésiastiques, et fit naître le soupçon que Norbert n'attendait qu'une occasion favorable pour faire aussi occuper la cathédrale par les chanoines Prémontrés. Ce soupçon prit de la consistance, lorsque le pieux prélat manifesta publiquement l'intention de consacrer de nouveau la cathédrale souillée par un crime honteux, que les deux biographes et la chronique de Magdebourg ne désignent pas autrement. On dirait que les historiens, par un sentiment de pudeur, n'ont pas voulu spécifier le forfait qui avait profané la maison de Dieu.

Le fait de la profanation, attesté par plusieurs témoins dignes de foi, étant indubitable, Norbert rassembla son Chapitre, et représenta aux chanoines que, selon l'autorité des canons ecclésiastiques, l'église polluée devait être solennellement réconciliée, avant de servir au culte divin. Aux chanoines qui, Hazeko en tête, prétendaient qu'on ne devait pas renouveler la consécration de la basilique, Norbert répondait: « Je n'y célébrerai jamais les saints mystères, avant « d'avoir accompli la réconciliation liturgique. » La majorité des chanoines voulut au moins soumettre le cas à un synode, pour y faire citer les coupables et y faire la preuve du crime commis. Cette opposition serait inexplicable, si les chanoines n'eussent cru apercevoir une autre intention dans cette nouvelle consécration, c'est-à-dire une donation formelle de la cathédrale aux Prémontrés. C'est cette crainte qui perce sous le refus de la réconciliation demandée par l'archevêque.

Elle eut lieu la nuit suivante, du 29 au 30 juin 1129. Anselme, évêque de Havelberg, son fidèle disciple et son ami dévoué, et Godebold, évêque de Misnie (Meissen), aussi son suffragant, tous les deux mandés par l'archevêque pour l'assister dans la réconciliation du temple, étaient là. En présence du prévôt Frédéric qui lui était dévoué, des chanoines restés fidèles à leur évêque, et de plusieurs de ses frères Prémontrés, il pénétra dans la cathédrale. Revêtu des ornements sacrés, il accomplit, avec une dévotion admirable, les rites de la sainte liturgie. Sa vive foi se délectait dans ces grandes et solennelles cérémonies par lesquelles on consacre le lieu où doivent reposer le Corps et le Sang du Seigneur.

Pendant que ces choses se passaient à l'intérieur de la cathédrale, au dehors la ville de Magdebourg présentait un tout autre aspect. Les chanoines opposants avaient eu connaissance de la cérémonie qui s'accomplissait. Ils firent sonner les cloches de la métropole; et, comme ni le fait de la consécration de l'église, ni celui de l'introduction des Prémontrés à Sainte-Marie, n'était de nature à électriser les masses, ils font répandre le bruit que Norbert a brisé les autels, violé les châsses des Saints et enlevé leurs reliques, et qu'il voulait les dérober, ainsi que tout le trésor de la cathédrale, à la faveur de la nuit. Annaliste de Saxe, Annales de Magdebourg, chronique des archevêques de Magdebourg, tous les écrivains du pays et du temps allèguent le même motif. La calomnie était grossière; mais les opposants avaient visé juste; rien, à cette époque, ne pouvait plus irriter le peuple que la menace de la perte de ses précieuses reliques. Les reliques étaient comme le symbole sensible du culte divin.

La nouvelle, imaginée par la haine, fut vite répandue dans les quartiers de la ville. Au cri de : « Nos reliques sont en danger », une foule énorme, accourue de tous les points de la cité, entoura la cathédrale. La réconciliation venait de s'achever; le Pontife et ses ministres étaient encore revêtus des ornements sacrés, lorsque soudain un effroyable tumulte se fit entendre jusque dans l'enceinte du temple.

Norbert voulut se présenter à la foule; il est possible qu'un homme d'un aspect aussi imposant eût calmé le peuple par son apparition sous les ornements archiépiscopaux;

mais on était au milieu des ténèbres de la nuit ; le peuple ne pouvait le voir. Sa parole se serait perdue dans le tumulte. Ceux qui l'entouraient le lui firent comprendre : on le contraignit de monter dans une vieille tour, attenante à l'église bâtie par l'empereur Othon Ier, en forme de forteresse.

Ainsi se passa la nuit du 30 juin ; d'un côté, l'insurrection se grossissant et les esprits s'échauffant ; de l'autre, des chants et des prières, le saint archevêque communiquant aux siens quelque chose de son grand courage. Dès que vint le matin, les émeutiers redoublèrent d'animosité : les uns montent à l'assaut de la tour fortifiée ; les autres lancent des traits et des flèches contre le Pontife et ses clercs ; quelques-uns, les plus audacieux, pénétrant, on ne sait par quelles entrées secrètes, dans les escaliers de la tour, arrivent au sommet, là même où se tenait Norbert avec sa troupe fidèle. Dès qu'il les voit se précipiter le glaive à la main, il s'avance à leur rencontre, ainsi que l'avait fait le divin Maître dans le jardin des Oliviers : « Vous n'en voulez qu'à un seul, dit l'intrépide archevêque, me voici. Epargnez ceux-ci ; ils n'ont point mérité la mort. »

Cependant la foule des émeutiers avait pénétré dans la tour, ignorant ce qui se passait au sommet. Un des camériers de l'archevêque, lequel défendait un passage de la forteresse, reçut un coup d'épée dans la gorge et tomba ; on le laissa pour mort. Norbert, l'ayant vu, se précipite au milieu de la foule ennemie. Ses fidèles veulent le retenir : « Non, répond le Saint, il ne sera pas dit que l'un « des miens est tombé pendant que je vis encore ! » Il reçut des soufflets et des coups de plat d'épées. Celui qui avait blessé le soldat aperçoit Norbert et, de son glaive tout sanglant, ne craint pas de frapper violemment l'épaule du Saint. Mais, ô prodige ! le fer de l'épée s'émoussa et rebondit, comme si le coup eût porté sur un diamant. Seulement il tacha les franges de la mitre épiscopale ; tant que Norbert vécut, les taches de sang se virent sur sa mitre.

Henri, le burgrave de Magdebourg, était absent de la ville, Norbert le fit immédiatement prévenir de ce qui se passait. Et ce magistrat revint en toute hâte pour calmer la populace. Il parcourut les rangs de la multitude et promit aux mécontents de traiter toute cette affaire à un jour qu'il détermina ;

Pendant qu'il réconcilie l'église Saint-Maurice avec deux évêques et un nombreux clergé les meurtriers ameutés s'élancent. Il s'avance au-devant d'eux et leur présente sa poitrine. Une épée frappe son épaule qui résiste comme un diamant à ses coups.

ceux qui croyaient avoir à porter plainte contre l'archevêque
seraient entendus à son tribunal, et recevraient bonne justice, s'il y avait lieu. Cette promesse remit le calme dans la
ville, et tous se retirèrent, sur l'ordre du juge.

L'on pouvait croire qu'après l'orage le calme serait durable; il n'en fut rien. La haine a ses mystères d'iniquité; c'en
est un que l'acharnement qu'elle met à poursuivre ses desseins pervers. Dès le lendemain, les ennemis de Norbert
renouèrent leurs intrigues. Ils voulaient en finir avec un
homme qui ne leur avait, disaient-ils, échappé que par les
secrets de la magie. Il ne céderait jamais, il continuerait de
vouloir tout réformer, sans égard pour les personnes et pour
les dignités les plus élevées. Ils jurèrent dans leurs assem-
blées que, quand viendrait le jour fixé par le burgrave, chacun boirait un pot d'hydromel ou d'excellent vin, pour
s'échauffer et se mettre en état de plaider leur cause et de la
gagner par la force, si le juge ne la terminait pas à leur gré.
S'il arrivait quelque accident, on l'imputerait à l'ivresse et
non à la préméditation. Quiconque n'obéirait pas à cette
injonction, devrait voir sa maison détruite ou confisquée, et
ses meubles seraient pillés pour être mis à la disposition des
principaux chefs de ce singulier sénat.

Cependant le secret du complot fut mal gardé. Quelques
seigneurs du pays en eurent connaissance. Admirateurs et
amis du saint évêque, ils le prévinrent du nouveau danger
qui le menaçait et ils lui donnèrent le conseil de quitter la
ville pour quelque temps; il s'y refusa absolument et déclara
avec joie vouloir attendre la palme du martyre dans sa ville
épiscopale. Le jour du jugement arrive. Comme à un signal
donné, voilà que la bourgeoisie et la populace excitées, se
répandent en poussant des cris de rage dans les rues et sur
les places de la ville. Le rendez-vous général était devant le
cloître de Sainte-Marie. Norbert, entendant tout ce tumulte,
demande ce que peut être : « C'est le peuple, lui répondit-on,
« qui veut chasser les frères du monastère où vous les avez
« installés. — Non, dit le Saint, en souriant; ne craignez
« pas; ce que le Père céleste a planté de sa main ne saurait
« être arraché par la main des hommes. »

Cependant les attroupements devenaient plus menaçants;
on le força de quitter une cité où sa vie n'était plus en sûreté.

On n'eut que le temps de préparer son attelage, et il se réfugia dans l'abbaye bénédictine de Saint-Jean-Baptiste, ou Closter-Bergen, alors située dans un des faubourgs, et qui est aujourd'hui au centre de la ville. Il n'y resta que peu de temps; après y avoir réglé les affaires les plus urgentes de son diocèse, et pris les mesures nécessitées par son absence, ne voulant pas exposer les religieux de Bergen aux attaques d'une populace furieuse, il se dirigea vers le manoir épiscopal de Gevekenstein; mais ses ennemis l'y avaient devancé, et lui en fermèrent les portes. Exilé, proscrit au milieu de son propre diocèse, Norbert revint demander l'hospitalité au monastère des chanoines Augustins du Petersberg, à neuf lieues de sa ville rebelle. De sa retraite, après avoir inutilement invité les séditieux à lui donner satisfaction, il lança l'excommunication sur la ville de Magdebourg, triste et malheureux d'y être contraint. L'arrangement projeté ayant été malignement entravé, il ne restait plus à l'archevêque qu'à se servir des armes spirituelles; mais combien son cœur de père dut saigner en frappant des enfants qu'il portait dans son cœur, malgré leurs fautes!

Quand peu à peu le calme et la réflexion revinrent, on s'empressa de donner satisfaction à l'archevêque. Son absence faisait sentir à tous la grandeur de sa perte, et les auteurs de son exil furent les premiers à solliciter son rappel. Une députation vint le trouver au Petersberg, lui offrant une réparation et l'assurant du dévouement inaltérable de tous les habitants. L'archevêque les accueillit avec sa douceur ordinaire, il ne demandait qu'un repentir sincère; dès qu'on le lui offrit, il leva l'anathème qui pesait sur la ville, six semaines après l'avoir prononcé.

La réconciliation était faite. Les bourgeois de Magdebourg reconduisirent Norbert au manoir épiscopal de Gevechenstein, qu'ils avaient fermé devant lui, six semaines auparavant. Son retour à Magdebourg fut un glorieux triomphe; son entrée dans la ville métropolitaine, une véritable ovation. L'élite de la noblesse était à ses côtés; la bourgeoisie le suivait; le peuple acclamait le saint Pontife, le héros de l'humilité et de la persévérance.

Norbert venait de remporter un triomphe définitif; il s'était conquis pour lui et les siens une patrie à Magdebourg.

A dater de sa rentrée solennelle dans sa ville épiscopale, jamais peuple ne se montra plus soumis que le sien. Il retirait d'ailleurs les plus précieux avantages de cette lutte victorieusement soutenue. Son inébranlable constance au milieu des périls avait donné à tous la conviction que l'archevêque luttait pour des intérêts plus élevés que ceux que lui supposaient bassement ses ennemis; et le noble esprit de conciliation et de douceur avec lequel il offrit la main en signe de paix à ses diocésains repentants, démontra qu'il était bien loin d'être ce prélat rigoriste, dur et ambitieux que l'on décriait. Et comment ne pas voir une éclatante protection du Ciel sur ce prince de l'Église qui, dans un péril de mort si manifeste, avait tenu tête à l'orage, avec un courage invincible, et reparaissait triomphant avec l'intégrité de sa foi, et sans même avoir reçu une blessure? Lorsque le peuple vit dans la suite avec quelle ardeur il se vouait au culte de Dieu; à quel point il travaillait, même aux dépens de ses forces, au réveil de la foi et des mœurs chrétiennes; quelle cordiale bonté il témoignait aux délaissés, aux pauvres, aux veuves et aux orphelins; alors, sans exagération de parole, on peut bien assurer qu'il fut écouté comme un envoyé du ciel, aimé comme un père, vénéré comme un protecteur et un Saint. L'auréole de la persécution avait orné son front de « ce je ne sais quoi d'achevé, que donne le malheur » virilement accepté.

Voici sous quels traits la *Vie* du Saint nous trace le tableau des cinq dernières années de sa vie archiépiscopale. Le pieux évêque n'usa de son triomphe qu'en vue de poursuivre le but qu'il s'était proposé, en courbant ses épaules sous le fardeau de l'épiscopat. Il s'appliquait journellement à entourer d'un nouveau prestige le ministère que le Seigneur lui avait confié; et il fit jusqu'à la fin de sa carrière ici-bas de constants progrès dans la piété et la vertu. Défenseur de l'unité de la sainte Église du Christ; il ne laissait pas de repos aux schismatiques et aux perturbateurs de l'ordre public. Il était l'ami et le conseiller de tous les gens de bien; aux affligés il portait conseil et consolation; les pauvres, les veuves et les orphelins trouvaient en lui un père. Religieux exemplaire dans les moindres détails de sa vie, à tous les religieux il accordait ses encouragements et sa protection. Autant que le comportait la dignité de sa charge, on le voyait affable et bon avec les petits et les faibles, aussi bien qu'avec les riches et les seigneurs. Ne croyant pouvoir jamais assez témoigner sa gratitude au Dieu qui l'avait tant aimé, il rapportait chaque jour à son honneur l'estime que l'on avait de lui et la jouissance des douceurs intérieures que lui faisait goûter la miséricorde divine.

D'un bout à l'autre de l'Europe chrétienne, le nom de l'archevêque de Magdebourg était sur toutes les lèvres. Son illustre ami, saint Bernard, en particulier, applaudissait de loin à la renaissance catholique dont Norbert était devenu, au nord de l'Allemagne, le porte-drapeau. Nous en avons la preuve dans la lettre qu'il écrivit, en 1132, à l'archevêque élu de Cologne. Frédéric de Carinthie, celui qui avait été le protecteur et l'ami de Norbert, même avant la conversion du gentilhomme de Xanten, venait de mourir (25 octobre 1131), après plus de trente ans d'épiscopat. Bruno II, fils d'Engelbert, comte d'Altena, fut élu pour lui succéder, vers la fin de 1131. Bruno pensa qu'il était de son devoir de prendre conseil d'un directeur éclairé; il s'adressa naturellement à celui qui était la lumière de son siècle, à saint Bernard. L'humble abbé de Clairvaux lui répondit aussitôt par une de ces lettres ardentes et vives, claires et lumineuses qui tombaient chaque jour de sa plume. Il commence par exposer, de main de maître, le sublime mystère de la vocation aux fonctions ecclésiastiques. Il tremble à la vue d'une si lourde charge, et des dispositions insuffisantes de l'élu. Et pourtant, si c'est Dieu qui l'appelle, ce serait un crime de refuser l'honneur de l'épiscopat. Ne pouvant donner une réponse certaine, il recommande à Bruno la prière et lui promet le modeste secours de ses propres suffrages. « Au surplus, ajoute le saint « abbé, n'avez-vous pas dans votre voisinage le seigneur « Norbert? Vous ne sauriez mieux faire que de le consulter « en personne, sur toutes ces graves questions. Et d'ailleurs « ce vénérable prélat est d'autant plus propre à pénétrer les « mystères divins, qu'on le connaît pour être bien plus près « de Dieu que nous ne le sommes nous-même. »

CHAPITRE VINGT ET UNIÈME

Le Schisme de Pierre de Léon (1130-1134).

Durant tout son pontificat, qui fut de cinq ans, un mois et
quelques jours, Honorius II exerça sans obstacles l'autorité
apostolique sur toute la chrétienté, y compris l'Église
Grecque. Cependant, au milieu de la soumission générale
des nations chrétiennes au Vicaire du Christ, un œil vigilant
avait aperçu et signalé des points noirs à l'horizon de l'Église
Catholique : c'était le saint archevêque de Magdebourg.
« Vous me demandez, écrivait, vers 1128, saint Bernard
« à Geoffroy, évêque de Chartres, si le seigneur Norbert
« a l'intention de faire le pèlerinage de Jérusalem ; je l'ignore
« absolument. J'eus le bonheur de le voir, il y a peu de
« jours ; et il m'honora d'un assez long entretien, durant
« lequel je bus avec avidité les paroles qui coulaient de ses
« lèvres comme d'une source céleste ; mais je ne lui entendis
« rien dire de ce voyage. Comme je lui demandais ce qu'il
« pensait de l'antéchrist, il me parut bien convaincu qu'il
« apparaîtra de nos jours, et que la génération présente le
« verra. Je le priai de me dire sur quoi il fondait une telle
« conviction ; mais sa réponse ne put me persuader qu'il eût
« raison. En résumé, il m'assura qu'il s'élèverait avant sa
« mort une persécution générale dans l'Église. »
Saint Bernard, qui professait une si haute admiration pour
les lumières de son ami, et qui, en parlant de lui, se servait
de termes si extraordinairement élogieux, ne crut pas néanmoins devoir se ranger à son opinion sur l'avènement d'un
certain règne de l'antéchrist. Et cependant la prédiction, ou
si l'on veut, le pressentiment de Norbert était certainement
une vue prophétique. Devant les yeux de celui qui devait
être, avec saint Bernard lui-même, le plus puissant défenseur
de l'unité de l'Église, il paraît bien que l'Éternel avait daigné

soulever un coin du voile qui nous cache l'avenir. L'abbé de Clairvaux ne comprit pas tout d'abord le sens de la prophétie. Mais lorsque, deux ans plus tard, il vit les ravages que causait au sein de l'Église l'antipape Pierre de Léon, il se souvint de l'oracle de Norbert, et publia hautement, devant qui voulait l'entendre, que le règne de l'antéchrist était venu. A Hildebert, archevêque de Tours, il écrivait, vers 1131. « Ceux qui suivent Innocent sont pour Dieu; mais ses adver- « saires tiennent pour l'antéchrist ou sont l'antéchrist lui- « même. »

De fait, l'événement ne devait pas tarder à justifier la prédiction de l'illustre fondateur de Prémontré. Le Pape Honorius II mourut le 14 février 1130, au matin. Le jour même, le cardinal Grégoire de Saint-Ange fut canoniquement élu et prit le nom d'Innocent II. Mais l'ambition était là, veillant près du trône pontifical pour s'en emparer. Le schisme qui, six ans auparavant, avait failli reparaître dans l'Église, éclata alors, plus terrible que jamais. Un cardinal intrigant parvint, quelques heures après, à rassembler un petit nombre de cardinaux séditieux dans l'église de Saint-Marc; il y fut acclamé comme Pape, et prit le nom d'Anaclet II. Un nouveau schisme venait de se déclarer au sein de l'Église. L'antipape Pierre de Léon (Pier Leoni) descendait d'un Juif enrichi et converti sous saint Léon IX, et qui avait fait entrer dans la composition de son nom celui de l'illustre pontife. Sa fortune et ses alliances firent bientôt de lui un des personnages considérables de Rome, et les Pierleoni devinrent les rivaux les plus redoutables des Frangipani, dans les luttes du Sacerdoce et de l'Empire. Mais après avoir noblement soutenu la cause des Papes, les Pierleoni eurent le malheur de vouloir s'emparer de la papauté comme d'une proie, et l'on vit l'intrus Anaclet jeter, pendant près de dix ans, le trouble dans Rome et diviser la catholicité tout entière.

Pierre de Léon n'avait aucune des vertus qui appellent les honneurs du Pontificat. Sa jeunesse avait été celle d'un libertin. Créé Cardinal par le crédit de sa famille, pendant sa légation en France, il laissa de sa personne une réputation fort douteuse. Après s'être emparé du titre de Pape par l'intrusion et le mensonge, il voulut asseoir son autorité à force de largesses. Grands et peuple se laissèrent prendre à cet appât. Les Frangipani et les Corsi étaient les seules familles dévouées à Innocent : Anaclet sut les gagner à sa cause. On vit ses partisans dévaster les églises de Rome, Saint-Pierre, la plus riche de toutes, Saint-Jean-de-Latran, Sainte-Marie-Majeure ; et avec l'argent que procura la fonte des vases sacrés, on corrompit les principaux du peuple romain. Ana-clet envahit la tour de Crescens, et mit tout à feu et à sang dans la Ville Éternelle. Innocent II, contraint de quitter Rome, gagna d'abord par mer la ville de Pise, puis il vint demander un asile à la France, cette fille aînée de l'Église qui était alors sa ressource et son appui dans sa détresse.

Le bruit de ces événements ne tarda pas à parvenir en Allemagne. Dès qu'il vint aux oreilles de l'archevêque de Magdebourg, il voulut s'assurer du véritable état des choses à Rome et en Italie. Les nouvelles arrivaient en Allemagne incomplètes et défigurées : un des historiens de saint Norbert en fait à propos la remarque. Dans une question aussi grave, il importait de ne point se prononcer, avant d'avoir pris des renseignements qui pussent lever tous les doutes. Sans perdre un instant, Norbert écrivit aussitôt à l'archevêque de Ravenne et à l'évêque de Lucques en Toscane, mieux en position que lui pour savoir la vérité sur l'élection du successeur d'Honorius. Les lettres de Norbert sont perdues ; mais nous avons la réponse de deux prélats Italiens, laquelle est de l'année même 1130, entre le 15 avril et le 15 juin.

Gautier de Ravenne écrivait à Norbert : « En recevant la « lettre que votre très sainte Paternité a daigné m'adresser, « sans me connaître et m'avoir jamais vu, je me suis grande-« ment réjoui et félicité dans le Seigneur, de ce que, malgré « les longues distances qui séparent nos corps, la charité qui « unit, nous rapproche spirituellement. » Puis il lui raconte comment, à la mort d'Honorius II, Grégoire, cardinal diacre de Saint Ange, fut canoniquement élevé au gouvernement de la sainte Eglise Romaine par le suffrage unanime des vénérables cardinaux. « Mais après cette élection, Pierre de « Léon, qui, depuis longtemps, aspirait à la Papauté, secondé « par la violence de ses parents, par l'effusion du sang, et la « profanation des saintes images, prit effrontément la chape « rouge, ornement distinctif du Pape, et ne craignit pas « d'usurper simoniaquement la sainte Eglise Romaine, notre

« Mère. Ces faits étant de notoriété publique ; avec toutes les
« églises d'Italie, nous reconnaissons sans l'ombre d'un
« doute, nous saluons et nous vénérons comme Pape et sei-
« gneur Apostolique Innocent II, qui est un homme sobre,
« prudent, chaste, doux, humble et plein de vertu, et qui a
« reçu la divine consécration des vénérables cardinaux.

« Quant à Pierre de Léon, qui est vraiment le fils d'un
« lion rugissant, nous le condamnons et le rejetons comme
« intrus, apostat, hérétique. Nous supplions donc la prudence
« de Votre Sainteté de ne point hésiter : nous encourageons
« la constance de votre foi inébranlable comme une colonne
« de granit, à persévérer dans l'obéissance du Vicaire de
« Jésus-Christ, notre Père très aimé Innocent, élu par la
« grâce du Saint-Esprit, et dans l'amour de la sainte Eglise
« Romaine. »

Enfin, pour que la robe sans couture du Christ ne soit pas
déchirée, Gautier supplie Norbert d'engager instamment le
roi des Romains Lothaire à venir sans retard à Rome. Il
l'exhorte à affermir dans l'unité catholique les évêques ses
collègues, de l'Allemagne, « comme un autre Pierre désormais converti », et à s'opposer, ainsi qu'un mur de fer, aux
entreprises des ennemis de l'Eglise. Et il conclut en se
recommandant humblement à ses très saintes prières, et en
lui souhaitant « longue vie et santé pour le bien d'un grand
nombre, ainsi que pour l'honneur et l'utilité de l'Eglise. »

La réponse de Henri, évêque de Lucques, était plus expli-
cite encore sur le fait de l'élection. Il racontait « à Norbert
son Père et seigneur » comment le pape Honorius étant
tombé dangereusement malade, les cardinaux se réunirent
dans l'église de l'apôtre saint André, et statuèrent que l'élection du nouveau Pontife serait commise à huit personnes :
deux cardinaux-évêques, celui de Préneste et celui de Sabine ;
trois cardinaux-prêtres, Pierre de Pise, Pierre Rufus et
Pierre de Léon ; trois cardinaux-diacres, Grégoire de Saint-
Ange, Jonathas et le Chancelier Aimeric. En sorte que, si le
seigneur Pape Honorius, qui était alors à l'extrémité, venait
à mourir, celui qui serait élu d'un commun accord par les
huit commissaires ou par la plus saine partie d'entre eux,
serait reconnu de tous comme seigneur et Pontife de Rome.
Le cardinal-évêque de Préneste décréta de plus, conjointe-

ment avec les autres, que si quelqu'un s'opposait à l'élection ainsi faite, il serait soumis à l'anathème ; et que, si quelqu'un tentait d'en élire un autre, cette élection serait nulle, et le prétendu élu incapable d'obtenir jamais aucune dignité dans l'Église. Pierre de Léon confirma cet anathème de sa propre bouche, ajoutant qu'on ne devait pas craindre qu'il s'élevât, à son occasion, de schisme dans l'Église, et que lui, Pierre, aimerait mieux être englouti dans l'abîme que de voir naître un scandale à son sujet. Il fut enfin statué que les huit électeurs s'assembleraient le lendemain.

Mais Pierre de Léon, avec Jonathas, pareil au corbeau de l'arche, se sépara de ses collègues, ne revint plus à eux, tint des conventicules à part, et travaillait à élever un autel de malédiction. La chose alla si loin, par le crédit et les largesses de ses proches, et les intrigues de ses émissaires, que ce précurseur de l'Antéchrist *se serait élevé* prématurément *au-dessus de tout ce qui est appelé Dieu*, si le seigneur Pape Honorius, qu'ils croyaient déjà mort, ne se fût montré au peuple à la fenêtre du palais.

Les autres cardinaux, dont Dieu avait touché le cœur, voyant ces intrigues, envisageant le danger que courait l'Église, et entendant gronder l'orage, se tinrent fidèlement à leur poste. Le Pape Honorius étant mort, le premier vendredi de Carême (13 février), ses obsèques furent célébrées en toute hâte, à cause des circonstances difficiles où l'on se trouvait. Aussitôt, sur les huit électeurs désignés d'un commun accord, les quatre suivants : l'évêque de Préneste, l'évêque de Sabine, le cardinal-prêtre Rufin et le Chancelier Aimeric élurent pour Souverain Pontife, bien malgré lui, le cinquième d'entre eux, Grégoire, cardinal-diacre de Saint-Ange, avec l'approbation des évêques, des cardinaux-prêtres, des des diacres et des sous-diacres présents. C'était le 15 février, à neuf heures du matin.

Le même jour, vers midi, l'avare et ambitieux Pierre de Léon, à force de présents et de promesses, gagna tous les partisans qu'il put, entre autres l'évêque de Porto, se fit dérisoirement élire par les deux cardinaux déserteurs, et se fit revêtir par eux de la chape rouge.

Ce sont ces deux lettres adressées à Norbert sur sa demande, qui, les premières, ont révélé aux historiens modernes les circonstances précises de l'élection d'Innocent et de l'intrusion d'Anaclet. Le doute n'était donc pas possible : d'un côté, c'étaient la modestie, le mérite, l'intégrité, la religion qui avaient été acclamés ; de l'autre, c'étaient l'ambition et l'intrigue qui avaient usurpé l'honneur du Pontificat. Norbert n'avait plus, avec les évêques et les fidèles de la Toscane, de la Lombardie, de l'Italie entière qu'à saluer dans Innocent II la dignité de Souverain Pontife. Ce n'était pas assez ; il devait à sa conscience et à sa haute situation de travailler à le faire reconnaître par le roi Lothaire et par les peuples de la Germanie. Ce sera là désormais son premier souci. Ce que fut, dans ces conjonctures difficiles, saint Bernard pour la France, saint Norbert le sera pour l'Allemagne : le défenseur de l'Eglise, et le plus vaillant chevalier du Pontife légitime.

Vers 1132, l'Abbé de Clairvaux écrit aux évêques d'Aquitaine une longue lettre, où il plaide avec une force admirable la cause du pape Innocent : « Dieu a déjà décidé, dit-il, ce « que ces schismatiques demandent qu'on décide après coup. « L'événement est l'arrêt qu'il a prononcé. Qui oserait en « appeler à d'autres du jugement de Dieu ? Innocent a été « reconnu et proclamé par les archevêques Gautier de « Ravenne, Hildegaire de Tarragone, Norbert de Magde- « bourg, Conrad de Salzbourg. Il a été agréé par les évêques « Ekbert de Münster, Hildebrand de Pistoie, Bernard de « Pavie, Landolphe d'Asti, Hugues de Grenoble et Bernard « de Parme. Le mérite particulier de ces prélats, dont la « sainteté bien connue et l'autorité incontestable sont respec- « tées de leurs ennemis eux-mêmes, m'ont aisément déter- « miné, moi qui suis d'un rang inférieur, à les prendre pour « guides ; également heureux, si je me trompe, de me tromper « avec eux, et si je suis dans la bonne voie, de m'y trouver « dans leur société. »

Le roi Lothaire ne s'était pas pressé de prendre parti entre les deux compétiteurs. Albéron, archevêque de Brême, et légat en Allemagne du faux pape Anaclet, avait même presque gagné le monarque au parti de son maître. Aussitôt après son élection, le 18 février, Innocent II la lui avait notifiée. Le 3 mai, il lui écrivit de nouveau, et lui envoya comme légat l'archevêque Gautier de Ravenne. Lothaire reçut Gautier avec honneur ; mais il différa sa réponse jusqu'à la prochaine diète. Il la donna au mois d'octobre 1130, à Wurtzbourg, où le légat Gautier se trouva avec les évêques et les princes de la Germanie. Norbert fut l'âme de cette diète. Cédant enfin aux instances de l'éloquent archevêque, Lothaire déclara reconnaître pour seul pape légitime Innocent II. Rien ne prouve mieux à quel point Norbert possédait la confiance du roi, que l'influence exercée par lui sur la décision de Lothaire en faveur du pape légitime. Pierre de Léon fut excommunié avec tous ses fauteurs, ainsi que Frédéric de Souabe et Conrad de Hohenstaufen.

Le concile de Liège s'ouvrit le 22 mars 1131, le dimanche avant la mi-Carême. Lothaire y reçut solennellement le Pape. D'une main, il conduisait le cheval blanc du Pontife ; de l'autre, il tenait la crosse, comme symbole de la défense de l'Église. On remarquait dans ce concile les archevêques de Mayence, de Cologne, de Magdebourg et de Salzbourg avec leurs suffragants, en tout cinquante évêques, beaucoup d'abbés et un grand nombre de hauts personnages de l'ordre civil. Le Pape excommunia de nouveau les compétiteurs de Lothaire et les prêtres incontinents. De son côté, Lothaire promit de lui porter secours contre l'antipape Anaclet. Le roi teuton s'était toujours efforcé d'être juste envers l'Église ; il crut cependant l'occasion favorable pour réclamer respectueusement le droit aux investitures auquel l'empereur Henri, son prédécesseur, avait renoncé avec tant de peine. Cette demande surprit le Pape ; heureusement saint Bernard était là. Avec une merveilleuse autorité de parole, il répondit aux raisons alléguées par le roi, et le différend se trouva apaisé. L'érudition allemande a retrouvé un diplôme daté de Liège (2 avril 1131), dans lequel Innocent autorise spécialement l'érection du monastère de Sainte-Marie de Magdebourg et ses privilèges. Ce document atteste la présence de Norbert à la diète de Liège. Quoique nous n'ayons là-dessus aucun témoignage certain, dit un critique allemand, on ne saurait guère douter que Norbert ait été, à Liège, l'un des plus brillants appuis de la cause pontificale. Une charte de Lothaire donnée à Liège pour l'église Saint-Jean de cette ville, vient confirmer positivement la présence de notre Saint à ce concile ; car il signe parmi les témoins avec 24 autres évêques.

Le concile étant terminé, Lothaire passa par le célèbre monastère de Stavelo; quant au saint archevêque de Magdebourg, on a de fortes raisons de penser qu'il accompagna le Pape jusqu'à Laon. Ce qui est incontestable, c'est qu'Innocent était à Laon, durant la Semaine sainte de 1131. Le dimanche des Rameaux, il y célébra pontificalement dans la cathédrale de Notre-Dame, le lundi saint à Saint-Vincent, et le mardi saint, dans l'église abbatiale de Saint-Martin. Innocent bénit cette jeune communauté pleine de vigueur sous l'autorité de son saint abbé, Gautier de Saint-Maurice; et il contempla avec admiration ces trois à quatre cents religieux vivant heureux dans la prière, le travail et la charité. Alla-t-il jusqu'à Prémontré? Aucun récit contemporain n'en a conservé le souvenir. Les écrivains postérieurs l'affirment. Innocent II avait été chanoine augustin, et, comme tel, frère en religion de saint Norbert, puisque la Règle des Prémontrés n'est autre chose qu'une règle des Augustins quelque peu modifiée, et que les disciples du saint Fondateur se sont toujours regardés comme membres de la grande famille augustinienne. Le pape voulut donc voir Prémontré. Il avait d'ailleurs tant d'obligations au législateur du nouvel Institut qu'une visite à son monastère principal devait être considérée comme un devoir de reconnaissance. Ce qu'il y vit ne fit qu'accroître la haute opinion qu'il en avait conçue. Il y trouva près de 5oo religieux, qui ne formaient qu'un cœur et qu'une âme. Livrés aux occupations les plus variées, tous leurs travaux n'avaient qu'un seul but : ils servaient Dieu. Des hommes de la plus haute naissance y vivaient dans le renoncement le plus rigoureux ; au travail des mains et à la prière solennelle ils alliaient la prédication de l'Évangile. Quoi qu'il en soit, de cette visite du Pontife suprême, le 12 avril, Hugues, abbé de Prémontré, le vit et obtint de lui un diplôme dans lequel le Pontife prend solennellement l'Ordre fondé par saint Norbert sous la protection de saint Pierre.

« La religion de votre saint Ordre, disait Innocent, vous rend tellement dignes de nos faveurs les plus gracieuses, à cause de l'éminence de vos mérites, que nous vous accordons de grand cœur les privilèges qui pourront vous être utiles. C'est pourquoi, bien-aimés fils dans le Seigneur, faisant droit aux justes demandes de notre vénérable frère Norbert, archevêque de Magdebourg, et à vos légitimes requêtes, nous prenons sous le patronage du Bienheureux Pierre et la protection du Saint-Siège vos personnes et les églises où vous servez Dieu, avec tous les biens que vous possédez ou que vous pourrez acquérir à l'avenir par la concession des Pontifes, la libéralité des princes, l'offrande des fidèles ou tous autres moyens honnêtes. Nous voulons que personne de vous ou de vos successeurs n'enfreigne ou ne modifie la Règle et les observances qui se pratiquent aujourd'hui dans l'église de Prémontré; mais que chacun de vous, en implorant le secours divin, mette tous ses soins à faire progresser votre Ordre de bien en mieux. »

Norbert fut rappelé à Magdebourg par de graves difficultés qu'il n'avait pu encore complètement apaiser. Depuis les soulèvements de 1129, le peuple vivait dans la soumission la plus complète vis-à-vis de son évêque; mais, après comme avant, le mécontentement existait au sein de la minorité du Chapitre. L'archidiacre Hazeko était resté au fond l'ennemi de Norbert. A cause de ses intrigues persistantes, peut-être en raison de certains détournements de biens ecclésiastiques, commis pendant l'absence de l'Archevêque, Norbert se vit contraint de le dénoncer en pleine réunion du Chapitre et de le suspendre de ses fonctions. Hazeko en appela au faux Pontife.

Tandis que Norbert, avec le monde catholique, se rangeait publiquement du côté d'Innocent II, naturellement Hazeko se jetait dans le parti d'Anaclet, soumettait son appel à l'antipape, et allait en personne le poursuivre à Rome.

Anaclet cita le vénérable archevêque à comparaître devant son tribunal usurpé. Hazeko fut chargé de remettre cette citation à Norbert. « En vertu de notre autorité Apostolique, « disait l'intrus, nous mandons et ordonnons à Votre Fra- « ternité de restituer à votre archidiacre tout ce que vous lui « avez enlevé, et de le lui laisser posséder en paix à l'avenir. « Vous ne manquerez pas aussi de comparaître devant nous, « pendant la prochaine Octave de saint Martin (du 11 au « 18 novembre), pour y recevoir justice pleine et entière. « Nous vous enjoignons en outre, ainsi que l'avait déjà fait « notre prédécesseur Honorius, de ne plus empêcher nos « fils, les Chanoines de Magdebourg, de venir vers nous, si « vous voulez mériter la protection et les faveurs du B. Pierre.

« Nous ne prétendons nullement déroger en quoi que ce soit
« à votre dignité ou offenser votre personne. Nous désirons
« au contraire vous aimer de tout notre cœur et vous honorer
« de tout notre pouvoir, vous et l'église qui vous est confiée. »

Cette missive était datée du 18 mai 1130. Hazeko, de
retour à Magdebourg, la fit remettre à l'archevêque; mais
Norbert méprisa les démarches du rebelle, et ne tint nul
compte des injonctions de l'antipape. Trompé dans ses pré-
tentions, l'archidiacre recourut de nouveau à Pierre de Léon.
qui était le refuge naturel de tous les ecclésiastiques mécontents. C'est alors qu'Anaclet, qui dans sa première lettre avait
cru devoir prendre des ménagements, ne garda plus de mesure,
et lança contre Norbert une excommunication impuissante.

« Nous vous avions ordonné de vous présenter devant nous
« pendant l'Octave de saint Martin. Mais vous, fils désobéis-
« sant, fils de Bélial, vous avez méprisé l'ordre de votre Père ;
« que dis-je ? Nous le savons, vous avez impudemment
« attaqué, dans vos discours de vipère, et nous et en notre
« personne la Chaire de Pierre. En vue de colorer votre
« crime, vous n'avez pas craint de dire publiquement que
« nous sommes monté au faîte des dignités apostoliques non
« par la libre élection du clergé, mais par la violence, la ruse
« et la simonie. Je sais où vous avez puisé ces inventions
« calomnieuses ; c'est Haimeric, chassé du collège des Car-
« dinaux, qui vous les aura fournies ; et vous, abusant
« à l'excès de la confiance du sérénissime roi Lothaire, vous
« les lui versez à profusion. Et vous êtes fier de l'avoir pour
« approbateur et pour ami, comme si l'erreur pouvait s'enno-
« blir de la dignité de ceux qui la protègent! Nous nous
« étonnons qu'un tel prince favorise le mensonge ; mais bien
« plus encore qu'il vous laisse aboyer, chien d'une révoltante
« impudence, contre notre dignité Apostolique. Je ne l'ignore
« pas, vous courez vers tous les évêques et tous les princes
« pour faire des prosélytes au criminel qui est l'Antéchrist,
« et arracher à notre obédience les peuples qui nous sont
« dévoués. Quelle fureur vous agite? Quel mal vous a fait
« l'Église catholique? Est-ce pour nous récompenser de
« vous avoir donné tant de preuves de notre vieille amitié?
« Est-ce parce que nous avons bénévolement approuvé votre
« Ordre pendant notre légation en France, que vous élevez

« une idole en Germanie, et que vous érigez autel contre
« autel ? L'unité de l'Église Catholique ne peut supporter
« les excès d'un schisme aussi audacieux ; c'est pourquoi
« n'ayant pu guérir le mal par la douceur et la charité, nous
« sommes contraint de le couper avec le fer. Vous donc et
« vos adhérents, nous vous dépouillons de toutes préroga-
« tives ecclésiastiques et séculières, et nous vous vouons
« à l'éternel anathème. Donné à Rome, près de Saint-Pierre,
« le 29 janvier 1131. »

La lettre d'excommunication portée par Anaclet contre
l'archevêque de Magdebourg, est, à n'en pas douter, son plus
beau titre de gloire, aux yeux de la postérité chrétienne. C'est
le témoignage forcé d'un ennemi. Elle nous montre combien
Pierre de Léon avait désiré s'attacher Norbert ; et combien
aussi il redoutait l'influence de sa parole et de sa sainteté.
Norbert ne tardera pas à partir pour Rome ; mais ce voyage
aura un tout autre but que celui désiré par l'antipape.

Cependant un nouveau concile, plus solennel que les précédents, avait été convoqué à Reims pour la Saint-Luc de
l'an 1131. Reims fut, à cette époque, la ville des Conciles.
Près de trois cents évêques s'y trouvèrent réunis sous la présidence d'Innocent II. Le 19 octobre, le Pape ouvrit cette
solennelle réunion qui dura jusqu'au 29 du même mois. Sans
compter les prélats de France, l'Allemagne, l'Angleterre,
l'Aragon et la Castille y étaient représentés. Saint Bernard
y siégea et fut le conseiller le plus actif du Pape. Des ordon-
nances furent rendues contre les abus qui pesaient sur
l'Église et la société, en particulier contre les *clerici conduc-
ticii* ou simoniaques, contre les tournois et contre les incen-
diaires. Des dispositions furent prises en faveur de la sûreté
des commerçants, des paysans, des voyageurs, des étrangers,
et pour l'affermissement de la Trève de Dieu, opposée si salu-
tairement à cette époque au droit du plus fort.

Louis VI, roi de France, arriva au concile le 24 octobre.
Le 25, Louis-le-Jeune, son second fils, fut solennellement
sacré dans la cathédrale. Le lundi, 26, arrivèrent saint Norbert de Magdebourg, envoyé à Reims comme ambassadeur
par Lothaire, et l'évêque Bernard d'Hildesheim. « Alors, di t
un écrivain d'Hildesheim, notre Pontife Bernard, avec Norbert archevêque métropolitain de Magdebourg qui jouissait,

en ces temps-là, d'un grand renom dans l'Église de Dieu, et avec les principaux de notre église, se rendit au synode, et, par la protection de Dieu, arriva dans la ville de Reims. »

Ils furent accueillis avec de grands honneurs, et Norbert remit au Pape une lettre, où le roi de Germanie, protestant une fois de plus de son religieux respect pour Innocent, lui annonçait que l'expédition projetée contre Rome et Anaclet allait avoir lieu. On ne pouvait apporter au Pape une plus heureuse nouvelle. Elle fut reçue aux acclamations de tout le concile. L'ambassade de Norbert eut un plein succès; et le Pape traita avec la plus vive cordialité et les plus grands égards l'archevêque de Magdebourg. Saint Norbert, profitant de ces dispositions favorables pour assurer les légitimes intérêts de son siège archiépiscopal, obtint la confirmation des antiques privilèges de son église ; il avait apporté avec lui les anciens titres rongés des vers et devenus à peu près illisibles ; il les fit renouveler et corriger par l'autorité du Saint-Siège, ainsi que ceux qu'il avait recouvrés, depuis son exaltation, sur les injustes détenteurs des biens de son évêché. Une Bulle d'Innocent II, donnée vraisemblablement au concile de Reims, a précisément trait aux biens de la Mense archiépiscopale de Magdebourg. Elle nous révèle au mieux les sentiments de cordiale reconnaissance que nourrissait dès lors le pape Innocent pour Lothaire et Norbert, son conseiller. « Très cher Frère, écrit-il à l'archevêque, chacun « sait avec quel zèle et quelle prudence vous avez défendu « l'unité de l'Église catholique. Voulant donc faire droit aux « justes réclamations que vous nous avez adressées, vous que « nous aimons d'une pleine amitié dans le Seigneur, ainsi « que notre fils bien-aimé, l'illustre et glorieux roi Lothaire; « nous confirmons de notre autorité apostolique les biens et « les propriétés que vous possédez légitimement, pour vous « et vos successeurs et pour l'église de Magdebourg ; nom- « mément dans le diocèse de Magdebourg, l'abbaye de Saint- « Jean-Baptiste, l'église de Sainte-Marie, l'église de Saint- « Jean l'Évangéliste, de la Grâce-Dieu, etc. De plus nous « vous confirmons la prérogative de la croix et du pallium « et la dignité métropolitaine accordée à votre siège par nos « prédécesseurs. »

Saint Norbert retrouva à ce concile ses deux meilleurs

amis : saint Bernard et Barthélemy de Laon. Celui-ci continuait de protéger et d'aimer l'Ordre de Prémontré, de toute l'affection qu'il avait vouée au saint Fondateur. Ce fut leur dernière entrevue sur la terre. On a tout lieu de penser que saint Norbert alla de Reims à Laon, et de là à Prémontré. Rien de plus vraisemblable ; Norbert devait avoir à cœur de revoir la maison de sa pauvreté et de bénir ses premiers disciples. Que de souvenirs pour lui sur la route de Reims à Laon ! Ici, il entendit la voix du Ciel avec ses compagnons ; là il rencontra Barthélemy, son ami de la première heure ! Le passage du saint Fondateur à Prémontré fut une source de consolations pour le Père et de bénédictions pour les enfants. Norbert retrouva toute la ferveur de son esprit dans ses religieux ; et les religieux remarquèrent une tendresse toujours égale dans leur Père.

L'évêque de Laon embrassa tendrement Norbert qu'il ne devait plus rencontrer ici-bas. Presque septuagénaire, le prélat se sépara bientôt de son église, pour suivre le penchant qui l'entraînait vers la vie du cloître, et mettre quelques jours de repos entre le travail et l'éternité (1150). Après avoir présidé à l'élection de son successeur, l'abbé de Saint-Martin, Gautier de Saint-Maurice, dont il avait pu, depuis plus de vingt-cinq ans, apprécier le mérite, il alla demander à Foigny un suprême asile, et y prit l'habit religieux. Il ne lui fut pas donné d'y finir ses jours en paix. Gautier de Saint-Maurice étant mort au mois d'octobre 1153, les chanoines élurent à sa place Gautier de Mortagne, doyen du chapitre connu par son opposition aux tendances monastiques. Il accusa Barthélemy d'avoir dilapidé les biens de l'évêché de Laon, et il le dénonça, de ce chef, au concile de Reims de 1158. Presque à son lit de mort, Barthélemy fut contraint de se défendre contre cet excès d'ingratitude. Sa lettre à Samson, archevêque de Reims et à l'assemblée des Prélats, est un cri d'éloquente indignation : « Je ne pourrais, « disait-il, sans offenser la vérité, me défendre d'avoir élevé « de nouvelles églises et rétabli les anciennes. Certainement « j'ai fait du bien à presque toutes les églises, pas encore « autant que je l'eusse voulu, ni que je l'eusse dû. Le pape « Calixte m'avait recommandé Norbert, dont la mémoire est « bénie, à l'effet de lui faciliter un établissement et de le

« seconder en ses desseins. Je lui donnai une terre de l'évê-
« ché, mais à peine de la contenance de deux charrues, située,
« partie à Versigny, partie à Anizy, et depuis longtemps
« stérile et inculte. Je ne me souviens pas d'avoir distrait
« autre chose des revenus de l'évêché... N'ai-je pas ajouté à
« l'éclat de mon siège en créant tant de grandes églises ? Si
« j'ai rassemblé les fils de Dieu, *si j'ai reçu le juste au nom*
« *du juste*, qui peut m'en vouloir ? Qu'un autre prenne garde
« de disperser ce que j'ai réuni ! » Barthélemy mourut, le 26
juin 1158. Accablé par tant d'ingratitude, la mort fut vraiment pour lui l'heure de la délivrance en même temps que
celle de la justice qu'il ne devait pas connaître en ce monde.

CHAPITRE VINGT-DEUXIÈME

Expédition d'Italie (1132-1134).

Cependant le schisme d'Anaclet continuait de diviser la chrétienté. Tout ce qu'il y avait de vraiment catholique en Europe marchait sous la bannière d'Innocent, mais ce Pontife était réduit à errer çà et là, en France et ailleurs. Les nombreux brigandages d'Anaclet à Rome et dans les environs avaient fait perdre à l'usurpateur tout prestige; néanmoins il restait toujours maître de la Ville Éternelle. Ses lettres, ses fausses bulles partaient de Saint-Pierre ou du palais de Latran; et cette origine vénérable était de nature à en imposer à bon nombre d'esprits. La situation était donc celle-ci; selon l'expression d'un de nos vieux chroniqueurs : « Anaclet occupait le siège de l'autorité, Innocent avait pour lui les églises; celui-là était le maître à Rome, celui-ci régnait sur l'univers catholique. » Il était donc urgent, si l'on voulait faire disparaître le schisme, d'aller à Rome pour en chasser le voleur du trône des papes, l'intrus et le perturbateur de la paix dans le monde chrétien.

La résolution en avait été prise : le roi Lothaire en avait solennellement fait la promesse; le temps pressait de mettre l'une et l'autre à exécution. Outre ce but, l'expédition d'Italie en avait un autre pour le roi des Romains, puisque le Pape, rentré à Rome, devait l'y couronner empereur. Norbert avait remis à Lothaire les lettres que lui avait confiées Innocent, après le Concile de Reims. On célébra les fêtes de Pâques, qui, en 1132, tombaient le 10 avril; et le roi de Germanie après avoir, en pleine diète, annoncé son dessein d'aller en Italie, confia l'administration du royaume à son gendre, Henri, duc de Bavière, et il indiqua la ville de Wurtzbourg, comme rendez-vous général pour l'armée expéditionnaire.

Beaucoup d'évêques allemands voulurent accompagner le

roi de Germanie. L'archevêque de Magdebourg semblait ne pouvoir prendre part à une si lointaine expédition. Il sentait le besoin de résider au milieu de son peuple, pour affermir le bien qui s'y était déjà fait. De plus, tant d'excessives austérités pratiquées, depuis dix-sept années, tant de labeurs apostoliques soutenus depuis treize à quatorze ans, tant de rudes épreuves endurées à Magdebourg avaient usé ses forces physiques, et gravement altéré sa santé. Mais la voix du Pape se joignit à celle de Lothaire pour réclamer sa présence. Avec la grandeur d'âme que nous lui connaissons, Norbert ne pouvait résister à cette double autorité. Ce vénérable archevêque quitta donc sa chère ville de Magdebourg. Si le corps était visiblement usé, le cœur restait vaillant et l'âme intrépide. L'on verra, dans le cours de ce récit, combien nécessaire à l'État, combien utile à l'Église devait être la présence de Norbert. C'est la gloire spéciale de ce Saint que, dans les dernières années de sa vie, son histoire se confonde avec l'histoire générale de la religion catholique.

Le roi Lothaire, entouré de ses prélats, de ses seigneurs et aussi de son armée, célébra l'Assomption de la Sainte Vierge à Wurtzbourg (15 août 1132). De là, il se dirigea vers Augsbourg. Quand on arriva dans cette ville, raconte un auteur contemporain, Norbert alla, selon sa pieuse coutume, se prosterner sur le seuil de la cathédrale, dédiée à la Vierge Marie, et il dit cette parole, qui lui était familière en semblable circonstance : « Paix à cette maison, et à tous ceux qui l'habitent. » Après l'avoir prononcée, il appelle son diacre et lui dit : « Frère, j'ai demandé la paix pour ce lieu, je l'ai « invoquée ; mais j'ai vu qu'elle n'était pas reçue. Je recom- « mande donc à votre vigilance mon *pallium* et les autres « objets que je vous ai confiés ; car bientôt vous verrez cette « ville soulevée et les bourgeois en armes. »

Le lendemain, la ville était en pleine révolte : les bourgeois se précipitèrent sur les soldats du roi, et en firent un véritable carnage. Lothaire rassemble alors ce qui lui reste d'hommes, et les lance contre les insurgés. En moins de deux heures, l'opulente ville d'Augsbourg fut presque réduite en cendres. L'évêque Hermann n'eût pas échappé à la mort, si Norbert ne l'avait reçu sous son toit. C'est lui-même qui écrivit peu après à saint Othon de Bamberg : « Quelle nuit affreuse !

chassé de mon domicile, dépouillé de tout, seul et abandonné au milieu de la place de notre ville, je restai là, baigné de larmes jusqu'au moment où je fus recueilli par le seigneur Norbert, archevêque de Magdebourg. »

Peu de temps après, Lothaire entrait en Italie par la vallée de Trente, route que suivaient toujours les armées allemandes pour se rendre dans la péninsule. Il devait s'y rencontrer avec Conrad, son compétiteur, qui peu de temps auparavant s'était fait couronner roi à Milan. Mais Conrad, ayant appris que Lothaire se dirigeait sur Rome, avec une nombreuse armée, crut à ce bruit, et abandonné de presque tous ses partisans, dit Othon de Frisingen, il retourna cacher sa honte en Allemagne.

D'après les anciennes coutumes de l'Empire, c'est le prince-archevêque de Cologne qui était, de droit, Chancelier impérial en Italie; mais Bruno, successeur de Frédéric, n'ayant pas encore reçu la consécration épiscopale, Lothaire avait nommé, comme son Chancelier, pendant l'expédition, l'archevêque de Magdebourg, que son dévouement, son talent et ses vertus désignaient naturellement à cet honneur. Car il était, dit la Chronique de Magdebourg, un homme de grande autorité. Ses conseils étaient pleins de sagesse, et les principaux officiers de la Cour romaine se plaisaient à exalter ses mérites.

Le roi Lothaire tint donc à Roncaglia une assemblée générale avec le pape qui l'attendait, et avec les Lombards, touchant l'état de l'Eglise et de l'Empire ; et il célébra la fête de Noël 1132 à Médicina, dans le territoire de Bologne. Le pape et l'empereur s'étant séparés se dirigèrent vers Rome, Lothaire par la voie publique, et Innocent par Pise et les routes qui avoisinent la Méditerranée. Chacun d'eux emmenait avec soi un homme qui valait plus qu'une armée; Lothaire avait saint Norbert, et Innocent avait saint Bernard.

On était au mois d'avril, Lothaire mit son armée en mouvement ; et, par un détour difficile, il arriva à Rome, en prenant la direction d'Orte et de Narni. Il établit d'abord son camp sur une colline que le biographe nomme *le mont des brigands*, sans que l'on puisse savoir de quelle localité il s'agit. Puis, grâce à un mouvement hardi, il pénétra, le 30 avril, dans la ville, et se fixa sur le mont Aventin, près de

Sainte-Sabine. Le pape alla loger au palais pontifical de Latran, qui fut toujours regardé comme le siège titulaire des Papes. Le 14 mai, Lothaire célébra solennellement la Pentecôte sur l'Aventin. Il y avait plusieurs semaines déjà qu'il était à Rome. Sachant bien ce que valait sa cause, Anaclet refusait toujours d'effectuer la belle promesse qu'il avait faite de soumettre son élection à un nouvel examen. Le roi allemand voulait en finir. Désirant accroître le prestige du pouvoir royal, il tenait à être couronné de la main du Pape; mais Anaclet détenait la basilique de Saint-Pierre, où se faisait habituellement le couronnement des empereurs. Grâce à l'intervention et à l'habile médiation de l'archevêque Norbert, qui était toujours le premier dans toutes ces difficiles négociations, il fut réglé que le Pape donnerait la couronne impériale à Lothaire dans la basilique Constantinienne, c'est-à-dire à Saint-Jean-de-Latran. La cérémonie fut fixée au 4 juin. Lothaire était le premier roi de Germanie qui allait recevoir la couronne impériale en dehors de Saint-Pierre de Rome.

Le jour du couronnement étant arrivé, soudain un tumulte indescriptible, une véritable émeute remplit la ville. Le peuple romain, toujours attaché à son idole, craignait que le sacre de l'empereur par Innocent ne marquât la ruine définitive de Pierre de Léon. Le peuple voyait juste. A partir de ce moment, le Pape légitime gagna le terrain qui lui restait à conquérir; et l'étoile d'Anaclet pâlit de jour en jour. Lothaire vint avec ses soldats se présenter à la basilique de Latran; et le Pape Innocent II le reçut solennellement avec les cardinaux, les évêques et tout son clergé. Il posa, aux applaudissements mille fois répétés de tous les assistants, sur la tête du roi la couronne de Charlemagne. Il couronna de même l'impératrice Richenza.

Mais voici qu'une contestation inopportune faillit un instant compromettre le résultat final de cette glorieuse campagne, dont les vrais capitaines avaient été l'abbé de Clairvaux et l'archevêque de Magdebourg. L'empereur renouvela mal à propos la demande qu'il avait déjà faite sans succès à Liège, deux ans auparavant. Pour l'honneur de l'Empire et comme garantie de l'alliance qu'il avait conclue avec le Pape, il réclamait les investitures des évêchés. En réalité,

LE PAPE INNOCENT II RENTRE À ROME (1132)

c'était à la liberté des églises que, peut-être sans le vouloir, il s'attaquait. Inconséquence étrange de la part d'un monarque qui venait de jurer, sur les saints Evangiles, de défendre toujours les droits du pape et des évêques! Innocent II ne vit pas tout d'abord le danger que cachait cette demande, et parut ne pas être éloigné d'y faire droit. Et personne, dans toute cette multitude d'évêques, ne se trouva pour protester contre une telle prétention. C'est alors que l'archevêque Norbert se leva. Il s'avance au milieu de l'assemblée, et, en face de l'empereur entouré d'une nombreuse escorte : « O « Père, qu'allez-vous faire, dit-il au Pape? A quelles mor- « sures exposez-vous les brebis qui vous ont été confiées? « L'Église que vous avez reçue libre, la réduirez-vous donc « au sort d'une esclave? La Chaire de Pierre requiert des « actes dignes de Pierre. J'ai promis l'obéissance au bienheu- « reux Pierre; je vous l'ai promise également, pour le nom « et l'amour du Christ; mais si vous accordez ce qui vous « est demandé, je vous le déclare à la face de l'Église; je « m'oppose à vous et à la mesure que vous prendrez. » Ce fut un coup de théâtre. La parole vive, ardente, presque inspirée de Norbert termina l'affaire; l'empereur se désista de sa demande déplacée; et le seigneur Apostolique n'eut plus la pensée de faire une si fâcheuse concession.

Aussi bien Innocent et Lothaire étaient dignes d'entendre un pareil langage. L'empereur romain était un homme craignant Dieu. Ennemi de l'injustice, disent les contemporains, il faisait de la justice sa compagne inséparable. Il savait que le monarque chrétien est un prince, qui, sous l'œil de Dieu, règne et gouverne pour le bien du peuple, dont il est le père plus encore que le chef. De plus, il aimait tendrement l'homme de Dieu, qui venait d'être le principal agent de son couronnement. Il ne faisait rien que par ses conseils; et il tenait à se nourrir chaque jour de la parole de Dieu par son ministère.

Voici, d'autre part, une bulle d'Innocent II adressée à Norbert, laquelle porte la date significative du 4 juin 1133, le jour même du couronnement de l'empereur; elle nous révèle les sentiments de reconnaissance et d'admiration qu'il professe pour celui qui a été l'instrument providentiel de son retour à Rome. « Depuis que la Sainte et Apostolique

« Église Romaine vous a spécialement adopté pour son fils,
« elle a éprouvé bien des fois par des témoignages éclatants,
« l'ardeur et l'habileté de votre dévouement. Depuis surtout
« que, en ces derniers temps, l'adorable Providence a voulu
« nous élever au faîte de la dignité apostolique, malgré notre
« indignité et notre insuffisance, on a vu briller de plus en
« plus dans votre personne ce dévouement admirable; et la
« constance de votre foi et de votre religion a été connue ma-
« nifestement non seulement des peuples voisins, mais aussi
« des nations les plus reculées. Fatigues, menaces, flatteries,
« rien n'a pu vous empêcher de vous opposer comme un
« mur infranchissable à la tyrannie de Pierre de Léon, et de
« vous signaler en travaillant efficacement à incliner le cœur
« du roi lui-même et ceux des autres princes à l'obéissance
« du bienheureux Pierre. Il est donc juste que le Siège apos-
« lique qui s'applaudit de si grand cœur d'avoir en vous un
« fils si dévoué, réponde à vos services et à vos labeurs par
« une bienveillance qui est une dette, et vous attache de
« plus en plus inviolablement à son service. »

Magnifique témoignage du rôle que joua le saint archevêque dans des luttes où étaient intéressés la paix de l'Église
et l'avenir de la république chrétienne! Si Norbert était officiellement reconnu comme le sauveur de la papauté, il
n'entendait pas s'en prévaloir pour lui-même. Depuis sa
fondation, l'archevêché de Magdebourg exerçait, de droit,
une certaine juridiction métropolitaine sur les diocèses de
la Pologne et de la Poméranie. En fait, cette juridiction était
méconnue de la plupart des évêques de ces régions. Norbert
avait déjà, au concile de Reims, demandé à Innocent II de
régler cette question, et, s'il y avait lieu, de confirmer ce
pouvoir. Il renouvela sa demande à Rome. En la faisant, il
prétendait moins recevoir un honneur que s'imposer un
devoir, celui de travailler plus activement encore à la conversion de tant de populations restées idolâtres. « C'est
« pourquoi, continue le document pontifical, vénérable
« frère et archevêque Norbert, nous avons cru devoir con-
« signer par écrit la plainte que vous avez déposée devant
« nous contre les évêques de la Pologne. Vous nous avez
« donc dit que ces évêques sont, depuis des temps reculés,
« soumis à l'Église de Magdebourg par un droit métropoli-

« tain; et vous avez invoqué l'autorité de nos prédécesseurs
« Jean, Benoît et Léon, de bienheureuse mémoire; affir-
« mant qu'ils avaient, par l'intervention du très pieux
« Auguste Othon, soumis à l'Église de Magdebourg les
« évêchés qui existaient alors au-delà de la Saale, de l'Elbe
« et de l'Oder, ou qui, par la grâce divine, pourraient y être
« érigés un jour. Voici les noms de ces évêchés : ceux de
« Lubus ou Lublin, et Stettin, entre l'Elbe et l'Oder; au-
« delà de l'Oder de *Poméranie* (plus tard uni à l'évêché de
« Culm), de Posnanie ou Posen, de Gnesen, de Cracovie,
« de Breslau en Silésie, de Cruciwitz, de Mozavie et de *Leo-*
« *dilacum* (?). Deux fois par lettres et par nonces spéciaux,
« nous avons invité les titulaires de ces sièges à venir répon-
« dre à vos revendications. Ils ne sont pas venus, et ne nous
« ont envoyé aucune réponse.

« Il nous a semblé, à nous et à nos frères, qu'ils ne de-
« vaient pas bénéficier de leur contumace, et que la métro-
« pole de Magdebourg ne devait pas être privée plus long-
« temps de ses droits. En conséquence, très cher frère et
« archevêque Norbert, nous vous avons de nouveau investi
« de la juridiction qui vous appartient comme métropolitain
« sur ces évêchés. Nous avons écrit aux titulaires d'obéir à
« votre fraternité. Et nous vous soumettons pareillement à
« perpétuité les évêchés qui seront, par le secours de Dieu,
« érigés dans ces contrées.

« Il est donc de votre intérêt, frère bien-aimé, de persé-
« vérer dans l'amour et l'obéissance de la sainte Église
« Romaine et de veiller avec un soin jaloux à tout ce que
« vous saurez pouvoir contribuer à son honneur et à son
« avantage. Nous défendons qu'aucune personne, petite ni
« grande, ni même aucun de nos successeurs n'enfreigne
« cette confirmation canonique de votre juridiction métro-
« politaine. »

Dans toute cette expédition (1132-1134) Norbert agit et
signa comme grand Chancelier de l'Empereur, d'abord pour
l'Italie et ensuite pour tout l'Empire. Ce titre lui est attribué
pour la première fois par Lothaire lui-même dans la lettre
célèbre qu'il écrivit à tous les rois, aux évêques, aux princes,
au peuple chrétien, pour leur notifier officiellement le grand
événement qui venait de s'accomplir à Rome, c'est-à-dire le

rétablissement d'Innocent II sur son siège ; c'est cette lettre qui porte dans l'histoire le nom de *Sentence de Lothaire contre Anaclet.* « Pierre de Léon et ses complices, y disait l'Empereur en terminant, ont été condamnés, comme coupables de lèse-majesté divine et humaine, par les princes de notre cour, à savoir : Norbert de Magdebourg, notre Chancelier, Albéron, archevêque de Brême, les évêques d'Osnabruck, de Paderborn, de Brandebourg, de Parme, d'Albe, d'Asti, de Crémone, Henri Abbé de Fulda et les autres. » L'édit de l'empereur donné à Rome pour promulguer la condamnation d'Anaclet appelle de nouveau Norbert « notre Chancelier ».

Pour que Lothaire eût pleinement exécuté son programme, il eût dû chasser Anaclet de Rome, et y laisser Innocent libre possesseur de la tiare. Mais l'antipape était solidement fortifié dans le château Saint-Ange, et les Pierleoni pouvaient résister longtemps, surtout à une armée aussi peu nombreuse que l'était l'armée impériale. Après avoir reçu du Pape l'usufruit des domaines de la comtesse Mathilde, pour lui et pour son gendre Henri, contre un cens annuel de cent marcs (8 juin) ; après avoir aussi, mais inutilement, envoyé saint Bernard et saint Norbert à l'antipape, en vue d'essayer encore une réconciliation, il quitta la ville, vers la mi-juin. Suivant l'annaliste saxon, il y était resté six à sept semaines. L'union de l'Eglise, malgré les efforts réunis de l'abbé de Clairvaux et de l'archevêque de Magdebourg, n'était pas encore complètement rétablie ; mais une immense victoire morale venait d'être remportée ; le pontife légitime était à Rome.

Enfin Lothaire rentre en Allemagne, au mois d'août ; le 5 septembre, il est reçu en triomphe à Wurtzbourg ; une diète y est tenue, et l'on célèbre la fête de la Nativité de Notre-Dame. Le 18 octobre, nouvelle diète à Mayence, où il assiste à la réconciliation de Wolf de Bavière avec le comte Albert de Kalwe, et le 8 novembre à Bâle, où il signe une charte royale pour le monastère d'Interlacken ; et enfin le jour de Noël, à Cologne. Dans toutes ces réunions, Norbert apparaît comme conseiller politique de l'empereur et comme premier témoin pour les divers actes de son gouvernement. L'un de ces diplômes « délivré par la main de Norbert, archevêque de Magdebourg et grand chancelier de l'empire », mérite une mention spéciale. L'année précédente (1133) Rudolfe de Stenford, avait fondé et doté le monastère prémontré de Clarholt, dans le diocèse d'Osnabruck. L'empereur Lothaire confirme, en 1134, cette fondation faite en faveur « d'hommes servant le Seigneur selon la règle du bienheureux Augustin ». Il statue qu'aucun avoué n'y sera admis, qui n'ait été choisi par le suffrage unanime des frères. Parmi les signataires, nous remarquons le cardinal Gérard, et Anselme, évêque de Havelberg, que le lecteur connaît déjà.

Les fatigues du voyage de Rome et les grandes chaleurs du climat de l'Italie n'avaient fait qu'aggraver les souffrances e les infirmités de Norbert. Il dépérissait graduellement ; il resta cependant jusqu'aux premiers jours du mois de mars 1134 avec l'empereur qui réclamait sa présence, ne croyant pouvoir rien faire de grave sans son conseil. Mais les forces du Saint finirent par trahir son courage, et les organes, brisés de fatigue, refusèrent de servir son énergique volonté. Il lui fallut, au commencement du Carême, renoncer à toute participation active aux affaires de l'Etat, et Lothaire le fit transporter à Magdebourg. C'est ce que nous apprend clairement la *Chronique de Magdebourg*, naturellement mieux renseignée sur la vie épiscopale de Norbert que tous les autres récits contemporains : « L'année suivante (1134), à son retour d'Italie, il commença à ressentir de jour en jour des infirmités plus douloureuses. Il demeura néanmoins environ six mois avec l'empereur et le suivit à diverses diètes en Germanie, dévoué jusqu'à la fin aux intérêts du bien public. Enfin le mal s'aggravant, on le transporta, au commencement du Carême, à Magdebourg, où il fut accueilli avec enthousiasme et fêté avec magnificence par le clergé et le peuple. »

Les habitants de Magdebourg avaient raison de faire à leur archevêque un triomphe. Que dis-je ? Ils avaient le droit d'être fiers de leur pontife, le fondateur d'un grand Ordre, l'héroïque réformateur du clergé et du peuple, le libérateur de l'Église, le grand Chancelier de l'Empire. Mais, ô terrible vanité de la gloire humaine ! le char qui l'avait rapporté dans sa ville épiscopale n'était pas un char de triomphe ; c'était plutôt un char funèbre. Au jour de sa conversion, plus encore en prenant possession de Prémontré, Norbert avait dit au Très-Haut : « *Vous m'avez donné un corps, il sera* « *votre hostie vivante, sainte et immaculée.* » Ces paroles marquaient la préparation et l'offrande de la victime ; nous allons maintenant assister à l'immolation, à la consommation de l'holocauste. Le sacrifice sera parfait, lorsque, semblable à une flamme qui s'élance de la matière qu'elle a consumée, l'âme du saint évêque s'envolera de la terre vers le trône de l'Éternel.

CHAPITRE VINGT-TROISIÈME

Mort de saint Norbert (6 juin 1134).

Saint Norbert avait été fêté par Innocent II et comblé
d'honneurs par Lothaire. Il ne devait cependant pas avoir
sa pleine récompense en ce monde, ni jouir longtemps des
nombreux privilèges qui lui avaient été octroyés par le pape,
non plus que des hautes prérogatives dont l'avait investi la
confiance de l'empereur. Affaibli depuis longtemps par les
austérités de la pénitence, usé par les fatigues du dernier
voyage d'Italie, la *malaria* des campagnes romaines, le changement d'air et le mouvement continuel, le vaillant athlète
de l'Église fut contraint de s'aliter, presque aussitôt après sa
rentrée à Magdebourg. L'épée avait usé le fourreau ; Norbert succombait à l'excès de la mortification et du travail.
Les occupations et les préoccupations de sa vie épiscopale
avaient achevé de miner une constitution saine et vigoureuse. Un des éléments les plus nécessaires à la vie humaine,
le sang, était atteint. L'étiolement de l'organisme et l'appau-
vrissement du sang devaient conduire Norbert au tombeau.
Il se mourait d'épuisement et d'anémie.

On avait eu beaucoup de peine à le transporter dans sa
ville métropolitaine, dit un des anciens biographes. Une
fois rentré à Magdebourg, vers le commencement du Carême
(1134), sa vie sembla n'être plus qu'une longue préparation
à la mort. Une fièvre brûlante le consumait ; et l'on pouvait
prévoir que le grand archevêque n'était plus pour de longs
jours sur la terre. Pendant quatre mois, il resta cloué sur
son lit de douleur par la violence du mal, et il ne se leva
presque pas de tout le Carême.

Mais à mesure que diminuaient les forces physiques, et
que l'anémie lui enlevait ce qui lui restait de vie organique,

l'on voyait augmenter la flamme de son esprit qui jetait un éclat d'autant plus vif, que le temps approchait où elle cesserait d'éclairer l'Église. Comme le lion blessé a le privilège d'effrayer encore son agresseur, ainsi Norbert alité, épuisé, luttait invincible contre tout ce qui pouvait s'opposer au règne de Dieu. De sa couche de douleur, le vénérable pontife surveillait l'administration de son vaste diocèse, et il se faisait journellement rendre compte des moindres détails. Sentant sa fin approcher, le généreux serviteur avait à cœur de régler, avant le départ suprême, les intérêts de son Maître. Les monastères avaient toujours ses préférences, et nous savons pourquoi. De temps en temps, il se levait pour visiter encore le monastère de Sainte-Marie et celui de Bergen. Que d'œuvres il eût voulu accomplir avant de quitter la terre! Il avait tant à cœur, en particulier, d'installer ses religieux au chapitre de la métropole, comme le Pape l'y avait autorisé! Il eût voulu également achever les bâtiments magnifiquement inaugurés par l'empereur Othon-le-Grand, et auxquels lui, Norbert, avait fait travailler sans désemparer. Hélas! l'impitoyable mort ne devait pas lui en laisser le temps.

Il est certain que depuis longtemps l'auréole du thaumaturge brillait autour du front de notre Saint. Norbert avait maintes fois triomphé du démon; et le Tout-Puissant lui avait fréquemment communiqué quelque chose de son pouvoir, sur les lois ordinaires de la nature. Restait le privilège d'un triomphe sur la mort, privilège que Dieu, à travers les siècles, n'a octroyé qu'à un petit nombre de saints personnages. Or cette gloire, accordée autrefois à saint Martin, et qui un jour le sera à saint Dominique, ne devait pas manquer, ce semble, au Fondateur de Prémontré. Plusieurs écrivains mentionnent formellement une triple résurrection opérée par sa puissante intervention. On lui présenta un jour, peut-être dans une de ses visites au couvent de Bergen, trois cadavres, en le priant, au nom des familles éplorées, de demander au Tout-Puissant le retour à la vie de trois êtres aimés. Il fallait, pour lui faire une semblable demande, que l'on eût une haute opinion de la vertu et du pouvoir extraordinaire du saint archevêque. La foi de Norbert était de celles auxquelles le Christ a promis de ne rien refuser. A la prière de Norbert, les trois morts furent, dit-on, rappelés à la vie, sous les yeux d'une foule immense, témoin de ce prodige.

Cependant le Carême dut paraître bien long au zèle de l'archevêque. Rien ne pèse tant aux grandes âmes que l'inaction forcée à laquelle les réduisent la souffrance et la maladie. Sa grande, son unique consolation était de recevoir presque journellement la sainte communion. Quand arrivèrent les jours solennels de la Semaine-Sainte, le noble infirme secoua le mal pour un instant, dit la chronique de la Grâce-Dieu, et fit un suprême effort. Le Jeudi-Saint (12 avril), il consacra le saint Chrême; le grand jour de Pâques, soutenu par la seule énergie de sa volonté, il célébra, pour la dernière fois, les divins mystères, non sans éprouver de grandes faiblesses. L'épuisement du vénérable archevêque était complet. Il sentit que son heure dernière ne pouvait plus tarder longtemps, et il reprit son lit de douleur, pour ne plus le quitter.

Son état s'aggravait de jour en jour, et Norbert avait conscience qu'il ne pouvait plus guérir. Maître de lui-même jusqu'au bout, il mit ordre aux affaires de sa maison, de son diocèse et de son Institut. Aucun détail n'échappait à son coup-d'œil vigilant. Il appelait fréquemment ses religieux de Sainte-Marie autour de son lit. Comme un père à ses enfants spirituels, il leur montrait jusqu'à la fin le but sublime qui leur était marqué. La couche où reposait Norbert malade, devint pour les Prémontrés de la Saxe orientale le foyer de la vie religieuse la plus parfaite. Plus son corps s'affaiblissait, plus il avait à cœur de leur inspirer son esprit. C'était comme le chant du cygne.

Hugues de Fosse fut mandé, mais ne put venir; il ne pouvait croire que l'heure suprême fût si proche. Mais Evermode était là, ne quittant guère la chambre de son Père vénéré. Depuis longtemps, Norbert lui avait fait promettre de ne s'éloigner jamais de lui. Touchant exemple de l'amitié dans le cloître! Evermode nous apparaît comme le disciple bien-aimé du saint Fondateur. Il l'assiste dans sa maladie; c'est lui qui recevra son dernier soupir; les traits de Norbert ne se réfléteront en aucun de ses disciples plus fidèlement que dans Evermode.

L'histoire n'a pas conservé le détail des dernières dispositions de ce grand homme. Ses regards se portaient toujours sur sa famille religieuse. Il eût voulu, en particulier, mettre la dernière main à la fondation de la Grâce-Dieu. La précieuse chronique de ce monastère nous apprend qu'il appela près de son chevet le seigneur Conrad, chanoine de sa métropole. Norbert savait le mérite et la vertu de Conrad; et il avait le pressentiment qu'il serait son successeur sur le siège de Magdebourg. Le lecteur n'a pas oublié que Conrad avait eu pour lui, à la mort de Rutger, la presque unanimité du Chapitre. Si cette élection n'avait pas eu alors de suite, c'est qu'il n'était que sous-diacre. Dans un entretien familier, Norbert lui laissa entrevoir cette prévision et lui recommanda, lorsqu'il serait archevêque, de prendre soin de sa communauté jeune encore de la Grâce-Dieu, le priant de dresser un Diplôme authentique de ce que lui, Norbert, y avait déjà fait; et il lui fit promettre de s'intéresser à la prospérité de ce monastère plein d'avenir.

La Pentecôte tombait, cette année, le 3 juin. Norbert la célébra dans son lit. Il demanda et reçut avec une foi angélique le Corps de Notre-Seigneur Jésus-Christ et l'onction des mourants; il sembla, ce jour-là, recevoir une nouvelle effusion de l'Esprit-Saint. D'une voix ferme, avec cette clarté qui était la qualité maîtresse de son esprit, il adressa ses dernières recommandations à ses disciples et à ses chanoines. Le Mercredi de la Pentecôte, l'on s'aperçut que l'âme du Saint ne tenait plus que par un fil à son enveloppe mortelle. En quelques instants, tous les frères se trouvèrent réunis dans la chambre du moribond; la nombreuse assistance qui entourait la couche funèbre sanglotait; lui seul était calme et radieux. Il se montrait doux envers la mort, comme il l'avait été envers tout le monde. Jusqu'au dernier instant, il conserva la plénitude de sa connaissance et la lucidité de son esprit. Enfin, il bénit une dernière fois ses frères et tous ceux qui entouraient son lit. La suprême parole qui sortit de ses lèvres fut un acte de foi et d'amour à Jésus-Christ. Après une douce agonie, élevant ses yeux vers le Ciel, il s'endormit dans le Seigneur. Ainsi meurent les Saints; un regard vers la terre pour consoler les survivants, et l'autre du côté des Cieux, comme pour y prendre leur essor. C'était la nuit du

5 au 6 juin, 1134, la cinquième année du Pontificat d'Innocent II, la neuvième du règne de Lothaire III; l'illustre Pontife avait 54 ans, un peu plus ou un peu moins. Il en avait consacré dix-neuf à la pénitence, dix-huit à son ministère apostolique; il avait été archevêque sept ans, dix mois et vingt jours.

Bientôt on connut dans la ville la fatale nouvelle. L'on se précipita vers le palais archiépiscopal, pour vénérer les restes du Saint. C'était donc trop vrai : l'archevêque Norbert n'était plus, « si toutefois c'est mourir que de passer à une meilleure vie ». L'homme puissant en paroles et en œuvres, le fondateur de nombreux monastères, l'éminent apôtre et propagateur de la sainte Religion, le défenseur intrépide du pape Catholique Innocent, l'adversaire irréconciliable du schismatique Pierre de Léon, venait d'être ravi à son Ordre, à son diocèse, à l'Empire et à l'Eglise. L'âme bienheureuse venait d'entrer dans l'éternité du bonheur suprême; mais son saint corps était resté là sans mouvement et sans vie. Et c'étaient ces restes qui allaient devenir le trésor de ceux qui l'avaient aimé et vénéré.

Aussitôt que le Saint eut rendu le dernier soupir, la question de la propriété de ses restes mortels se posa. Les chanoines de la cathédrale les réclamaient, et ils semblaient apporter de bonnes raisons : l'archevêque de Magdebourg devait reposer dans son église métropolitaine. Quelque hostile que se fût montré jadis le Chapitre envers son évêque, il se rendait bien compte que le tombeau d'un Saint deviendrait pour la Cathédrale une richesse et une gloire. Chose étrange, dit à ce propos le premier biographe, on voyait réclamer le corps sans vie du Pontife ceux-là mêmes, qui, pendant son existence, n'avaient pu supporter sa présence. Le corps de saint Norbert serait sans doute échu à la cathédrale, si elle eût déjà été soumise à la Règle de Prémontré; mais les chanoines du cloître de Sainte-Marie firent valoir avec raison que la dignité de Fondateur primait la dignité d'archevêque, que dès lors il était équitable qu'il eût sa dernière demeure parmi ses frères et ses enfants. Au surplus, de son vivant, l'archevêque avait maintes fois formellement déclaré que sa volonté était de reposer au milieu de sa famille religieuse.

Le conflit menaçait de se prolonger et de s'aigrir entre le Chapitre et le monastère de Sainte-Marie. Des esprits sages donnèrent aux chanoines et aux religieux le conseil d'en référer à l'arbitrage de l'empereur Lothaire. Ami du Prélat défunt, il choisirait certainement le parti le plus en rapport avec l'honneur du Saint. Il fut donc convenu que la dispute serait soumise à la décision impériale. Une députation du Chapitre se rendit près du prince. De son côté, Evermode, qui s'était chargé du soin de sa sépulture, partit pour Mersebourg en Souabe, où l'empereur avait célébré la Pentecôte, et tenait sa cour plénière, et il plaida la cause du monastère de Sainte-Marie. Lothaire décida, comme il était facile de le prévoir, en sa faveur. Évidemment le plus grand mérite du Saint n'était pas d'avoir été archevêque d'un siège illustre, mais d'avoir créé, au sein de l'Église, une nouvelle famille religieuse. Les traces de son influence comme archevêque disparurent presque avec lui, tandis que son génie continua d'animer les Prémontrés pour des siècles.

Pendant que se poursuivait cette négociation, le corps de notre Saint restait exposé à la vénération du peuple de Magdebourg et des contrées voisines. On le transporta successivement, selon la coutume, dans chacun des monastères de la ville, où l'on célébra solennellement les Vigiles et la Messe des morts. Le peuple s'y précipitait en masse, les uns par dévotion, les autres par curiosité, tous avec le plus vif sentiment de respect pour la mémoire du Saint. Ces convois funèbres durèrent jusqu'au retour des députés du Chapitre et du monastère de Sainte-Marie. Ils revinrent au bout de huit jours, disent nos deux biographes, de six jours seulement, si nous en croyons la Chronique de Magdebourg et les Annales de Saxe. Chose merveilleuse ! Pendant ces six à huit jours, le corps de saint Norbert resta incorruptible. Les chaleurs de l'été de 1134 furent si excessives que les foins se desséchaient sur pied dans les prairies. Malgré cette température torride, la corruption n'osa atteindre un corps sanctifié par la mortification, et déjà comme spiritualisé par la pureté et par la souffrance. On admirait la beauté de ses traits ; et à voir sa vive et fraîche carnation, vous eussiez dit que le héros de l'Évangile dormait d'un doux sommeil.

D'après les données chronologiques de la Chronique de

Dieu voulant le récompenser de l'éternelle béatitude,
l'éprouve par une maladie de 4 mois. Le 6 juin 1134,
on entend une voix du ciel qui dit : « Venez, ma sœur,
reposez-vous. » Il meurt et il apparaît à un ami avec
un rameau d'olivier.

Magdebourg et de l'annaliste Saxon, les obsèques solennelles eurent lieu le lundi 11 juin. A la nouvelle de la mort du grand archevêque, les princes du pays accoururent pour assister à ses funérailles; et ce furent des princes et des comtes qui portèrent son cercueil. A la diète de Mersebourg s'étaient trouvés réunis, autour de l'empereur, le duc Henri de Bavière, les margraves Conrad de Misnie, Henri de Glogau, Albrecht de la Marche du Nord, et le landgrave Louis de Thuringe. S'il est vrai, comme le pensent plusieurs écrivains allemands, que Lothaire vint de Mersebourg assister aux funérailles solennelles de son grand Chancelier, ces hauts personnages peuvent bien avoir été, avec les comtes saxons, les porteurs princiers du cercueil de notre Saint. Si à ces noms nous ajoutons encore le cardinal Gérard, l'archevêque de Mayence, les évêques de Halberstadt, de Hildesheim, de Naumbourg, de Mersebourg et Meissen, qui assistaient à la diète de Mersebourg, et dont la plupart se seront fait un devoir de venir offrir un dernier hommage à leur ami ou à leur métropolitain, nous pourrons nous faire une idée du cortège magnifique qui rendit les honneurs suprêmes à l'archevêque de Magdebourg.

La Chronique de Magdebourg mentionne nommément la présence de trois évêques, tous les trois suffragants du Prélat défunt : Godebald de Meissen, Ludolphe de Brandebourg et Anselme de Havelberg. Tous les trois, les larmes aux yeux, récitaient les prières liturgiques : celui-ci n'avait guère quitté son maître, depuis qu'il était évêque. Il l'avait accompagné en Italie, et avait été son aide dévoué dans les affaires de l'État. Anselme, disciple privilégié du Saint, célébra l'office de ses obsèques; bientôt il deviendra son successeur spirituel près du pape et de l'empereur.

Ce qui était plus beau mille fois que ce convoi princier, c'était l'empressement de la foule. Le peuple donna par ses larmes au saint archevêque le plus glorieux triomphe qu'il pût recevoir ici-bas. Ils sont bien rares les mortels à qui la voix de tout un peuple fait ainsi la plus éloquente des oraisons funèbres. Les larmes du peuple honorent toujours ceux qui en sont l'objet.

Le corps fut donc inhumé dans l'église du monastère de Sainte-Marie, devant l'autel de la Sainte-Croix, placé à l'entrée du chœur des religieux. Il y resta quelques années. Plus tard, les disciples désirèrent l'avoir plus près d'eux. On le transféra donc à l'intérieur du chœur, où il fut déposé sous le même autel. Là, ses enfants eurent la consolation de voir son mausolée, et de célébrer les Saints Mystères au-dessus des restes de leur Père vénéré. Ce voisinage excitait leur piété et entretenait en eux le feu sacré de la foi et de la charité.

La piété filiale des chanoines de Sainte-Marie lui éleva un monument de marbre blanc, sur lequel fut gravée, en lettres d'or, l'inscription suivante :

CI-GIT, SOUS CE MARBRE, NORBERT, PAR LA GRACE DE DIEU, ÉVÊQUE DE LA SAINTE ÉGLISE DE MAGDEBOURG, FONDATEUR DE L'ORDRE DE PRÉMONTRÉ, ET RESTAURATEUR DE CE MONASTÈRE. IL MOURUT L'AN DU SEIGNEUR 1134, LE 6 JUIN.

Nous savons, par des récits postérieurs, que le corps du Saint exhalait un suave parfum. Dans ce fait historique se cache un sens profond : sa mort prématurée ne pouvait corrompre et détruire l'œuvre commencée par lui. Pendant plus d'un siècle, l'on devait respirer autour de sa tombe le parfum d'une vie idéale, de la piété la plus fervente et du zèle le plus ardent pour le royaume de Dieu. Et l'on peut dire que ses saintes reliques continuèrent l'active propagande de vérité et de vertu qui avait trop tôt consumé sa vie.

CHAPITRE VINGT-QUATRIÈME.

L'homme et le saint.

Le deuil de la ville et de l'archidiocèse de Magdebourg, à la mort de saint Norbert, fut celui de l'Allemagne et de l'Église catholique ; et l'on peut dire qu'un vide immense se fit sentir dans le monde chrétien tout entier. Lothaire pleura en lui son ami, son conseiller le plus intime et le grand Chancelier de l'Empire. Le Pape Innocent II, qui devait tant au dévouement de l'archevêque de Magdebourg, versa des larmes, à la nouvelle du trépas de l'homme qui venait de sauver l'Église.

La *Chronique des évêques de Magdebourg* exprime un sentiment qui était universel, lorsqu'elle exhale ainsi sa douleur : « Hélas ! voilà comment nous fut enlevé par une mort douloureuse et prématurée, ainsi qu'une fleur trop tôt fanée, cet homme remarquable, cet apôtre éminent ! Il n'est plus, le prélat, dont la vie était si nécessaire à l'Église catholique : cet homme près duquel les malheureux étaient assurés de trouver un asile, et les infortunés une consolation ; ce pontife qui savait si bien allier l'amour pour les hommes à la haine du mal et du péché ! Bon pour tous, plein de patience, il n'eut d'ennemis que les clercs scandaleux qui ne voulaient point porter le joug du Seigneur. L'or et l'argent, si puissants sur les mortels, lui étaient chose tellement indifférente, qu'il n'hésitait pas à épuiser le trésor de son église, quand la nécessité le demandait. »

Ainsi se consolait-on par le souvenir de ses vertus, par le récit de ses actions éclatantes. Il n'était bruit dans toutes les provinces de la république chrétienne que de Norbert *le Grand*, de Norbert *le Saint*. Ces deux appellations résumaient l'impression générale. C'est qu'en effet le Prélat défunt avait été l'un et l'autre. Grand par les qualités dont la nature l'avait doué, grand esprit, cœur plus grand encore, il s'était graduellement élevé, par l'exercice quotidien des plus sublimes vertus, jusqu'au sommet de la sainteté chrétienne.

Le savoir profond des lettres profanes et sacrées était accompagné en Norbert d'un magnifique talent; celui de communiquer aux foules les riches trésors de doctrine qui étaient en lui. Il était né orateur. Tous les écrivains du temps se sont plu à faire ressortir sa puissance oratoire. Sans revenir sur les témoignages déjà rapportés, voici un moine chroniqueur qui le nomme : « le grand, l'éloquent orateur. » Si le mot de saint Augustin est vrai : « la grande éloquence a deux sources, l'amour des hommes et l'amour de la vérité; » saint Norbert était vraiment éloquent. Aussi, que de beaux triomphes remporta sa parole à Laon, à Anvers, à Spire, à Magdebourg, à Rome, et en cent autres endroits! Peut-on rien imaginer de plus insinuant, de plus élevé, de plus oratoire enfin que son discours à son peuple, quand il rentra dans sa ville de Magdebourg, d'où les émeutes l'avaient chassé ?

Comment n'eût-il pas ravi, ému, touché un auditoire ? Tout parlait en lui, et l'accent de sa voix pénétrante, et la noblesse de ses traits, et l'éclair de ses yeux, et par-dessus tout le rayonnement de son admirable vie.

Saint Norbert écrivit peu. Sa vie fut si constamment absorbée par les prédications, les fondations de monastères, plus tard par les occupations et les inquiétudes de sa vie épiscopale, et enfin par les affaires générales de l'Empire et de l'Église, qu'il dut avoir à peine le loisir de prendre la plume. Ses historiens sont cependant unanimes à dire qu'il composa plusieurs ouvrages; et quelques-uns d'entre eux ont dressé la liste plus ou moins authentique de ses écrits.

Que sont devenus les écrits du grand archevêque, et, en particulier, les deux lettres qu'il écrivit, en 1130, à l'archevêque de Ravenne et à l'évêque de Lucques! Tant qu'un heureux hasard n'aura pas fait retrouver les œuvres perdues de celui que ses contemporains mirent sur le même rang que les plus grands docteurs de l'Église, on devra regretter qu'il nous reste de lui si peu d'écrits authentiques. Le texte de saint Norbert est nourri de passages de l'Écriture sainte, interprétés, selon le goût du temps, dans le sens mystique ; son style est tout à la fois vif et onctueux, incisif et pénétrant.

Les fragments oratoires rapportés par ses biographes montrent en lui un orateur et un écrivain de grande puissance.

Redisons-le toutefois; là n'est pas la véritable gloire de notre Saint. Il a, en définitive, laissé peu d'ouvrages écrits; mais il fit plus et mieux; en accomplissant la grande œuvre de réforme qui occupa toute sa vie, il fut le libérateur de l'Église et l'un des plus illustres bienfaiteurs de la société chrétienne. Que l'on oublie, si l'on veut, l'orateur, pour ne s'attacher qu'au Législateur et au fondateur d'Ordre.

Peut-être est-ce à tort que nous nous servons de ce terme. Norbert n'eut jamais la prétention de créer une congrégation nouvelle. Toute son ambition fut de réformer le clergé régulier, pour atteindre du même coup le clergé séculier et le peuple. Nous le savons déjà, les Prémontrés ne devaient être, dans sa pensée, qu'une branche plus féconde et plus vivante de l'arbre des chanoines réguliers de Saint-Augustin.

Il ne voulait que restaurer un édifice qui menaçait ruine; il en éleva un nouveau. C'est là une des conditions des œuvres des hommes; rien de ce qui est grand, beau, durable ne se fait directement. En tout cas, saint Norbert eut tout ce qui caractérise le fondateur d'Ordre, le créateur d'une forte association religieuse : un idéal nettement conçu, l'esprit de suite, le génie organisateur, un ascendant moral indiscuté. Ce que voulait le fondateur de Prémontré, c'était une congrégation de clercs réformés vivant en commun, livrés au travail, à la prière et aux diverses pratiques de l'abnégation évangélique. Il entendait former des prêtres qui seraient, comme lui, des apôtres, des missionnaires, et, au besoin, des pasteurs attachés aux paroisses. Cette pensée était alors une nouveauté. Unir les plus austères observances de la vie monastique aux travaux de l'apostolat et du ministère sacré, voilà ce que prétendait Norbert. Là est le caractère original de son œuvre. A la fois contemplatif et actif, l'Ordre de Prémontré devra se livrer aux exercices du chœur et de la vie cénobitique, comme s'ils étaient son unique but; et il devra pareillement se dépenser au soin des âmes par toutes les fonctions du ministère apostolique et paroissial, comme s'il n'eût pas été institué pour une autre fin.

Ce qui donnait au saint Législateur une si puissante influence, c'est qu'il était essentiellement directeur des âmes.

L'Église catholique a, dans son sein, autant de confesseurs que de prêtres approuvés: les directeurs y furent, à toutes les époques, rares et clairsemés. Ce ministère délicat réclame une science plus qu'ordinaire, une vive piété et une prudence consommée. Norbert avait toutes ces qualités et ces vertus nécessaires au vrai directeur. Guibert de Nogent vantait sa connaissance du cœur humain, et l'appelait « le parfait ami de la vie intérieure, le maître de la vraie direction », le directeur le plus expérimenté qu'il eût rencontré. Norbert avait tout particulièrement reçu du ciel le don de former pour l'Église des hommes accomplis. Voilà ce qui explique comment, en si peu d'années, il groupa autour de sa personne et de son nom une si magnifique constellation de disciples, qui recevaient de lui la lumière et la vie de l'âme.

Saint Norbert avait, au plus haut degré, le don de fasciner les âmes; et ce n'est pas seulement sur ses disciples qu'il exerçait un prestige irrésistible. Tous ceux qui l'approchaient se sentaient attirés vers lui, et s'attachaient à sa personne par des liens que rien ne pouvait rompre. En France, en Belgique, en Allemagne, en Italie, il compta de nombreuses et illustres amitiés. En France nous avons nommé l'évêque Barthélemy de Laon, dont, après plus de sept siècles, les chartes, monuments habituellement si froids, redisent encore l'admiration et la persévérante affection pour le Fondateur de Prémontré. Guibert de Nogent nous a dit, en un langage plein d'enthousiasme, son culte pour Norbert. Lisiard et Josselin, évêques de Soissons, Geoffroy le pieux évêque de Chartres, Albéron de Verdun, étaient dans son intimité. En Belgique, il entretenait avec le bienheureux comte Charles le Bon de cordiales relations. Combien l'empereur l'entourait de son estime et de sa royale confiance, les deux biographes nous l'ont dit en termes presque identiques : « le roi aimait tendrement l'homme de Dieu; il ne faisait à peu près rien sans prendre ses sages conseils; et il tenait à recueillir tous les jours, de ses lèvres, l'aliment de la parole de Dieu. »

Après une ou deux entrevues avec lui, le pape Gélase II fut sous le charme de sa vertu et de sa prudence; et il voulait l'attacher à sa personne. Les bulles d'Innocent II rapportées précédemment nous ont fait voir à quel degré ce Pontife l'aimait et se proclamait son obligé. En 1135, l'année qui suivit la mort du saint Fondateur, Innocent II approuvait de nouveau l'Ordre de Prémontré, et ordonnait que, « selon les prescriptions de Norbert, de si bonne mémoire, archevêque de Magdebourg, tous les abbés et prévôts de l'Ordre vinssent annuellement à Prémontré au Chapitre commun. »

Mais celui qui entra le plus avant dans son affection, et qui le lui rendit de la façon la plus éclatante, fut saint Bernard. Où et comment ces deux hommes, nés si loin l'un de l'autre, se rencontrèrent-ils pour la première fois? Tous les deux étaient amis de Barthélemy de Laon, de Geoffroy de Chartres et de Thibaud, comte de Champagne ; ils durent par conséquent se voir au palais de ces illustres personnages. La fondation de Prémontré d'une part, celle de Foigny de l'autre, les luttes théologiques qu'ils soutinrent tous les deux contre Abélard, les mirent sans doute en relations immédiates et personnelles. Quoi qu'il en soit, ils se lièrent d'une amitié vive et profonde. La correspondance de saint Bernard nous a révélé les sentiments qu'il professait pour saint Norbert. Et les lettres de celui-ci achèveraient de nous faire connaître jusqu'où alla l'intimité des deux illustres amis, si le malheur du temps ne nous eût ravi, pour toujours sans doute, les écrits du Fondateur de Prémontré. Lorsque, dans sa lettre à Geoffroi de Chartres, l'abbé de Clairvaux le nomme *fistula cœlestis*, il se sert d'une expression dont la langue française peut à peine rendre l'énergie. La *fistula* était le chalumeau d'argent dont on se servait à l'autel pour aspirer le Précieux Sang du sacrifice. Tel était Norbert, dans la pensée de son incomparable ami : organe du Très-Haut, canal sacré du Verbe divin.

Avant de quitter Rome (1133), les deux amis s'embrassèrent, comme là même l'avaient fait autrefois saint Pierre et saint Paul s'en allant au martyre, c'est-à-dire au triomphe.

Lorsque saint Norbert fut mort, les liens qui les avaient unis ne se brisèrent pas. Saint Bernard, en souvenir de lui, continua d'aimer et de propager l'Ordre de Prémontré. Cependant un nuage s'éleva un jour entre l'abbé de Clairvaux et l'Ordre auquel il portait un si vif intérêt. Saint Bernard en écrivit au vénérable Hugues, abbé de Prémontré (1150). Après avoir donné ou promis satisfaction pour les griefs des Prémontrés, il s'écriait :

« J'ai résolu, quoi que vous fassiez, de vous aimer tou-
« jours, même si vous ne m'aimiez point. Je m'attacherai à
« vous malgré vous; je m'y attacherai malgré moi-même. Je
« m'y suis uni autrefois par un lien solide, par une charité
« sincère, par cette charité qui ne périt jamais. Si vous tardez,
« j'irai et je m'excuserai, je me coucherai à votre porte. Je
« frapperai, j'insisterai à temps et à contre-temps, jusqu'à ce
« que je mérite ou que j'arrache votre bénédiction. »

Si saint Norbert avait le don de conduire et de diriger les
âmes, il avait pareillement le coup d'œil politique nécessaire
pour gérer les intérêts de l'État. Ce génie des affaires s'était
révélé en lui de bonne heure. Au témoignage d'une chronique toujours bien renseignée, le jeune chanoine de Xanten
s'était fait remarquer à la cour de Henri V par sa prudence
et son habileté diplomatique dans les négociations les plus
délicates; ce qui lui valut dès lors la faveur et l'affection de
l'empereur et des courtisans. L'on pouvait déjà pressentir
l'homme d'État de premier ordre. La conversion de Norbert,
sa vie pénitente, ses missions, la fondation de son Institut
semblèrent mettre sous le boisseau les ressources extraordinaires de son génie administratif; mais elles reparurent avec
éclat, dès qu'il fut élevé à la dignité archiépiscopale.

Lothaire III était absolument dévoué aux intérêts de l'Eglise
Un homme qui, comme Norbert, traitait les affaires avec
une clarté si pratique et avec une sagesse toute chrétienne,
devait nécessairement devenir l'un de ses conseillers les plus
assidus. Aussi Lothaire lui marqua-t-il constamment une
confiance particulière. Norbert fut le guide et le directeur de
la politique religieuse du roi teutonique de 1130 à 1134. Il
se livra à ses devoirs de prince de l'Empire, avec le même
zèle qu'il remplissait ses obligations d'archevêque et de réformateur. De 1126 à 1129, il avait suivi pas à pas Lothaire
dans sa lutte contre les Hohenstaufen. Dans l'affaire du
schisme d'Anaclet, c'est lui qui prend en main la direction
de la politique allemande, et il conserve cette direction jusqu'à sa mort. Admis au conseil du roi, aussitôt après son
élévation au siège archiépiscopal, il en était bientôt devenu
complètement le maître. Lors de l'expédition de Lothaire en
Italie, il faut que Norbert l'accompagne, malgré l'état de langueur qui s'est déclaré chez lui, depuis longtemps déjà. En

On voit son âme portée au ciel sous la forme d'un lys. Il se montre dans la gloire au B. Hugues. Son corps, sans être embaumé, malgré les chaleurs, est préservé de la corruption. Il est enseveli dans le cloître de Sainte-Marie.

Italie, il est désigné comme Chancelier à la place de l'archevêque de Cologne absent ; il est presque le seul conseiller réel du roi ; seul, par sa prudence, il ménage à son maître la couronne impériale et le décide à se laisser couronner au Latran. C'est lui qui, sous les murs de Rome, met obstacle à toute tentative de rapprochement entre Anaclet et le roi ; et c'est finalement par son influence que le pape Innocent prend possession du trône pontifical.

« Norbert, dit un critique d'outre-Rhin, est, sous tous les rapports, un reflet de son époque, il est un représentant de la première moitié du XIIe siècle. L'enthousiasme religieux, la maturité du sens diplomatique, qui distingue les princes allemands de cette époque, la haute culture dont le clergé d'alors pouvait se faire gloire, tout cela apparaît dans l'activité et l'action de Norbert comme dans ses projets. Plus que tous ses contemporains, il eut en vue, comme clerc, la profondeur du sentiment religieux ; comme prince de l'Église, la pureté de la vie et des mœurs et l'appui donné à son Ordre ; comme prince du royaume, il eut, plus que tous, la claire vue de ses devoirs vis-à-vis de l'empire. De là vint que, dans la part énergique et puissante qu'il prit à toutes les questions de son temps, il se fit une situation qui lui donna la plus grande influence sur son siècle et sur les âges postérieurs. »

Si Norbert fut un grand homme, on peut dire qu'il le fut sans l'avoir voulu. Il n'eut qu'un but unique : vivre de la vie de Jésus-Christ, le modèle inimitable de toute vertu. Avant tout, Norbert est un Saint. Mais il n'avait pas gravi en un jour les sommets de la perfection évangélique. Depuis sa conversion jusqu'à ses dernières années, ses biographes nous le montrent faisant, par d'énergiques efforts, des progrès constants. C'est du reste une loi invariable de l'économie divine : toute vertu ne s'acquiert que grâce à une lutte persévérante. Le *combat spirituel* fut toujours le grand moyen de la sainteté.

Aussitôt après le solennel avertissement de Vreden, Norbert comprit le besoin qu'il avait de réfléchir et de prier. La réflexion calme et solitaire fixe l'esprit et l'éclaire sur les grandes réalités du monde surnaturel ; la prière l'unit à Dieu, et attire la grâce sans laquelle rien ne se fait dans l'ordre du salut. Norbert se retira donc dans la solitude de Siegburg. L'oraison, la lecture spirituelle, le recueillement furent comme les principes générateurs de sa transformation morale et de ses progrès dans la sainteté.

Il comprit également, et dès la première heure, la nécessité d'un guide spirituel. Pour rappeler Norbert à lui, le ciel l'épouvanta par un coup de tonnerre. Quatre siècles plus tard, un autre homme célèbre, Luther, se promenant un jour dans sa jeunesse avec un ami, vit cet ami tué par la foudre, à ses côtés. L'effet immédiat de ce phénomène fut le même pour Luther qu'il l'avait été pour saint Norbert. Luther, lui aussi, médita sur les vanités du monde et entra dans un monastère. Mais, dans les deux cas, le dénouement fut bien différent. Au lieu de fonder un ordre religieux, Luther les condamnera tous, au lieu de travailler à faire régner l'Eglise catholique dans les âmes et dans la société, il en jura la destruction, en établissant sa prétendue réforme. Norbert rétablit un pape sur le trône pontifical ; Luther se constitua l'ennemi fanatique de la Papauté. Au lieu de faire fleurir et prospérer le règne de la charité et de la paix, il fut la cause première de cette désastreuse guerre de Trente ans qui désola l'Europe entière. Comment donc se fait-il que Luther, après avoir bien commencé, finit si mal ; tandis que Norbert, depuis l'instant béni de sa conversion, ne fit que progresser dans la voie de la perfection évangélique? A l'exemple de Saul, Norbert était allé aussitôt se mettre sous la direction du saint abbé Conon. Luther, au contraire, n'écoutant d'autre maître que lui-même, se jeta dans un abîme, et y précipita des millions d'âmes. L'enfant a besoin d'un maître ; le jeune arbuste, d'un tuteur : l'âme chrétienne qui veut avancer, d'un guide vertueux et expérimenté. Vouloir marcher seul, c'est faire preuve d'orgueil et de présomption. Personne ne tombe aussi bas que les orgueilleux ; et nul n'est plus aveugle que l'esprit présomptueux qui se croit sûr de lui. Le point de départ de la grandeur morale de Norbert, ce fut son humilité.

Eclairé de lumières surnaturelles par ce contact habituel avec Dieu qu'entretenait en lui l'oraison, Norbert mettait son bonheur à incliner son esprit devant la véracité du Très-Haut, nous révélant ce que nous devons croire, et devant l'autorité de l'Eglise, interprète de la révélation divine. De plus, le regard pénétrant de son cœur voyait dans tout ce qui lui arrivait l'action de la divine Providence sur sa personne. Il vivait dans une continuelle dépendance du Très-Haut.

Aussi fut-il, à proprement parler, le héros de la foi. La certitude dans la foi, dit un critique protestant, le courage et l'énergie pour la défense de la foi, forment le fond du caractère de Norbert. Nous admirons l'homme qui consacre sa vie entière au culte de Dieu ; qui prêche la vérité et la charité avec une pareille ardeur et un tel succès, et traverse le monde en vainqueur au milieu des plus grandes difficultés : c'est la foi qui est le fondement de cet héroïque courage et le foyer de cet enthousiasme brûlant. On le comprenait déjà à merveille au XIIe siècle. Au jugement de ses contemporains, la foi, une foi vivante et active, fut sa vertu caractéristique. Quelqu'un voulant exprimer la qualité surnaturelle dominante de trois hommes illustres de son temps, disait un jour : « Ce qui excelle en Norbert, c'est la foi; en Bernard de Clairvaux, la charité ; en Milon, évêque de Thérouanne et disciple de Norbert, l'humilité. »

Si nous voulons atteindre le fond le plus intime de cette grande âme, il faut prononcer *le nom qui est au-dessus de tous les noms* ; Jésus-Christ était sa pensée dominante. Il ne se lassait pas de regarder, d'étudier, d'adorer, d'aimer Jésus, le Saint par excellence, pour obtenir la grâce de lui ressembler et de continuer sur la terre la noble tradition du Christ vivant dans ses Saints. Jésus-Christ est le soleil des âmes ; et les Saints, astres de première grandeur, gravitent constamment autour de lui. Norbert avait sans cesse sur les lèvres le nom de Jésus; nous l'avons lu dans chacun de ses discours; il enseignait aux siens à ne suivre qu'un chef, le Christ. Le grand, l'unique mobile de ses actions et de ses entreprises était l'amour du Sauveur des hommes. A l'exemple de l'Apôtre et de saint Bernard, il faisait profession de ne savoir rien que Jésus-Christ, et Jésus-Christ crucifié. Plus il s'avançait dans sa marche de géant, plus il pouvait dire : *Ma vie, c'est Jésus-Christ, et la mort m'est un gain.*

La dévotion de saint Norbert pour la Divine Eucharistie était surtout tendre et touchante. Le prêtre catholique a reçu du Très-Haut un pouvoir effrayant, en vertu duquel Jésus-Christ est à ses ordres. D'un mot, il le fait descendre sur l'autel ; il le touche ; il s'en nourrit ; il le distribue aux fidèles ; il le met sous clef ; il l'expose aux adorations de la multitude qui prie. Jamais le prêtre de foi ne se familiarise avec de semblables merveilles d'amour. On a dit de ce mystère qu'il est *le dogme générateur de la piété catholique;* l'on peut ajouter qu'il est le vrai trésor de l'âme qui croit et qui aime. Saint Norbert montait chaque jour à l'autel ; on l'y vit même monter plusieurs fois en un seul jour ; il n'en gravit jamais les marches sans être accompagné par ces trois sœurs divines qui se nomment la foi, l'espérance et la charité. C'était toujours pour son cœur une fête nouvelle et un nouvel avant-goût du Ciel. Nous avons raconté les miracles qu'il opéra à l'autel. C'est là qu'était le vivant foyer de sa sainteté. A Anvers, il fut l'insigne défenseur de la foi à la présence réelle, l'apôtre et le noble vengeur du Dieu de l'Eucharistie. La plupart de ses biographes ont pris soin de signaler cette piété eucharistique de saint Norbert à l'attention de la postérité. Et aux générations qui passent, l'illustre Saint apparaît montrant l'ostensoir où est exposé le Saint-Sacrement, et le présentant aux adorations du monde chrétien. Les plus anciens exemplaires de *l'Ordinaire* ou Cérémonial de l'Ordre portent encore l'empreinte de la dévotion eucharistique du saint Fondateur. Le premier chapitre a pour titre : *De reverentia circa altare.* « Avant tout, dit l'auteur, peut-être le vénérable Hugues lui-même, il nous faut parler de l'office de l'autel, où se trouve l'abrégé de notre salut. Que l'autel soit toujours orné des nappes les plus propres. Selon les degrés des fêtes, on le décorera des ornements les plus précieux qu'il se pourra. Et cela, parce que la foi nous y montre la présence réelle du Christ entouré de ses anges.

A aucune époque de l'Église, le culte de la Mère de Dieu ne fut plus populaire qu'au xiie siècle. On sait la tendre et forte dévotion de saint Anselme et de saint Bernard pour cette Femme bénie, qui est le chef-d'œuvre de Dieu, l'idéal de la pureté, de l'humilité, de toute vertu. Partout, en ces siècles profondément chrétiens, plane sur le monde l'aimable sourire et la souveraine assistance de la Vierge-Mère. Robert d'Arbrissel venait de lui consacrer solennellement son Ordre de Fontevrault. Véritable chevalier de Notre-Dame, saint Norbert voudra lui consacrer chacun de ses monastères. A ceux même qui avaient déjà un autre titulaire, il ajoutera la Reine du Ciel comme patronne principale. C'est ce qui arriva en particulier pour la maison-mère de Prémontré et pour Saint-Michel d'Anvers. « Dans l'Ordre de Prémontré, dit un historien récent *de la Sainte Vierge*, l'on récite chaque jour le petit office de la Vierge Marie. Chaque jour également on célèbre le Saint Sacrifice en son honneur, et le samedi, avec un éclat particulier; et l'on y porte un habit blanc en témoignage de sa pureté. »

De la part de saint Norbert n'était-ce pas l'accomplissement d'un devoir de piété filiale et de reconnaissance ? La Vierge Marie, en descendant des hauteurs célestes pour donner à son Ordre une solennelle investiture, avait évidemment contracté avec son fils Norbert et ses disciples une maternité toute spéciale. Si l'on pouvait considérer comme authentiques les *Monita Spiritualia*, imprimés sous le nom de notre Saint, il s'ensuivrait qu'il donna à son Ordre les blanches livrées de Marie dans le but d'honorer d'une façon sensible et publique sa Conception Immaculée. Voici ces paroles : « Ce qu'a voulu la Mère de Dieu en nous ornant de « l'habit blanc, symbole de la pureté, c'était de nous revêtir « d'une vraie dévotion à son Immaculée Conception. Si vous « ne brûlez de cet amour filial, si votre vie n'est le reflet de « cette virginale pureté, vous n'êtes chanoine Prémontré que « d'habit et de nom. »

Il est incontestable que la croyance à l'Immaculée Conception de la Sainte Vierge occupait déjà les esprits à cette époque. Le Chapitre de Lyon en avait introduit la fête dans la métropole de cette ville. Saint Bernard, on le sait, désapprouva cette mesure; une de ses lettres en fait foi. Mais si le grand Docteur répudiait ce qu'il appelait une nouveauté, il concluait en s'en remettant au sentiment de quelqu'un plus éclairé que lui, principalement de l'Église Romaine, à l'autorité et à l'examen de laquelle il réserve cette question et toutes les autres de même nature. Si l'abbé de Clairvaux ne croyait pas devoir admettre la croyance à l'Immaculée Conception; saint Anselme, archevêque de Cantorbéry, l'avait préconisée. Aussi bien l'Église Romaine a parlé; la cause est finie. Et il est permis aux disciples de saint Norbert de réclamer pour leur Patriarche l'honneur d'avoir devancé et pressenti la définition solennelle de l'Eglise. On ne saurait nier, en tous cas, que l'Ordre de Prémontré ait toujours regardé la dévotion à l'Immaculée Conception comme un de ses caractères distinctifs et comme un pieux legs de son Fondateur. Et le Chapitre général de 1738, sur la proposition de Van Eeckhout, abbé de Grimbergen, ne fit que consacrer cette croyance en déclarant à l'unanimité que « la dévotion envers la Vierge toujours Immaculée fait partie du patrimoine religieux de l'Ordre depuis sa fondation ».

Mais il avait une autre dévotion qu'il ne faut pas taire. Jamais la puissance spirituelle et temporelle des Papes ne s'éleva plus haut qu'à l'époque dont nous avons retracé le tableau. Partout nous voyons le seigneur apostolique juger, au nom de Dieu, les rois et les peuples, s'opposer à l'injustice, arrêter, autant que possible, par son arbitrage, les guerres et les révolutions; apparaître aux yeux de tous, comme le représentant immédiat de Dieu et le Vicaire du Christ. Il semble que Norbert ait, plus que personne, compris cette haute suprématie des Pontifes romains. Cinq fois au moins dans sa vie, nous le voyons prosterné aux pieds d'un Pape : en 1111, aux pieds de Pascal II; en 1119, aux pieds de Gélase II; aux pieds de Calixte II également en 1119; en 1126; aux pieds d'Honorius II; en 1133, devant Innocent II qu'il vient d'asseoir sur le trône pontifical. Pour son Institut, spécialement pour ses monastères les plus chers, Prémontré, Cappenberg et Sainte-Marie de Magdebourg, il lui faut les plus formelles approbations du Saint-Siège. Norbert a l'âme essentiellement catholique. Il possède à un degré incomparable ce qu'un écrivain moderne a si bien nommé la *dévotion envers le Pape.*

Nous avons esquissé à grands traits et avec un pinceau bien insuffisant les traits de la physionomie morale de saint Norbert. « Dans un des vitraux de la Cathédrale de Magdebourg, dit M. Winter, on voit le portrait d'un archevêque qui se distingue de tous les autres par sa taille élevée, par son maintien imposant et par la noblesse de ses traits, où se reflètent les qualités les plus sérieuses : recueillement, sérénité, calme et inflexible fermeté. Sa main gauche tient un calice, sa droite une chaîne enserrant Satan sous la forme d'un dragon qui se roule à ses pieds. C'est Norbert. » Tel le peintre l'a compris, tel le représentent les historiens.

SAINT NORBERT ET SES EMBLÈMES ICONOGRAPHIQUES

L'iconographie catholique a pu varier ses types en représentant l'éminent archevêque. Quelques gravures ou statues nous le montrent tenant de la main gauche la croix archiépiscopale avec le lis, symbole de la virginité; et de la droite la remonstrance, ou le calice, ou le ciboire. Au lieu de Satan, c'est l'hérésiarque Tanchelin qui se roule aux pieds du Saint. L'idée est toujours la même. Ses traits respirent le génie, la bonté, l'intrépidité. Il regarde amoureusement et il montre tout à la fois au peuple fidèle le calice où l'ostensoir contenant le Dieu caché de l'Eucharistie. Il terrasse enfin l'ennemi de la foi et de la vérité catholique. Apôtre, fondateur, thaumaturge, pontife, saint Norbert est là tout entier, avec chacun de ses attributs essentiels.

CHAPITRE VINGT-CINQUIÈME

Gloire posthume.

L'homme est vite oublié, quand il a disparu de la terre. Réputation, légendes, tout s'efface en un instant, tout, jusqu'à la trace du passage des mortels les plus illustres. L'histoire des Saints, au contraire, ne finit pas avec leur existence terrestre. Pour eux la vie réelle ne commence qu'au delà du tombeau. Le jour que nous appelons celui du trépas, l'Eglise, qui voit de plus haut, le nomme *dies natalis*, le jour de la naissance de ses enfants. Mourir, n'est-ce pas naître à la vie bienheureuse qui ne doit plus finir?

Saint Norbert s'était éteint, dans le plein rayonnement de la gloire qui s'attache aux personnalités de premier ordre. Nous avons dit la vénération universelle dont il fut l'objet pendant sa vie et aussitôt après sa mort. Ces sentiments ne perdirent rien de leur intensité avec les années; et nous en retrouvons l'écho dans la plupart des monuments contemporains.

Lisez le premier Diplôme de Conrad, son successeur à Magdebourg. Six fois au moins le nom de Norbert revient dans ce grave document, et chaque fois avec l'accent de l'admiration; et il semble qu'en le parcourant, on puisse se rendre compte de l'immense courant de vénération qui entourait sa mémoire. Sans attendre aucune canonisation de pape ou de conciles, Conrad le nomme déjà le grand et incomparable archevêque, « le Bienheureux Norbert ».

Anselme de Havelberg écrivait, vers 1140 : « Au temps du pape Gélase, s'éleva dans l'Eglise un prêtre éminent du nom de Norbert, véritable imitateur des apôtres. Ravi de son esprit de religion, le Pontife romain lui donna, par lettres solennelles, le pouvoir de prêcher contre les scandales et les schismes qui affligeaient l'Église d'Occident. Incomparable défenseur de la religion, Norbert parcourut en prêchant diverses provinces, se fit de nombreux disciples, fonda des monastères, et, de parole et d'exemple, les forma à la perfection de la vie apostolique. Devant Dieu et devant les hommes, il avait une telle grâce, il exerçait une telle influence, que ceux-là se proclamaient vraiment bienheureux qui pouvaient s'attacher à sa personne. Il devint ensuite archevêque de Magdebourg, et son corps saint et vénérable repose dans l'église du monastère de Sainte-Marie, où il avait établi des Frères de son Institut. »

Sept ans après la mort du saint Archevêque de Magdebourg, en 1141, Hermann, abbé de Saint-Martin de Tournay, Ordre de Saint-Benoît, écrivait à son tour : « Disant adieu à la vie séculière, Norbert vint en France et se fixa en un lieu solitaire du diocèse de Laon, à Prémontré. C'est là qu'il commença à servir Dieu et l'Eglise, sous la règle de Saint Augustin, à laquelle il ajouta des observances plus austères. Dieu aidant, il travailla si efficacement à l'œuvre divine, que nul, depuis les apôtres, ne produisit, en si peu de temps, dans l'Eglise, des fruits aussi abondants. Sa conversion ne date pas encore de trente ans (1115-1141), et déjà, nous dit-on, près de cent monastères suivent la règle qu'il donna à ses disciples. Ils sont partout ; on les trouve jusqu'à Jérusalem. »

Un autre contemporain écrivait :

« Pour conclure brièvement ce que j'avais à dire de Norbert, je dois déclarer que, selon le jugement d'un très grand nombre, aucun ouvrier évangélique ne produisit, en un si court intervalle, des fruits aussi merveilleux. L'on pourrait me nommer le seigneur Bernard, abbé de Clairvaux, qui accomplit en ce même temps de si grandes œuvres. Mais que l'on y prenne garde : le seigneur Bernard n'a pas été fondateur d'Ordre ; il fit profession au monastère de Cîteaux sous l'abbé Etienne ; et c'est de là qu'il sortit pour devenir premier abbé de Clairvaux. Ce n'est pas lui qui planta le nouvel arbre dans le champ de l'Eglise ; il ne fit que l'arroser et lui faire pousser de nombreux et puissants rameaux. Norbert, lui, planta l'arbre fécond de Prémontré ; il fut vraiment fondateur. Sans doute il prit la Règle de Saint Augustin ; mais chacun sait qu'il y ajouta des observances de beaucoup plus sévères que la Règle elle-même de l'évêque d'Hippone. De plus, dans l'Institut de Cîteaux, les hommes seuls sont admis; le seigneur Norbert, au contraire, voulut ouvrir les portes de son Ordre aux hommes et aux femmes. Que dis-je? La vie des religieuses Norbertines est plus rigide que celle des chanoines Prémontrés. Les chanoines sortent en public pour les affaires du monastère, et l'on voit parfois des hommes, naguère pauvres et simples paysans, chevaucher avec un certain faste en habit religieux. Les femmes, au contraire, du jour de leur entrée en religion, ne quittent plus le cloître. Elles ne parlent aux étrangers et même à leurs proches parents qu'à la grille et devant quatre témoins. Dès leur arrivée, on leur coupe les cheveux. Elles ne portent que des habits de laine blanche; sur la tête aucun autre ornement qu'un voile noir. Etrange phénomène! Malgré ces rigueurs, elles accourent dans ces monastères : paysannes, pauvres, et surtout nobles et riches viennent à l'envi pour y mortifier leur corps faible et délicat; elles sont, je pense, aujourd'hui plus de dix mille. Le seigneur Norbert n'eût-il fait autre chose que d'attirer, par ses exhortations au service de Dieu, tant de femmes de toute condition, est-ce qu'il ne mériterait pas tous les éloges de la postérité? Or voilà qu'aujourd'hui tant de milliers de chrétiens des deux sexes ont embrassé son Ordre, tant de monastères brillent du plus vif éclat dans l'univers entier; je ne sais ce qu'en pensent les autres; pour moi, je le répète, et je ne suis pas seul à le proclamer, nul, depuis les Apôtres, ne conquit, en aussi peu de temps, autant d'âmes à l'amour et à l'imitation de Jésus-Christ. » Et le chroniqueur conclut en ces termes : « Lui qui avait refusé l'évêché de Cambrai, fut promu, par la volonté de Dieu, à l'archevêché de Magdebourg. Et, après y avoir vécu religieusement, durant quelques années, il termina sa vie si laborieuse par une sainte mort. »

Le cardinal Jacques de Vitry, qui mourut en 1244, a, dans son *Histoire d'Occident*, tout un chapitre sur les chanoines de l'Ordre de Prémontré. Voici comment il débute : « Il y eut, au xiie siècle, un homme juste et craignant Dieu, véritable adorateur du Très-Haut, lequel ne perdit jamais l'innocence du cœur; il se nommait Norbert. Par sa prédication, comme un canal céleste et une trompette d'argent, il éclaira un grand nombre d'âmes; et il attira à une vie meilleure ceux qui écoutaient les inspirations de la grâce divine. Enfin il établit, au lieu que l'on nomme Prémontré, une demeure pacifique pour lui et ses disciples. Il prit l'habit régulier et commença à vivre selon la Règle du Bienheureux Augustin en y ajoutant de nouvelles observances, et en en modifiant certaines autres. »

Mais c'est surtout dans le peuple qu'il est intéressant de suivre ce courant de vénération et de surprendre l'expression du culte religieux envers le saint Archevêque, avant même que l'autorité ecclésiastique eût permis de lui rendre les honneurs liturgiques. L'on racontait les miracles qui s'opéraient sur sa tombe ; et « son saint et vénérable corps », ainsi qu'on le nommait, était devenu le rendez-vous de la piété des Saxons. Les religieux de Sainte-Marie dressaient un catalogue des faits merveilleux, des guérisons, des faveurs extraordinaires reçus par l'intercession du serviteur de Dieu. « Quand même on reléguerait ces faits dans le domaine de la fable, il est prouvé que les traditions saintes de tout un peuple ne s'attachent qu'aux hommes d'une sainteté reconnue ; et ces traditions sont déjà une sorte de canonisation populaire.»

Malgré le renom de sainteté dont jouissait incontestablement le grand Archevêque, malgré les prodiges qui s'opéraient à son tombeau, quoique le procès de sa canonisation eût été commencé, dès les premières années du XIIIe siècle, bien qu'il y eût depuis longtemps canonisation équivalente, nous ne trouvons aucune trace d'un culte liturgique proprement dit rendu à sa mémoire. Certains Ménologes de France ou d'Allemagne, entre autres ceux de Fleury, de l'abbaye de Bergen, de Havelberg et de Cologne, avaient sa mémoire au 6 juin avec le titre de Bienheureux ; c'était déjà sans doute un commencement de culte ecclésiastique ; mais l'on ne voit pas que les monastères Prémontrés eux-mêmes aient jamais célébré son office avant la fin du XVIe siècle. L'Ordre, qui suivit toujours le Calendrier et le Bréviaire romain, ne crut pas devoir y introduire une fête qui n'était pas solennisée par l'Église de Rome. Le Nécrologe manuscrit d'Averbode, rédigé au XIIIe siècle, porte simplement au 6 juin : « Anniversaire du seigneur Norbert de pieuse mémoire, réparateur de notre ordre. » Nous retrouverons même dans l'Obituaire du monastère de Silly, au diocèse de Séez, cette mention : « Commémoration du Seigneur Norbert, fondateur de notre Ordre, pour qui on fera un service plénier ».

Déjà cependant en 1521, le Chapitre général de l'Ordre avait décidé que l'on consulterait le Saint-Siège sur la canonisation du saint Père Norbert, et que l'on travaillerait, aux frais communs de l'Institut, à faire lever son corps saint. Le P. Nicolas Psaume, abbé de Saint-Paul de Verdun, fut désigné pour cette négociation. Il trouva, dit Hugo, dans les bibliothèques de Rome, des restes précieux de la canonisation de saint Norbert, quantité de procès-verbaux anciens et des martyrologes où était le nom du saint Patriarche. Mais l'affaire de la canonisation ne put se terminer alors.

Il était réservé au pieux et docte Abbé Général Jean des Pruetz (*de Pruetis*), sollicité par l'abbé de Parc, Ambroise Loots, de réparer la négligence de ses devanciers, et de faire solennellement placer sur la tête de l'illustre fondateur la couronne des Saints. Grâce aux bons offices du cardinal Buoncompagni, protecteur de l'Ordre, le pape Grégoire XIII fut saisi de la question. On fouilla avec soin les archives de l'Église romaine, et l'on put trouver à la Bibliothèque Vaticane un manuscrit très détaillé, rédigé depuis plusieurs siècles et contenant les preuves de l'éminente sainteté de Norbert.

Enfin le 28 juillet 1582, Grégoire XIII donnait une Bulle pour autoriser le culte liturgique de saint Norbert, depuis longtemps canonisé par la voix publique qui est celle de Dieu même : « GRÉGOIRE, évêque, serviteur des serviteurs de Dieu ;... Nous savons, sur le rapport de témoins dignes de foi, et surtout de nos chers fils le cardinal Philippe Buoncompagni, notre grand Pénitencier, et Jean, abbé du monastère de Prémontré au diocèse de Laon, que le Bienheureux Norbert, homme d'une éminente sainteté, archevêque de Magdebourg, institua, il y a plus de 400 ans, l'Ordre de Prémontré. C'est pourquoi nous regardons comme une chose juste et même nécessaire de vénérer et d'honorer sur la terre un Saint qui est honoré dans les cieux, et dont la vie si agréable à Dieu fut illustrée par de nombreux miracles. En conséquence, nous autorisons l'abbé Jean et tous les supérieurs de l'Ordre, pour qu'ils puissent à jamais se montrer des fils reconnaissants et dévots envers leur Père, à célébrer la fête de saint Norbert, confesseur pontife, le 6 juin, jour où il émigra vers le ciel, sous le rit double avec octave, à en faire le suffrage commun, selon le rit monastique de l'Ordre ; et à inscrire son nom, qui se trouve déjà au 6 juin dans plusieurs martyrologes consacrés par l'usage de l'Église catholique, à l'insérer, dis-je dans le Calendrier du même Ordre, sous le rit double avec octave... Donné à Rome, l'an de l'Incarnation 1582, le cinq des Calendes d'août. »

Cette Bulle consacrait, en l'étendant, le culte extra-liturgique que l'Ordre et plusieurs églises particulières rendaient, depuis longtemps, au saint Archevêque. Ce n'était pas une canonisation proprement dite ; Grégoire XIII ne faisait que ratifier le culte du saint Fondateur. Le 19 août suivant, un Bref du même Pontife accordait une indulgence plénière pour la fête de saint Norbert ; cette concession ne devait durer que jusqu'au prochain jubilé solennel, mais Clément VIII et Paul V la prorogèrent. Sans perdre un instant, le Général des Pruetz composa lui-même l'office du vénéré Patriarche. Le Chapitre général de 1584 approuva cet office, et inséra dans le *Confiteor* les noms de saint Augustin et de saint Norbert.

Le nouveau Bréviaire Prémontré, imprimé en 1598, donna, au 6 juin, la fête et l'office propre du glorieux Fondateur. En 1621, Grégoire XV approuva l'oraison et les trois leçons propres du second nocturne pour la fête, et ordonna de les insérer dans le Bréviaire romain, dès qu'on le réimprimerait. La solennité de saint Norbert se célébrait le 6 juin, jour anniversaire de sa bienheureuse mort, mais comme il arrivait souvent qu'on devait la transférer à cause des fêtes de la Pentecôte et du Saint-Sacrement, Urbain VIII, sur la demande du Procureur Général de l'Ordre, la transféra à perpétuité, pour tous les monastères de l'Institut au 11 juillet, avec son octave solennelle.

Cependant une grande révolution religieuse s'était accomplie au sein de l'Église catholique. Un moine augustin s'était levé ; et, au nom du libre examen, ou plutôt de son orgueil personnel, avait proclamé que l'Église était la grande Babylone, et que lui, Luther, était le réformateur évangélique. Née en Saxe, c'est surtout en Saxe que l'hérésie luthé-

Mis au rang des Saints par Innocent III, il jouit de la gloire céleste au milieu des pontifes, prélats, martyrs, confesseurs et vierges de son Ordre, et protège ses enfants qui combattent sur la terre.

rienne exerça ses ravages. En 1540, elle chassa de Magdebourg les religieux de saint Norbert. De soi-disant chanoines
luthériens prirent leur place, et prétendirent continuer les
traditions monastiques de l'illustre archevêque. Mais les
restes vénérables du Saint qui reposaient, depuis 400 ans et
plus, au monastère de Sainte-Marie, étaient demeurés entre les
mains des hérétiques. Et l'une des premières préoccupations
des chefs de l'Ordre fut dès lors de soustraire ce trésor incomparable aux profanations, ou tout au moins aux irrévé-
rences dont il pouvait être l'objet, et de le transférer en un
lieu sûr. C'était une perle précieuse qu'il fallait arracher aux
flots de la mer.

Les religieux de Steinfeld l'essayèrent, mais en vain. En
1596, l'Abbé Général Jean dès Pruetz en écrivit à l'abbé de
Saint-Michel d'Anvers, Denys Feyten. Après avoir rappelé,
dans sa lettre, la canonisation de saint Norbert par Innocent III, il conjure l'abbé de transférer le saint corps d'abord
dans son abbaye d'Anvers, puis, avec le temps, au monastère
de Prémontré « où fut le premier séjour de notre Père, et où
est la source et le foyer de l'Ordre tout entier ». L'Abbé de
Saint-Michel ; Nicolas Chamart, abbé de Bonne-Espérance,
le savant et pieux Lohélius, abbé de Strahov, à Prague, s'y
employèrent avec zèle ; mais sans résultat.

Inconséquence inexplicable ! Partout ailleurs le luthéranisme jetait au vent la cendre des Saints ; à Magdebourg, au
contraire, il s'attachait avec acharnement aux restes de saint
Norbert. Pendant trente ans, on essaya vainement de les
obtenir ; il fallut les lui enlever d'assaut, et presque les armes à la main.

Le héros de cette translation fut Gaspar de Questemberg,
abbé de Strahow et digne successeur de Lohélius. Il commença par intéresser l'empereur Ferdinand II au succès d'une
entreprise si difficile (1625). Muni des lettres de Sa Majesté,
il se rend en Saxe, au quartier général de l'armée impériale.
Il portait trois lettres de Ferdinand, l'une pour les chanoines
luthériens de la cathédrale de Magdebourg ; une seconde pour
le prévôt de Sainte-Marie, et la troisième pour le sénat. A la
faveur de ce haut patronage, l'abbé de Strahov put entrer
dans la ville. Il vit le tombeau du saint Archevêque et cons-
tata qu'il était intact. Les sénateurs inclinaient, par considé-

ration pour l'empereur, à céder le trésor dont ils étaient en possession. Guillaume de Brandebourg, prévôt de Sainte-Marie, qui désapprouvait la condescendance du sénat, quitta furtivement la ville. Son départ fut le signal d'une émeute populaire, dans laquelle le P. de Questemberg aurait péri, s'il n'eût eu une bonne escorte pour le protéger.

Désespérant de réussir, l'abbé de Strahov allait retourner à Prague, lorsque le comte Colalto, ranimant son courage, le fit revenir sur sa détermination. Une seconde fois, l'abbé entre dans la ville de Magdebourg, escorté de quarante cuirassiers. Tout paraissait marcher à un heureux dénoûment, lorsque les chanoines luthériens de Sainte-Marie formèrent opposition, soulevèrent le peuple et armèrent des soldats qui firent irruption dans l'église, pendant que l'on travaillait à ouvrir le tombeau vénéré. Le courageux abbé faillit périr dans la mêlée. Ne comptant plus sur rien après cette perfidie, il prit le parti de se retirer avec ses gens d'armes.

Il revint à Prague, découragé de toutes ces tentatives sans effet. Tout à coup un événement heureux vint lui rendre l'espérance. Les armées impériales avaient remporté une brillante victoire sur le comte de Mansfeld, au pont de Desaw. L'abbé crut qu'il devait profiter de cette conjoncture favorable. Malgré les périls qu'il avait courus à Magdebourg, il y retourna avec des nouvelles lettres de l'empereur (23 juillet 1626). Ce troisième voyage ne fut pas plus heureux que les précédents. L'abbé de Strahov, et son compagnon, le prévôt du monastère de Doxan, reprirent avec tristesse le chemin de la Bohême, laissant à la Providence de faire naître des jours plus heureux et des sentiments plus raisonnables dans le cœur des chanoines et de la municipalité Magdebourgeoise.

La défaite de l'armée du Danemark à Lutter fut le coup décisif qui dompta la résistance des uns et des autres. Voulant prévenir l'indignation du vainqueur, ils firent savoir à l'abbé de Strahov que pleins pouvoirs lui étaient accordés pour enlever et transférer le corps de saint Norbert. Trompé tant de fois, il hésitait ; mais enfin son zèle lui fit surmonter la crainte qui était au fond de son cœur. Il quitta Prague au mois de novembre (1626), et vint avec le prévôt de Doxan, jusqu'à Hall. Les sénateurs s'avancèrent à sa rencontre et lui renouvelèrent leurs promesses. Il entra dans la cité, le 2 décembre. Le lendemain, on le conduisit à l'église de Sainte-Marie, dont les abords étaient gardés par un détachement de l'armée impériale. Il était dix heures du matin. Les chanoines de Sainte-Marie affirmèrent, devant les commissaires, les témoins et les notaires, qu'ils n'avaient pas ouvert le vénérable tombeau, et qu'ils n'avaient pas enlevé un cheveu des restes du corps sacré de leur Fondateur. On se mit à l'œuvre vers midi. Sous le chœur était une crypte : les ouvriers essayèrent, mais en vain, par divers points, d'enlever, de ce côté-là, les précieux restes du Saint. On remonta au chœur, et, après avoir soulevé le pavé, l'on découvrit une partie du sarcophage. Il fallut, pour enlever le saint corps, démolir l'autel de la Sainte-Croix. Quand on eut ôté la pierre, on vit apparaître le tombeau dans son intégrité. C'était un sarcophage en pierre dure et solide. On arracha les fers qui le liaient ; et l'on ôta la pierre supérieure.

C'est alors que les restes du saint Archevêque se montrèrent à tous les regards. Les ossements étaient intacts et dans leur ordre naturel. La peau de la tête était encore fraîche, et distillait une liqueur limpide. A cette vue, l'abbé de Strahov tombe à genoux, touche respectueusement de son doigt le chef vénérable, et fait tomber le menton. Les dents étaient entièrement conservées. Les bords de l'amict et de l'aube tissus d'or étaient dans leur entier. Le pallium n'était plus que poussière ; il n'y avait que les croix brochées d'or qui eussent échappé à la corruption. L'abbé de Strahov et le prévôt de Doxan recueillirent tous ces restes vénérables, même la poussière la plus menue, payèrent l'anneau pastoral de saint Norbert, et se retirèrent emportant leur trésor sacré. La nuit était venue ; l'on avait passé la journée sans prendre de nourriture ; si vif était le désir de mener à bonne fin une entreprise qui avait tant de fois échoué !

Emportant son trésor, Gaspard de Questemberg sortit de Magdebourg. Il arriva à Doxan, monastère de religieuses de l'Ordre de Prémontré, situé à six milles de Prague, et confia à la garde des sœurs le corps du Bienheureux Fondateur, en attendant que l'on réglât la cérémonie de son entrée solennelle à Strahov.

Cependant les princes et seigneurs de Bohême se réunirent

à Prague et résolurent de placer saint Norbert au nombre des Patrons du royaume. Le cardinal-archevêque de Prague approuva leur résolution, et le dernier jour d'avril 1627, publia une ordonnance dans laquelle il déclarait que, sur la demande des Grands du royaume, saint Norbert serait désormais honoré comme Patron de la Bohême.

En même temps, l'abbé de Strahov invitait par des lettres circulaires ses confrères, les abbés de Bohême, de Pologne, d'Allemagne, des Pays-Bas, et même de France, à venir prendre part au triomphe de leur saint Fondateur. « J'ai trouvé, s'écriait-il avec enthousiasme, la drachme précieuse, à savoir le corps sacré de notre père saint Norbert. » Le triomphe du Saint commença le 1er mai 1627. Les reliques sacrées furent portées par huit Prélats revêtus de leurs habits pontificaux, et le 2 mai, elles firent leur entrée solennelle dans l'église abbatiale de Strahov. L'empereur Ferdinand n'avait pu assister aux fêtes nationales de la translation; mais l'année suivante, il voulut se dédommager, au jour de l'anniversaire. Toute la majesté de l'Empire, dit Hugo, était rassemblée dans Prague, non pour y étaler sa magnificence, mais pour y signaler sa piété.

De nombreux miracles marquèrent l'arrivée des reliques à Strahov; |mais le plus remarquable fut l'abjuration en masse de six cents hérétiques qui se convertirent pendant l'octave de la translation du nouveau Patron de la Bohême. L'apostolat des Saints ne cesse pas avec leur existence terrestre; et leurs reliques ne traversent divers pays que pour les évangéliser.

Le culte de saint Norbert avait pris, depuis trente ans, une grande extension dans l'Eglise. L'abbé de Strahov, voulant donner encore plus d'éclat à sa fête, conçut le projet de la faire élever pour toute l'Eglise du rit semidouble au rit double. Il s'adressa au pape Clément X et fit appuyer sa demande par l'empereur Léopold Ier. Le pape renvoya l'affaire à la Congrégation des Rites. Le procureur général de l'Ordre fit valoir, dans un memorandum détaillé, les titres de saint Norbert aux honneurs ecclésiastiques : sa noblesse, sa conversion merveilleuse, son zèle apostolique, ses miracles, ses prophéties, la fondation de son Ordre, les services rendus à la Papauté et à l'Eglise universelle. Enfin, sur l'avis favorable des cardinaux, le 13 septembre 1672, le pape ordonna que la fête de saint Norbert, évêque et confesseur, serait dorénavant célébrée sous le rit double dans toutes les églises séculières et régulières du monde catholique.

Moins d'une année après (5 juillet 1673), le même pape ouvrait le trésor des indulgences, en faveur des chanoines réguliers et des sœurs de l'Ordre de Prémontré. Et, après un brillant éloge de saint Norbert, qui « placé dans la maison du Seigneur, comme un flambeau ardent et luisant, fit éclater à tous les regards son zèle apostolique et ses autres vertus » ; après avoir rappelé que « cet Ordre fut institué pour le bien de l'Eglise sous la spéciale protection de la Bienheureuse Vierge Marie, Mère de Dieu, et sous la Règle de Saint Augustin », il accorde une indulgence plénière à tous les fidèles qui, confessés et communiés, prieront dans une église de l'Institut :

1º Le jour de l'Assomption de la Vierge Immaculée.

2º La fête de saint Augustin.

3º La fête de saint Norbert (11 juillet) ou le dimanche dans l'octave.

4º Le 13 novembre, fête de tous les Saints de l'Ordre.

5º La fête principale du Patron ou du titulaire de chaque monastère.

Saint Norbert, comme Fondateur d'Ordre, occupe une place d'honneur dans la basilique du Vatican. Sa statue s'élève dans le transept de gauche, entre sainte Julienne Falconieri et saint Pierre Nolasque.

En 1768, l'abbé de Prémontré, Antoine de Vinay, fit voter, au Chapitre général de l'Ordre, des fonds pour payer cette statue qui venait d'être érigée aux frais communs de l'Institut. En voici l'inscription :

S. NORBERTO
PATRI SUO INSTITUTORI
POSTEA ARCHIEP. MAGDEBURG.
CANONICI PRÆMONSTR. EREXERUNT
ANNO MDCCLXVII

Les reliques de saint Norbert avaient été, en 1627, déposées au milieu même de l'église de Strahov, dans une chapelle construite à cet effet et dont on voit encore l'emplacement. Elles y restèrent jusqu'en 1811. On fut alors obligé, pour embellir l'église, de faire disparaître la chapelle de Saint Norbert qui en occupait le centre. Depuis cette époque, on voit, au-dessus du Tabernacle du maître-autel, un beau sarcophage, orné de bas-reliefs; à l'intérieur se trouve le cercueil qui renferme les précieux ossements.

Une fête jubilaire se célèbre tous les cinquante ans à Strahov, en mémoire de la glorieuse translation des Reliques de saint Norbert. Cinq fois déjà la ville de Prague a vu ces grandes solennités : en 1677, 1727, 1777, 1827, 1877. Le XXᵉ siècle en verra le retour en 1927.

L'Ordre de Prémontré célèbre, le 11 juillet, la solennité de son glorieux Fondateur, avec octave de 1ʳᵉ classe; le 4ᵉ dimanche après Pâques, la Translation de son corps, avec octave; le 3ᵉ dimanche après la Pentecôte, son Triomphe sur l'hérésie de Tanchelin; le 6 juin, la Mort ou *Déposition* de saint Norbert, double majeur; les lundis de chaque semaine, son Office votif. De plus le saint Protecteur de la Bohême reçoit chaque jour, à Strahov, l'hommage de la piété et de la confiance du peuple et spécialement de ses enfants; c'est comme le culte perpétuel du grand serviteur de Dieu. Tous les jours, pendant Prime, on y dit la messe du Saint. Chaque semaine, le saint Sacrifice est offert avec solennité en son honneur. Après l'office des Vêpres, les religieux du monastère viennent processionnellement se prosterner devant les Reliques de leur Père, et ils chantent l'antienne suivante : « Le voici, le vase choisi, rempli de l'Esprit-Saint. Voici Norbert, le grand ami de Dieu; voici le grand athlète qui triompha de l'antique serpent. Voici l'ange de la paix, le héraut de la pénitence, puissant en œuvres et en paroles, en miracles de toute sorte. Enfants, venons à notre Père; clients, approchons-nous de notre Patron; d'une voix suppliante, crions-lui : O Saint de Dieu, ami de l'Epoux, Norbert, notre Père, et notre gardien, gloire de notre Montagne, par votre prière rendez-nous le Seigneur favorable; écoutez-nous, exaucez-nous, ô Norbert; puisque vous nous honorez du trésor de votre corps, faites-nous ressentir la grâce efficace de votre intercession. »

La gloire essentielle des Saints est là-haut. Ils ont constamment travaillé pour le ciel; c'est le ciel, avec sa vision intuitive et son éternel amour, qui est leur récompense. Cependant la terre en reçoit le reflet. La parole des Livres Saints ne saurait mentir : *la mémoire du juste sera immortelle.* Les serviteurs de Dieu n'ont voulu que le royaume de Dieu ; ils ont le surcroît, qui est la vénération des hommes, la gloire la plus pure qui puisse se répandre sur un nom. Il y a plus ; habituellement les grands hommes deviennent l'honneur de leur patrie, c'est-à-dire d'une ville ou d'un coin de terre quelconque immortalisé par leur présence. Saint Norbert a laissé tomber un rayon de sa propre gloire sur plusieurs lieux qui l'acclament comme étant leur honneur. Xanten peut se glorifier d'avoir été son berceau ; Prémontré, de l'avoir possédé plusieurs années, et d'avoir vu naître l'Ordre fondé par lui ; Anvers le vénère comme son apôtre ; la ville de Magdebourg, même depuis qu'elle s'est donnée à l'hérésie luthérienne, est fière de l'avoir eu pour archevêque, et d'avoir reçu son dernier soupir. La ville de Prague enfin se réjouit et s'honore de posséder ses restes vénérés.

CHAPITRE VINGT-SIXIÈME

L'Œuvre du Saint.

L'on a dit que l'œuvre d'un homme ne peut être bien
achevée que par lui-même. Saint Norbert, en mourant, laissait une œuvre vraiment complète; c'était l'Ordre dont il
avait jeté les fondements à Prémontré. La *Chronique des
évêques de Magdebourg* observe avec une tristesse mélancolique que la plupart de ses entreprises comme archevêque
s'éteignirent en même temps que lui. Il ne se trouva pas de
main assez vigoureuse pour mener à bonne fin la restauration matérielle de l'évêché, et la réforme morale du diocèse.
Mais l'œuvre principale, l'œuvre essentielle de saint Norbert,
c'était la fondation d'un Ordre nouveau dans l'Église; et
cette œuvre-là était achevée, quand Dieu rappela à lui son
fidèle ouvrier. Depuis quatorze ans, l'arbre avait grandi;
il n'avait plus qu'à s'épanouir pour donner tous ses fruits.

Quoique le saint Patriarche fût mort jeune encore, il avait
néanmoins assez vécu pour pouvoir, par des milliers de disciples, continuer son œuvre après sa mort. Architecte, il avait
crayonné le plan; travailleurs actifs, ils l'exécutèrent avec
zèle et enthousiasme. Un Ordre est une armée spirituelle.
Dans une armée, chaque soldat n'a pas besoin d'être un génie
militaire. Tout ce que l'on peut désirer d'une armée solide,
c'est que tous les combattants soient bien disciplinés, et
pleins de courage et d'entrain. Mais ce qui est indispensable,
c'est un corps de chefs capables et vaillants. Or, on ne saurait proclamer assez haut que Norbert avait gagné à son
Ordre une riche phalange de disciples aussi bien doués que
remplis d'un zèle brûlant pour leur Institut. Les supérieurs
formés par le Fondateur furent la souche vivante d'où sortirent de nombreuses générations qui se maintinrent à peu

près dans toute la fraîcheur de la jeunesse ; sous leur direction, l'esprit de l'Ordre restera longtemps pur et intact.

Le vénérable Hugues de Fosse occupe naturellement le premier rang parmi les disciples de Norbert. Lorsque son maître ne fut plus, il continua, pendant près de trente ans encore, de se dévouer à l'extension de son Ordre. Doué d'une activité extraordinaire, il fonda directement ou indirectement près de cent monastères. Tous ces succès, loin de l'enorgueillir, le pénétraient du sentiment de son insuffisance, et on le vit refuser opiniâtrement l'évêché de Chartres (1141). Au milieu de ces travaux incessants, il trouvait le temps d'écrire ou du moins de réviser la *Vie de Saint Norbert*, de rédiger les *Constitutions* et le *Cérémonial* ou *Ordinaire* de l'Ordre. Il mourut, en odeur de sainteté, le 10 février 1161 ou 1164, et fut inhumé dans l'église de Prémontré. Il paraît que son culte public fut sur le point d'être autorisé par le Saint-Siège au xviiie siècle ; on ne sait pour quelle cause la chose n'aboutit pas. En 1896, on a retrouvé ses restes vénérés dans l'église de Bassoles, à quelques kilomètres de la vieille abbaye.

. Tous ou à peu près tous les monastères de l'Institut étaient gouvernés par des disciples immédiats du Saint. A Saint-Martin de Laon, l'abbé Gautier continuait de donner à son monastère un lustre incomparable par ses vertus ; son zèle apostolique l'emporta un jour jusqu'à Lisbonne, où il fonda l'abbaye de Saint-Vincent. Du monastère de Saint-Martin sortit l'illustre Zacharie, dont les savants commentaires sur la concorde des Évangiles ont été insérés dans la *Bibliothèque des Pères* (t. XIX). Prédicateur renommé, le chanoine de Saint-Martin de Laon passa en Terre-Sainte. L'esprit du Fondateur rayonnait sur ses fils. La période de création de l'Ordre avait duré quatre ans à peine (1120-1124). La période de développement et d'expansion avait commencé aussitôt. Rarement celui qui sème peut recueillir lui-même la moisson ; saint Norbert, lui, put jouir de la pleine floraison de sa famille religieuse pendant dix ans (1124-1134). Quand il fut mort, le mouvement ne s'arrêta pas ; et, avec des nuances diverses, la période d'expansion dura jusqu'à la fin du xiiie siècle, et au-delà. Presque chaque année, un ou plusieurs essaims de fervents religieux allaient fonder de nouvelles demeures, qui se peuplaient rapidement, et deve-

naient, à leur tour, mères d'autres abbayes. Ce qui avait
donné à Saint Norbert sa puissance extraordinaire, ce qui
continuait de donner aux Prémontrés leur force vitale. c'est
que leur vie était marquée au coin évangélique. La création
monastique de Norbert avait été une réforme de la vie religieuse, basée sur l'Evangile. Là était sa grande force ; car la
sève de l'Evangile est inépuisable.

Un disciple de saint Benoît, Laurent de Liège, célèbre,
en 1144. cette grande renaissance catholique du xiie siècle :
« Pareils aux deux chérubins de la Loi ancienne, étendant
leurs ailes au sein de l'Église, le visage également tourné vers
le Propitiatoire, tels nous apparaissent ces deux Ordres éminents dont le dévouement soutient l'Église ; et qui, le cœur
tourné vers Dieu, semblent rivaliser de zèle pour la gloire
de son nom. L'Ordre de Cîteaux, sous la direction de
Bernard, son très saint abbé, a fait remonter l'Institut monastique jusqu'aux sublimes hauteurs de la vie évangélique.
L'Ordre de Prémontré, véritablement suscité de Dieu et institué par Norbert, archevêque de Magdebourg, a fait secouer
à l'état clérical le triste fardeau des mondaines vanités. Ne
diriez-vous pas que ces deux Ordres sont les deux prophètes
revêtus du sac de la pénitence que Dieu, selon l'Apocalypse,
doit envoyer à la fin des temps, ou bien encore les deux
oliviers de la clémence céleste, ou enfin les deux chandeliers
de la grâce divine ? Tant ils se crucifient eux-mêmes pour
Dieu ! tant ils arrosent l'univers des flots de la parole de vie !
tant ils l'éclairent des rayons de leurs mérites ! En trente ans,
l'Ordre de Cîteaux a fondé deux cents abbayes ; en vingt ans,
l'Ordre de Prémontré atteint le nombre de soixante-dix. »

En Allemagne, Anselme de Havelberg nous fait entendre
le même cri d'enthousiasme : « Vous ne trouverez pas en
Occident, une seule province qui ne possède quelques monastères de la Congrégation fondée par Norbert. La France, la
Germanie, la Bourgogne, l'Aquitaine, l'Espagne citérieure, la
petite Bretagne, l'Angleterre, la Dacie, la Saxe, la Poméranie,
la Pologne, la Bavière, la Souabe, la Pannonie et la Hongrie,
la Lombardie, la Ligurie, l'Étrurie et la Toscane : toutes
ces provinces ont des communautés de cet ordre religieux ,
et elles ont la confiance que les prières et les exemples des
Prémontrés sont leur secours et leur force. Cette sainte

société a étendu ses rameaux jusqu'en Orient ; car elle possède un monastère à Bethléem et un autre à Saint-Abacuc. »

L'institut fut de très bonne heure partagé en circaries, cercles ou provinces. En 1320, il y avait vingt-neuf ou trente circaries. Sur tous les monastères de ces divisions administratives, l'Abbé Général exerçait une juridiction d'honneur et d'autorité. Les abbés de Saint-Martin de Laon, de Floreffe et de Cuissy étaient considérés comme ses assistants ou conseillers : on les appelait, avec le Général, les quatre premiers Pères de l'Ordre. C'est en cette qualité qu'ils sont nommés dans la Bulle par laquelle, en 1177, Alexandre III confirme l'Institut et les observances des Prémontrés.

Bien que le catalogue du P. Hugo renferme quelques erreurs, nous le donnons cependant, pour que nos lecteurs aient une idée de la division administrative de nos monastères. Nous ferons seulement observer que les 662 monastères qu'il énumère, n'ont pas tous existé simultanément.

Circarie de France	31	monastères.
Circarie de Floreffe	20	»
Circarie de Ponthieu	16	»
Circarie de Brabant	26	»
Circarie de Flandre	15	»
Circarie de Wesphalie	45	»
Circarie de Wadgassen	25	»
Circarie d'Yveld (Ilfeld)	21	»
Circarie de Lorraine	32	»
Circarie de l'Angleterre du N. et de l'Écosse	32	»
Circarie de l'Angleterre du Centre	18	»
Circarie de l'Angleterre méridionale	11	»
Circarie d'Irlande	6	»
Circarie de Normandie	13	»
Circarie de Gascogne	15	»
Circarie d'Espagne	42	»
Circarie de Bourgogne	9	»
Circarie d'Auvergne	8	»
Circarie de Frise et de Hollande	54	»
Circarie de Souabe et de Bavière	37	»
Circarie de Bohême et de Moravie	34	»
Circarie de Pologne	14	»

Circarie de Livonie.......................   1 monastère.
Circarie de Hongrie.....................   65   »
Circarie de Danemarck et de Norvège....   14   »
Circarie de Sclavonie...................   12   »
Circarie de Grèce et de Jérusalem........   5   »
Circarie de Rome.......................   10   »
Circarie de Saxe.......................   32   »

Au XIIIe siècle et au delà, la vie régulière continua d'être florissante dans les monastères soumis à la crosse du Général de Prémontré. Lorsque saint Dominique eut la pensée de fonder la grande famille monastique des Frères Prêcheurs, il emprunta à l'Ordre de Saint-Norbert ses constitutions et ses observances, pour les adapter au but de son Institut; ce qui montre assez que la ferveur régnait toujours parmi les Prémontrés. Voici, au reste, comment le cardinal Jacques de Vitry, qui écrivait avant 1244, parle des fils de saint Norbert : « Les chanoines et les frères laïques de l'Ordre de Prémontré ne mangent jamais de viande, si ce n'est pour cause de maladie. Ils jeûnent depuis l'Exaltation de la sainte Croix jusqu'à Pâques. Comme les Cisterciens, ils ne reçoivent au réfectoire que deux sortes d'aliments préparés. Ils ne portent point de chemises de lin, mais seulement des vêtements de laine. Durant les heures du repos, ils gardent leurs tuniques blanches et leurs chaussures. A l'Office, ils sont également revêtus de chapes en laine blanche. Les jours de fête, conformément à l'usage des autres chanoines, ils récitent neuf leçons à Matines, et trois leçons les jours ordinaires. Après l'Office de la nuit, ils retournent au dortoir, pour s'y livrer au sommeil. A certaines heures déterminées, ils sortent dans les champs pour le travail des mains. Ils administrent personnellement des églises paroissiales et peuvent avoir charge d'âmes. Tous les monastères de cet Ordre obéissent à l'abbé du monastère de Prémontré, et, chaque année, tous les abbés de l'Institut viennent se réunir à lui pour le Chapitre général. Ils ont des maisons et des prieurés non seulement pour les hommes, mais pour les femmes. Au sein de leurs maisons, des clercs et des laïques peuvent séjourner au gré des supérieurs. Dans les premières années de leur fondation, lorsqu'ils étaient riches encore du précieux trésor de la pauvreté, tout embrasés du feu sacré que le Seigneur est venu allumer sur la terre, ils réchauffaient les contrées voisines et même les provinces les plus reculées du monde entier ; ils les éclairaient et les stimulaient à la vertu par l'exemple de leur vie. Aussi vit-on s'élever en peu de temps et sur tous les points, de nombreux monastères de clercs et de religieuses de cet Ordre; et, soit par la générosité des princes, soit par les aumônes des fidèles, ils ne tardèrent pas à être dotés et pourvus de nombreux revenus et de vastes possessions. »

L'Ordre de Prémontré eut une gloire meilleure encore que celle de la fécondité et de l'importance de ses fondations : il forma une pléiade de Saints pour le ciel. Les auteurs des *Acta Sanctorum* ont plusieurs fois fait observer combien les Prémontrés se sont montrés réservés à l'excès pour honorer leurs Saints. Nous avons vu qu'ils n'avaient célébré l'Office liturgique de saint Norbert lui-même qu'après 1582. Jusqu'au xviie siècle, ils ne rendirent de culte public à aucun de leurs Bienheureux. Aujourd'hui, grâce à des concessions successives du Saint-Siège, ils célèbrent ainsi que plusieurs diocèses, sous le rite double majeur, avec indulgence plénière :

— Le 16 janvier, le *B. Godefroid* de Cappenberg, confesseur non pontife, mort le 13 janvier 1127.

— Le 17 février, le *B. Evermode*, confesseur pontife, mort en 1177.

— Le 3 mars, le *B. Frédéric*, abbé, mort en 1175.

— Le 29 mars, le *B. Ludolphe*, évêque et martyr, mort en 1250.

— Le 7 avril, le *B. Herman Joseph*, confesseur, mort en 1226.

— Le lundi qui suit l'Ascension, le *B. Gerlac*, ermite et confesseur, mort en 1160.

— Le 15 juin, le *B. Isfride*, confesseur et pontife, mort en 1200.

— Le 9 juillet, *saint Adrien et saint Jacques*, martyrs, morts en 1572.

— Le 19 juillet, le *B. Hroznata*, fondateur de l'abbaye de Tepl, martyr, mort en 1217.

— Le 13 août, la *B. Gertrude*, vierge, morte en 1297.

— Le 30 août, la *B. Bronislava*, vierge, abbesse du monastère de Zwierzeniec (Cracovie), morte le 29 août 1258.

— Le 24 octobre, le *B. Gilbert*, abbé, mort le 6 juin 1152.

— Le 17 novembre, le *B. Siard*, abbé, mort le 13 novembre 1230.

L'on aurait tort d'apprécier la fécondité morale de l'Ordre par ces quelques Saints, auxquels sont rendus les honneurs ecclésiastiques. Si l'on veut s'en faire une idée exacte, il faut parcourir les *Éphémérides hagiologiques* de l'abbé de Roggenburg, ou l'*Hagiologium* manuscrit du P. Hugo, conservé à Nancy. Le lecteur sera vraiment étonné de la multitude innombrable de saints personnages produits par l'Ordre, et des rares vertus qu'ils pratiquèrent.

L'ordre de Saint-Norbert existait dans l'Église depuis 170 ans. En 1290, eut lieu l'un des actes les plus importants de son histoire. Le Chapitre général, convoqué par Guillaume de Louvignies, abbé de Prémontré, rédigea et promulgua une nouvelle édition des Statuts ou constitutions de l'Ordre. Pour la première fois, les religieux en voyage y furent autorisés à user d'aliments gras. Le Pape Nicolas IV confirma cette dispense par une Bulle qui commence ainsi : « Plus votre bel Institut brille d'un remarquable éclat entre tous les autres Ordres, par la grâce insigne de ses mérites et l'éminente prérogative de sa sainteté, plus nous tenons à vous favoriser et à vous accorder les privilèges que nous croyons selon Dieu devoir vous être utiles. »

La nouvelle rédaction des Statuts ne changeait rien du reste à l'esprit et aux observances du saint Fondateur. Le premier chapitre rappelle la grande dévotion de saint Norbert; il a pour titre : *Du Sacrement de l'Autel*. A minuit, le couvent doit être debout, pour chanter l'Office canonial, auquel on ajoute le Petit Office de la Sainte Vierge. Le matin, la communauté assiste à trois messes : la messe matinale pour les défunts, la messe en l'honneur de la Vierge Marie, et la messe Capitulaire de l'Office du jour. Les confessions privées doivent être fréquentes; la confession publique au Chapitre des coulpes est quotidienne. La journée dont tous les instants sont réglés, se partage entre le travail des mains, la lecture et les différentes Heures de l'Office. Le jeûne est continuel, si ce n'est pendant la saison d'été, de Pâques à l'Exaltation de la sainte Croix. Le soin des malades est recommandé comme une obligation de fraternelle charité.

La seconde distinction traite des dignitaires du monastère qui sont, après l'abbé : le prieur, le sous-prieur, le circateur, le chantre, le sacriste, le maître des novices, le proviseur, le cellerier, le vestiaire. Un bibliothécaire est préposé à la garde et, s'il est en mesure de le faire, à la correction des livres et des manuscrits. A des religieux qui ont renoncé au luxe et aux superfluités, les Statuts prescrivent un habillement humble et austère. Fidèles à l'esprit de saint Norbert, ils recommandent fortement l'hospitalité et la charité pour les indigents.

Suivent les peines ou pénitences qui doivent être infligées par les supérieurs, selon la gravité des fautes extérieures contre la régularité canonique. L'observation du silence régulier y est l'objet de précautions particulières. Quatre endroits du monastère sont voués à un silence perpétuel : l'église, le dortoir, le réfectoire et le cloître. Chaque Circarie avait une prison où devaient être renfermés au besoin les religieux qui se seraient rendus coupables d'homicide, d'incendie, d'hérésie, de vol où de scandale grave.

Une fois chaque année, à la fête de saint Denys, le Chapitre général se réunira à Prémontré et tous les abbés de l'Ordre seront tenus de s'y rendre. Afin de conserver le plus possible l'unité et l'uniformité entre des abbayes qui sont sœurs, toutes se conformeront à l'abbaye-mère de Prémontré pour les livres officiels qui sont : le *Missel*, le *Texte*, l'*Epistolaire*, le livre des *Collectes*, le *Graduel*, l'*Antiphonaire*, l'*Hymnaire*, le *Psautier*, le *Lectionnaire*, la *Règle*, le *Calendrier* et les *Statuts de l'Ordre*. Si quelque abbaye se trouve réduite à la pauvreté, les autres devront la secourir, selon leurs propres ressources. Chaque année, l'Abbé-Père peut et doit visiter les monastères qui dépendent du sien. A la mort d'un abbé, tous les chanoines de l'abbaye sont convoqués, et choisissent, sous la présidence de l'Abbé-Père, celui qui sera leur nouveau supérieur. L'élection se fait par compromis, cette forme étant plus pacifique; c'est le suffrage à deux degrés. Des Visiteurs ou Circateurs annuels visitent canoniquement les abbayes de leur ressort, pour y surveiller l'observation des Constitutions, et y corriger les abus introduits par la faiblesse humaine. Les frères lais sont soumis à des règlements spéciaux pour les prières, le travail et l'habillement. Les chanoines paroissiaux ou curés devront rentrer au monastère, lorsque l'abbé l'ordonnera. On assignera aux religieux-curés une part convenable ou portion congrue des revenus de la cure, et le reste sera employé au bien général du monastère.

L'Ordre de Prémontré produisit, dans le cours des siècles, des littérateurs et des artistes célèbres, d'illustres théologiens et des prédicateurs renommés. Le Paige, dans sa *Bibliothèque*, Hugo, dans la préface de ses *Annales*, Lienhart dans son *Spiritus literarius Norbertinus* ont donné des listes plus ou moins complètes des écrivains en tous genres qui honorèrent l'Institut de saint Norbert.

Le dix-neuvième Abbé Général de Prémontré, Jean de Rocquigny (1247-1269), établit à Paris le collège des Prémontrés, pour que des religieux de son Ordre pussent suivre les cours de l'Université. Il fit aussi statuer par les Chapitres généraux qu'on ne recevrait aucun novice, à moins qu'il n'eût fait des progrès suffisants dans la grammaire, et qu'il ne pût s'exprimer convenablement en latin.

On peut dire que l'Institut des Prémontrés aspira toujours à l'honneur d'être un Ordre savant; mais là n'est pas sa vraie gloire : autre est le but principal qu'il s'est constamment proposé. « Chaque société religieuse a, dans l'Eglise, son esprit, son but et son objet. Or l'Institut canonique que nous professons se propose l'instruction, le soin et le salut des ignorants, des simples et surtout des paysans; voilà ce qu'il poursuit par les œuvres diverses de la vie cléricale et pastorale. Il suffit aux enfants de saint Norbert, et ils s'en font gloire, de vivre au milieu des travailleurs et de s'employer sans bruit à leur moralisation et à leur bonheur. » Cette pieuse pensée avait été, dès le principe, celle du Fondateur. A Anvers, à Magdebourg, il plaça ses religieux à la tête de plusieurs paroisses; pendant sept siècles, les Souverains Pontifes ne cessèrent de regarder cette noble fonction pastorale comme une prérogative particulière des Prémontrés. Et, en 1758, trente ans avant la Révolution française, Benoît XIV confirmait encore, par un acte solennel, tous leurs antiques privilèges sur ce point.

Saint Norbert avait communiqué à ses disciples immédiats le zèle apostolique et un généreux enthousiasme pour l'extension du règne de Dieu en eux et autour d'eux. Tant que dura cet enthousiasme, allumé au foyer ardent de l'âme du glorieux Patriarche, l'Ordre fut florissant ; son épanouissement fut irrésistible, son influence, admirable. Comme toutes les institutions humaines, il devait cependant connaître les jours du déclin. Après la période d'expansion, devait venir l'époque stationnaire, où se produisit un point d'arrêt dans la fécondité et la vitalité de l'Institut. On l'a appelée « la période de stagnation ». Ce qui avait si vivement impressionné les populations dans les Prémontrés, c'était leur sévère discipline monastique, leur abnégation personnelle, leur renoncement au monde, et une ferveur de foi qui, aux yeux du peuple, faisaient de leur congrégation une société de Saints. Peu à peu, par la force des choses, chaque communauté Norbertine vit accroître ses ressources. Le coin de forêt donné par quelque pieux propriétaire, était devenu, grâce au travail intelligent des chanoines et des convers, un champ fertile. Avec l'aisance, vint l'amour du bien-être, et trop souvent l'oubli du vœu de pauvreté. La pauvreté et le mépris des biens terrestres avait été un des traits caractéristiques de saint Norbert et de ses premiers disciples. Ils aimaient à s'intituler les « Pauvres du Christ ». Vint un moment où leurs successeurs n'eussent pu, sans mensonge, prendre le même titre. La richesse est un dissolvant pour des associations qui font vœu d'être pauvres ; elle fut toujours une source de décadence pour les monastères.

L'obéissance avait été le ressort et le moteur puissant des premières générations de la famille Norbertine. « Des caractères chrétiennement transcendants, des hommes pleins d'énergie, et par conséquent, toujours prêts à se dévouer pour conquérir le monde à Jésus-Christ, tels étaient les héros qui avaient donné tant de lustre à l'Ordre. » L'on ne connaissait dans chaque monastère qu'une volonté : celle de Dieu manifestée par la Règle et par l'autorité vivante du supérieur. Avec ce sentiment, une association est forte et puissante pour le bien. Les austérités les plus rigoureuses paraissent légères. Quelques disciples du Saint allèrent même plus loin que la Règle. Le vénérable Evermode voulait qu'à la Grâce-Dieu, pendant l'Avent et le Carême, l'on jeûnât tous les deux jours au pain et à l'eau. En admettant même que c'était un excès, contre lequel s'insurgèrent d'ailleurs les Allemands de la Grâce-Dieu, on trouve dans ce fait la preuve de la ferveur avec laquelle on observait la discipline monastique. Le travail était continuel, et personne n'avait le droit ni la pensée de s'y soustraire. Le labeur énergique des premiers Prémontrés était pour eux un plus fort levier moral que les mortifications et les austérités elles-mêmes ; mais l'oisiveté et la paresse seront toujours un principe de déchéance spirituelle. Dès que le travail manuel et l'activité intellectuelle diminuèrent, le progrès religieux s'arrêta dans les cloîtres.

C'était aussi un danger pour les monastères que la juxtaposition des couvents d'hommes et de femmes. Saint Norbert lui-même avait été le créateur de cette mesure. Avant 1150, plus de dix mille femmes étaient entrées dans les divers monastères de l'Ordre. Tant que dura l'influence du saint Fondateur, ce voisinage n'offrit pas de grands dangers ; les plus sérieuses précautions avaient été prises pour les éloigner. Mais quand la première ferveur eut disparu, les périls devinrent réels, et la réalisation de la belle pensée chrétienne de saint Norbert cessa d'être possible. « Des hommes religieux et prudents de l'Ordre de Prémontré, dit un historien du temps, voyant par des exemples quotidiens, que de graves abus se produiraient inévitablement, résolurent de ne plus admettre de sœurs dans les maisons de leur Institut. C'est alors que les couvents de femmes se multiplièrent à l'infini dans l'Ordre de Cîteaux. » A partir de ce moment, l'une des branches de l'arbre planté par saint Norbert, disparut complètement en France, et diminua sensiblement dans les autres provinces.

Le XIVe et le XVe siècles apportèrent avec eux d'autres causes de décadence. Les guerres continuelles, avec les invasions et les brutalités subies, affaiblirent ou ruinèrent nombre d'abbayes, et y rendirent la vie commune à peu près impossible. Toutefois, bien que mutilé par le malheur des temps, l'Ordre de Prémontré subsistait, énergique et vivace. Sans doute les prévôts de la province de Saxe tendaient de plus en plus à s'isoler du reste de l'Ordre, malgré les concessions qui leur avaient été faites. Un travail analogue de séparation se faisait sourdement, sous l'influence de l'amour-propre national, dans les circaries d'Angleterre et d'Espagne. La cohésion de l'Ordre, qui avait fait sa force, tendait à disparaître. Malgré tout, l'Institut se maintenait vivant et actif. Sa fidélité au Saint-Siège et à la foi orthodoxe, la distinction et le mérite de presque tous ses Abbés Généraux, la constante régularité des Chapitres généraux, même dans les plus mauvais jours, tout cela en faisait une corporation qui continuait d'être puissante et respectée. Et il allait affirmer bientôt publiquement qu'il voulait vivre encore et se rendre utile à la société et à l'Église. Sous la présidence de l'Abbé Général Jean de l'Écluse, le Chapitre, réuni à Saint-Quentin, retoucha les constitutions et en fit une nouvelle édition, connue dans l'histoire de l'Ordre sous le nom de Statuts de 1505. Ils reproduisent ceux de 1290; mais l'inspiration religieuse y a faibli, et les austérités y sont plus rares.

Cependant l'Ordre de Saint-Norbert avait perdu plusieurs de ses plus riches provinces. Les maisons de la Terre-Sainte avaient disparu, dès la fin du xiii⁰ siècle, sous les coups de l'Islamisme (1291), en envoyant au ciel sept martyrs immolés pour la foi. Le monastère d'Episcopia, en Chypre, où un jour (1305), Hayton, le fils du roi d'Arménie, était venu se faire simple religieux et chercher la paix dans la prière et l'humilité, subsista jusqu'en 1571.

On ne trouve plus de trace, au xiv⁰ siècle, des monastères d'Italie, sans que l'histoire dise comment ils s'éteignirent. En Moravie, en Bohême, en Autriche, l'hérésie des Hussites et les brigandages de Ziska avaient saccagé, anéanti de nombreuses possessions de l'Ordre (1417-1424). Dans l'Allemagne et dans l'Europe du Nord, en Poméranie, et notamment en Danemark et en Norvège où l'Ordre compta quatorze monastères, y compris le Siège archiépiscopal de Lunden, l'hérésie luthérienne exerça les ravages les plus lamentables sur les abbayes Norbertines, et y substitua violemment le luthéranisme à la religion catholique. Elle commença par celles de Hesse (1528). Bientôt les monastères du Wurtemberg, du Palatinat du Rhin, de la Saxe et de la Marche de Brandebourg périrent dans la tourmente. Aucun ne fut épargné. L'Ordre de Prémontré pleura sur les ruines de tant de maisons si florissantes, de tant de puissants évêchés attachés à l'Ordre, et spécialement sur celles de la Prévôté de Magdebourg, gardienne des restes sacrés du Bienheureux Patriarche.

Dans les Iles Britanniques, l'Institut avait compté soixante-sept monastères et le Chapitre épiscopal de *Candida casa* ou Whithorne. L'abbaye de Newhouse était la première de toutes ; elle avait été fondée, en 1145, et était la mère de neuf autres abbayes Norbertines en Angleterre. En 1538, le caprice d'un monarque vicieux, Henri VIII, arrêta le développement de ces fondations de la vertu et de la piété. Les abbayes furent confisquées, et les religieux fidèles furent proscrits ou emprisonnés. Le dernier prieur de Whithorne fut arrêté en 1563, pour avoir osé célébrer la Messe.

Dans aucune province peut-être de l'Europe, l'Ordre de Prémontré n'avait été aussi puissant qu'en Hongrie. *L'index des Circaries et des Monastères* y compte soixante-cinq abbayes ou prévôtés. L'hérésie de Luther d'abord, puis les cruautés du sultan Soliman firent disparaître, en 1540, ces asiles du travail et de la religion. Les religieux furent massacrés ou emmenés en captivité. La dévastation fut sans pitié.

En Hollande et en Frise, voici d'autres ruines et d'autres sacrilèges. En 1580, Gnillaume d'Orange soulève les populations. Les religieux sont chassés, et les monastères livrés au pillage. Quarante-deux monastères de notre Ordre succombèrent dans cette tempête. Sainte-Marie de Middelbourg, ce monastère connu de toute l'Europe à cause de sa religion, de sa vaste juridiction, de sa bibliothèque, de sa riche église, tomba pour ne plus se relever. L'Ordre de Saint-Norbert eut du moins l'honneur dans ces tristes épreuves de donner à l'Église deux nouveaux martyrs, saint Adrien Peckan et saint Jacques Lacop qui moururent (1572), en défendant la primauté du Siège de Rome et la présence réelle du Christ dans l'Eucharistie. Les martyrs de Gorcum ont été canonisés par Pie IX en 1867.

Cependant la Providence qui voulait se servir encore des fils de Norbert pour le bien de l'Église, mit à la tête de l'Ordre un homme de premier mérite, Jean des Pruetz, 47e Abbé-Général. Avec lui commence la période de relèvement et de restauration (1572-1596). Sa vie fut un glorieux apostolat. Orateur renommé, il avait, dès 1561, porté la parole dans le Colloque de Poissy, au nom des catholiques de France. Devenu Général par la nomination du Pape, il n'eut qu'un but : la restauration de l'Ordre et sa réformation. Il visita la plupart des abbayes de l'Ordre qui subsistaient encore, et rétablit les liens de la hiérarchie entre les maisons d'Allemagne, de Belgique, d'Espagne et l'abbaye-mère de Prémontré.

Les Abbés-Généraux qui lui succédèrent, François de Longpré et Gosset continuèrent activement l'œuvre qu'il avait commencée. Une nouvelle rédaction des Statuts fut élaborée, et promulguée définitivement en 1630. L'idée de réforme lancée dans le monde catholique par le concile de Trente animait, au sein de l'Ordre, tous les esprits généreux. L'abbé de Sainte-Marie-aux-Bois (Pont-à-Mousson), le vénérable Lairvelz, en avait été le champion dans son monastère d'abord, puis dans les monastères de la Lorraine. L'idée fit son chemin; et la Congrégation ou communauté de l'Antique rigueur de saint Norbert fut solennellement autorisée et encouragée par le Saint-Siège (11 avril 1517 et 17 avril 1621). Dès lors une lutte ouverte commença entre l'observance commune et l'observance réformée. Elle devait durer jusqu'en 1681, où elle s'apaisa dans la conférence de Bonne-Espérance.

Cette réforme vigoureuse fit retrouver à l'Ordre de Prémontré quelque chose de son premier éclat. Stimulés par leurs confrères de *l'antique rigueur*, les religieux de la commune observance firent de louables efforts pour faire refleurir la régularité, le travail et la piété.

Mais voici que le xviiie siècle s'est ouvert. Les querelles du jansénisme, le faux esprit philosophique, et le souffle révolutionnaire qui envahit la France, toutes ces causes et d'autres ont plus ou moins énervé les forces morales de l'Ordre. Cependant, malgré ses pertes successives, l'Ordre comptait toujours, en 1627, vingt-deux provinces. En 1767, l'abbé de Roggenburg, dans ses *Ephémérides hagiologiques*, donne les noms de 240 monastères encore florissants. D'après le tableau *de la France Ecclésiastique de 1778*, il y avait, sur ce nombre, dans le royaume de France, 54 abbayes en commende, et 22 en règle, total : 76. Le Joséphisme avait déjà, en Allemagne, considérablement amoindri les abbayes de tous les Ordres; la Révolution française fit crouler d'un seul coup l'édifice élevé par saint Norbert, en détruisant, avec l'abbaye-mère, tous les monastères de France, des Pays-Bas et de la plus grande partie de l'Allemagne. La ruine pouvait paraître irrémédiable, et il ne restait plus au commencement du XIXᵉ siècle, que quelques abbayes d'Autriche. Jusqu'en 1833, quinze monastères continuèrent d'exister en Espagne. Celui de Retorta, qui, dès 1133, avait été le berceau de l'Ordre dans la péninsule, était le siège du Général de la Congrégation. L'obéissance y était étroite, le culte divin, florissant. La Révolution de 1833 détruisit tout, et, là aussi, chassa les religieux de leurs cloîtres.

Le 2 novembre 1790, le 60ᵉ successeur du saint Patriarche, le Révérendissime Père L'Ecuy, dut quitter, les larmes aux yeux, l'abbaye qu'il avait tant aimée et qu'il devait pleurer jusqu'à la fin. Le martyrologe de la Révolution française contient les noms de quelques-uns des Prémontrés qui donnèrent alors leur vie et leur sang pour la foi catholique. Exilé, l'Abbé-Général, vieillard nonagénaire, aimait à se consoler, et à consoler ses frères dispersés, par le souvenir de sa chère solitude de Prémontré :

> « Prémontré, saint désert, vallon silencieux,
> Aucun lieu plus que toi, ne me plaît sous les Cieux.
> Du plaisir mensonger me sauvant de l'ivresse,
> L'ombrage de tes bois protégea ma jeunesse.
> J'y vécus attaché par un vœu solennel,
> Sous les lois de Norbert, à l'abri de l'autel.
>
> . . . .
>
> Prémontré, lieu si cher, la voix me manquera,
> Mes sens s'affaibliront et mon œil s'éteindra,
> Avant que je t'oublie, avant que mon cœur cesse
> A ton seul souvenir, d'exhaler sa tristesse.
> Adieu coteaux mousseux, adieu bosquets touffus,
> Mes délices longtemps… je ne vous verrai plus.
> Et toi, ruisseau tranquille, onde limpide et pure
> Je ne parcourrai plus tes rives de verdure !… »

Il mourut le 22 avril 1834, dans sa 94ᵉ année, et demanda que son cœur fût porté à l'abbaye de Strahov pour y être déposé au-dessous des reliques de saint Norbert.

En 1867, le R. P. Jérôme Zeidler, abbé de Strahov, fut élu Général de l'Ordre. Il mourut subitement, au concile œcuménique du Vatican, sans avoir pu être confirmé par le

Pape. En octobre 1883, Sa Sainteté Léon XIII convoqua
tous les abbés de l'Ordre en chapitre général, dans la capitale de l'Autriche, sous la présidence du nonce Mgr Vannu-
telli. Pour la seconde fois, un abbé de Strahov fut appelé
par le suffrage de ses frères à prendre la direction de la
famille religieuse de saint Norbert. Strahov était déjà le cœur
de l'Ordre, à cause du trésor sacré qu'il possède ; il devenait
ainsi la tête de l'Institut. Le Saint-Siège a depuis ratifié
l'élection du Révérendissime Père Sigismond Stary. Cette
élection était un acte important pour le relèvement de l'Ordre
déchu de son antique splendeur. Il sera sans doute le signal
du réveil d'une famille religieuse qui rendit tant de services
à l'Eglise et au monde chrétien. Le P. Stary a déjà présidé
deux chapitres généraux ; en 1889, celui de Tongerloo ; celui
de Schlaegl, en 1896.

L'Ordre a été divisé en cinq Circaries : celle d'Autriche,
celle de Hongrie, celle de Brabant, celle de France et celle
de Provence.

C'est ainsi que l'un des plus anciens Ordres de l'Eglise,
après une existence de plus de 760 ans, malgré de terribles
tempêtes soulevées contre lui pendant une si longue suite
d'années, renaît avec une nouvelle vigueur. L'arbre, tour-
menté et souvent courbé par le vent des révolutions, a perdu
plus d'une de ses branches ; mais le tronc, planté dans le
jardin fertile de l'Eglise, y a poussé de profondes racines, et
y est demeuré intact et debout. Quel sera l'avenir d'une association qui a subi tant de secousses ? Sept siècles et demi
d'existence sont une longue carrière pour une institution
humaine, qui n'a pas reçu du ciel des promesses d'immortalité. D'autres Ordres sont venus, de siècle en siècle, prendre
leur place dans l'armée de l'Eglise militante, et pourvoir aux
nouveaux besoins de la société chrétienne. L'Ordre de Prémontré peut-il se promettre encore un avenir brillant et
fécond ? Le temps n'est plus où, selon le témoignage des
Papes Adrien IV et Alexandre III, « cet Ordre, tout éclatant
de la gloire de ses mérites, tout embaumé du parfum de la
sainteté, étendait ses rameaux d'une mer à l'autre mer » ; où
Honorius III proclamait les fils de saint Norbert les « incom-
parables soutiens de l'Eglise universelle » ; où Innocent IV
affirmait que l'Ordre de Prémontré « était l'honneur de

ABBAYE GÉNÉRALE DE PRÉMONTRÉ EN FRANCE (1787)

l'Eglise catholique »; où Boniface VIII répétait, à son tour, qu'au firmament de l'Eglise, l'Institut brillait d'un merveilleux éclat, et qu'il éclairait le troupeau du Seigneur tout entier, montrant à tous le droit chemin qui mène au salut »; où Grégoire XIII enfin disait (1578) : « Combien l'établissement de l'Ordre de Prémontré fut agréable au Très-Haut, le Ciel lui-même le manifesta, en illustrant ses origines par des monuments de religion et de savoir. Si bien que du lieu de Prémontré, qui en avait été le berceau, il multiplia, dans les principales provinces du monde chrétien, les monastères et les prieurés qui devinrent le séjour de la plus haute piété. »

Si ces beaux jours ont disparu, pour ne plus revenir sans doute, les fils de saint Norbert ne peuvent-ils pas encore se dévouer, dans le poste modeste où les a placés la Providence, au salut des âmes et au bien de la société ?

En tous cas, sous la rosée du ciel, l'Ordre de Saint Norbert produit de nouveaux et vigoureux rameaux qui s'étendent au loin, en sorte que l'Ordre blanc et canonique de Prémontré compte encore plus d'un millier de religieux résidant en différentes abbayes, monastères et prieurés dont voici la nomenclature :

Dans la Hongrie, l'abbaye de *Jaszo*, comprenant les monastères de Lelesz et de Grand-Wardin, ainsi que deux collèges, un à Cassow et un autre à Rosnavya.

L'abbaye de *Csorna*, avec ses trois monastères de Horpâcs, Türje, Jânoshida et ses collèges de Sabaria et de Keszthely,

Dans la Basse-Autriche, l'abbaye de *Geras* ou *Gerussen*.

Dans la Haute-Autriche, l'abbaye de *Schlaegl*.

Dans la Moravie, l'abbaye de *Neureisch*.

Dans la Bohême, l'abbaye de *Selau* ou *Siloë* avec son collège de Teutobrod. L'abbaye du *Mont-Sion*, à Strahow, près de Prague, les deux monastères de Miloviez et de la Sainte Montagne près d'Olmütz, et les trois collèges de Zatecz, Rakovicz et Reichenbergh. Enfin l'abbaye de *Tepl* avec ses cent religieux et son collège de Pesn.

Dans le Tyrol, l'abbaye de *Wilten*, près d'Insprüch.

On compte en outre plus de cent soixante religieux prémontrés qui administrent des paroisses dans les différents diocèses de l'empire Autrichien, et au moins un cent qui, comme professeurs, se trouvent disséminés dans les collèges de l'Ordre.

Dans la Belgique, l'abbaye d'*Averbode*, avec sa mission du Brésil, l'abbaye de *Grimberghen* avec son prieuré de Waudignies-lez-Chièvres, province du Hainaut; l'abbaye du *Parck* avec sa mission du Brésil, l'abbaye de *Postel*; et l'abbaye de *Tongerloo* avec ses résidences de missionnaires à Manchester, Crowle et à Spalding en Angleterre, et sa mission du Congo belge.

Dans la France, l'abbaye de *Mondaye* près Bayeux, le monastère de Saint-Joseph de Balarin, à Montréal du Gers; et, la chanoinie de Nantes. L'abbaye de *Frigolet*, près Taras con avec les prieurés de Conques et de Storrington, et la résidence de Rome.

Dans la Hollande, l'abbaye de *Berne*, à Heeswyk, avec ses deux missions de l'Amérique du Nord.

Les chanoines réguliers des abbayes de Belgique et de Hollande remplissent, comme on le sait, les fonctions pastorales dans de nombreuses paroisses des diocèses de Malines, Liège, Tournay, Namur, Bois-le-Duc et Bréda.

Le Procureur Général de l'Ordre à Rome porte le titre d'Abbé de Floreffe; et il est à la tête du *Collège* des Etudiants prémontrés envoyés dans la Ville Eternelle par les diverses abbayes.

Quant aux chanoinesses régulières du même Ordre, connues sous le nom de Norbertines, elles occupent une abbaye, celle de Zwierziniec, en Pologne, près de Cracovie; en Espagne, l'abbaye de Sainte-Sophie de Toro, diocèse de Zamora, et celle de Sainte-Marie de Villoria de Orbigo; deux monastères, dont un en Hollande, celui de Sainte-Catherine, près d'Oosterhout, et un autre en Belgique, celui de Neerpelt, dans la province de Liège; dans la Pologne russe, l'abbaye d'Imbramowice, et le prieuré de Czerwinsk; en Suisse, diocèse de Saint-Gall, le prieuré de Sitten; enfin deux monastères en France, l'abbaye de Bonlieu, diocèse de Valence, et le prieuré du Mesnil-Saint-Denis, diocèse de Versailles.

Au chapitre général de 1889, tenu à l'abbaye de Tongerloo, l'Ordre de Prémontré fut, par une décision solennelle, voué au Sacré Cœur de Jésus. Et, à la Messe pontificale de clôture, l'on ne put voir sans un frémissement d'émotion le Révérendissime Père Général, agenouillé au milieu du Sanctuaire entre ses deux Assistants, tenant l'acte de consécration au Cœur adorable du Sauveur et le prononçant d'une voix entrecoupée par les larmes.

C'était là sans doute un événement destiné à faire époque dans l'histoire de l'Institut, et à exercer sur son avenir une influence décisive. Depuis lors, on a senti courir en lui une sève nouvelle; et, au sein de la famille de saint Norbert, on a vu s'épanouir une sorte de renaissance religieuse. N'est-ce pas le Christ qui, assis sur le trône de l'Eternel Amour, redit sa parole toujours actuelle : *Voici que je renouvelle et rajeunis toutes choses?*

Le 1er mai 1900, à l'occasion du Jubilé de l'Année Sainte, une délégation d'abbés prémontrés était aux pieds du Souverain Pontife, pour lui présenter l'hommage solennel de la famille de saint Norbert, avec son offrande et le catalogue général de l'Ordre. Léon XIII bénit paternellement les délégués de l'Institut. La bénédiction du Vicaire de Jésus-Christ sera sans nul doute féconde, et assurera à l'œuvre du Saint Fondateur un renouveau de vie surnaturelle et d'expansion apostolique.

APPENDICE

BIBLIOGRAPHIE DE SAINT NORBERT

Si, dans le corps de ce volume, nous avons évité à dessein toute note et toute référence, c'était en vue de ne pas couper le récit. A tout prix, nous voulions épargner à nos lecteurs l'embarras de recherches compliquées. Lorsque la maison est bâtie, l'architecte s'empresse d'enlever les échafaudages encombrants qui masquent l'édifice.

Ainsi avons-nous fait. Néanmoins, afin de satisfaire, au moins en partie, la légitime curiosité de ceux qui tiennent à recourir aux sources de l'histoire, nous croyons devoir donner ici, siècle par siècle, un aperçu sommaire de la bibliographie de saint Norbert. Il sera loisible à chacun de nos lecteurs érudits de faire connaissance, à l'occasion, avec quelques-uns des nombreux historiens de notre Saint.

Manuscrits.

I. La Bibliothèque publique de Soissons (Aisne) possède trois manuscrits de la *Vita Norberti*. Ils sont cotés n° 11, n° 12 et n° 13. Les deux premiers viennent de l'abbaye-mère de Prémontré; le premier est du xiie siècle; le second, du xiiie. Le troisième vient de l'abbaye de Saint-Pierre de Sélincourt, et porte la date plus récente de 1522.

II. A la Bibliothèque de Bourgogne, à Bruxelles, on en trouve deux. Le premier est coté n° 11, 448; il est du xiie siècle, et appartenait autrefois à l'abbaye norbertine de Parc, près Louvain. — Le second, n° 6,717, est de la fin du xve siècle.

III. Le *British Museum* de Londres possède un Codex du xiiie siècle, provenant de l'abbaye de Romersdorf, près Coblentz; il porte le n° 15.621.

IV. On nous a signalé un manuscrit de la vie de saint Norbert à la Bibliothèque du collège de Fribourg, en Suisse; il est du xve siècle.

Roger Wilmans, dans la grande collection des *Monumenta Ger-*

maniæ historica, cite encore deux Manuscrits de Prague, un d'Augsbourg, et un de Munich.

Tels sont les manuscrits dont nous avons pu avoir connaissance. Que sont devenus les quinze ou seize autres codex dont Van der Sterre fit la récension, en 1656, avec une exactitude toute scientifique? Nous ne saurions le dire. Tous ils reproduisaient, comme ceux que nous venons d'indiquer, avec quelques variantes, le texte que l'on a appelé la *Vie de Saint Norbert, par le B. Hugues*.

V. En 1856, M. Wilmans édita une autre biographie primitive de Saint Norbert. Le manuscrit est du xiiie siècle, il fut découvert dans la Bibliothèque royale de Berlin (*Theol. lat. fol n° 79*) ; le précieux codex venait de l'abbaye de Saint-Pierre de Brandebourg. Wilmans le publia dans le Tome XII des Écrivains de la grande collection *Monumenta Germaniæ historica* (p. 663-703). Il l'appelle constamment « Vita A, », par opposition à la biographie de Hugues, qu'il désigne sous le titre de « Vita B. ».

Imprimés du XVIe siècle.

1. Surius. *De probatis Sanctorum historiis*, T. III p. 517-547. Coloniæ Agripp. (1572).

2. Malcorp. *Divi Norberti vita metrica*. Leodii (1599).

XVIIe siècle.

1. *Vita S. Norberti iconibus expressa*. Theodorus Galleus *excudit*, Antverpiæ (1622).

2. Van der Sterre. *Vie de Saint Norbert*, en flamand, in-4°, Anvers (1623).

3. Maurice du Pré. *Vie de Saint Norbert*. Paris (1627).

4. *Compendio della vita, miracoli ed istituto del glorioso Patriarca San Norberto*. Cornelio Hanegravio. Roma (1632).

5. Le Paige. *Bibliotheca Ord. Præm. Vita S. Norberti*. T. I. Paris (1633).

6. Camus. *L'homme apostolique en la vie de Saint Norbert*. Caen (1640).

7. P. Schellenberg S. J. *Vita et gesta S. Norberti* Vindelicæ August. (1641).

8. De Waghenare. *S. Norberti Vita metro libera*. Duaci (1650).

9. Van der Sterre. *Vita S. Norberti*, Antverpiæ. (1656).

10. Monasticon Anglic. T. II p. 577 et seq *Vita S. Norberti*. Londini (1661).

11. Franciso Dubal. *Vida apostolica, muerte y translacion di N. P. San Norberto*. Madrid. (1667).

12. Gaspar Sagittarius. *Historia critica S. Norberti*. Ienæ. (1683). Sagittarius est un écrivain protestant.

13. Acta Sanctorum. T. XX. *Vita S. Norberti*. 6 juniis (1695).

XVIIIe Siècle.

1. Ch. Hugo. *Histoire de S. Norbert*, in-4° (Luxembourg), (1704).

2. Daniel Schindler. *Vita S. Norberti*. Traduction latine du récit du P. Hugo. Vetero-Pragæ. (1732).

3. Ch. Hugo. *Annales Ord. Præm.* T. III manuscrit (Biblioth. du Grand Sémin. de Nancy.) *Vita S. Norberti recognita.* (1738).

4. Abad Illana. *Historia del gran Padre San Norberto.* Grand in-4. (1755).

XIXe Siècle.

1. Tenckoff. *De S. Norberto... Monasterii.* (1855).

2. Jos. Scholtz. *Vita S. Norberti.* Breslau. (1859).

3. *S. Norbert, arch. de Magdebourg, et fondateur, etc.* — Lille. Lefort. (1860).

4. P. Alphonse de Liguori. *Histoire de Saint Norbert.* Bruxelles. 1866).

5. Franz Winter. *Die Prämonstratenser*, etc. Berlin (1865).

6. Rosenmund. *Die altesten biographien des heiligen Norbertus.* Berlin. (1874).

7. Bernhardi. *Ienæ Literaturzeitung.* (1875).

8. G. Hertel. *Leben des heiligen Norbert.* Leipsig (1883).

9. Dominik Cermak. *Svaty Norbert.* Prague (1877).

10. G. Madelaine. *Histoire de Saint Norbert*, d'après les manuscrits et documents originaux. Lille. Desclée (1886).

11. De Swert. *Vita metrica S. P. Norberti* (1886).

12. Geudens. *The Life of Saint Norbert.* London. (1886).

13. Van den Elsen, *Vie de Saint Norbert*, en flamand. Imprimée à Averbode (1890).

14. Van Spilbeeck. *Vie de Saint Norbert.* Tableaux historiques du xiie siècle. Bruxelles (1898).

15. Alphons Zak. *Der heilige Norbert*, in-8° (280 p.) Wien. (1900).

Tous ces documents, manuscrits ou imprimés, essaient chacun à leur manière, de faire revivre saint Norbert aux yeux de la postérité. Mais, sans excès de langage, nous pouvons affirmer que les mérites de l'illustre Fondateur dépassent de beaucoup ce que les hommes purent écrire de lui. Son histoire son portrait vraiment ressemblant reste toujours à faire. Au ciel sans doute nous saurons ce que fit pour lui le Dieu très bon, et ce qu'à son tour il fit pour Dieu et pour la Société chrétienne.

TABLE DES CHAPITRES

TABLE DES GRAVURES

Paris. — Imprimerie G. Picquoin, 53, Rue de Lille.

www.ingramcontent.com/pod-product-compliance
Ingram Content Group UK Ltd.
Pitfield, Milton Keynes, MK11 3LW, UK
UKHW021915070726
13614UKWH00001B/48